# VOYAGES
## HISTORIQUES ET LITTÉRAIRES
# EN ITALIE.

TOME IV.

A PARIS,
DE L'IMPRIMERIE DE CRAPELET,
RUE DE VAUGIRARD, n° 9.

# VOYAGES
## HISTORIQUES ET LITTÉRAIRES
# EN ITALIE,

PENDANT LES ANNÉES 1826, 1827 ET 1828;

OU

## L'INDICATEUR ITALIEN;

PAR M. VALERY,

BIBLIOTHÉCAIRE DU ROI AUX PALAIS DE VERSAILLES
ET DE TRIANON.

TOME QUATRIÈME.

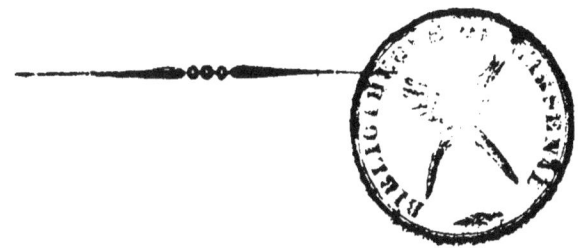

A PARIS,

CHEZ V.ᵛᵉ LENORMANT, LIBRAIRE,

RUE DE SEINE SAINT-GERMAIN, N° 8.

1833.

# VOYAGES EN ITALIE.

## LIVRE QUATORZIÈME.

### ROME.

#### CHAPITRE PREMIER.

Impression. — *S.-Pierre*. — Place. — Colonnade. — Obélisque. — Fontaine. — Façade. — *Navicella*. — Porte. — Intérieur. — Dépense de la basilique. — Baldaquin. — Coupole. — Chaire. — Tombeaux de Paul III ; — d'Urbain VIII. — Bas-relief d'*Attila*. — Tombeaux d'Alexandre VII ; — de Pie VII. — Léon XI. — Tombeau d'Innocent VIII. — Monument des Stuarts. — *Piété* de Michel-Ange. — Christine et la comtesse Mathilde. — Monument Rezzonico. — Mosaïque de *Ste.-Pétronille*. — Grottes vaticanes. — Sacristie. — Partie supérieure de S.-Pierre. — Boule.

Le nom seul de Rome est magique pour le voyageur qui arrive dans son enceinte : être à Rome paraît une sorte d'honneur, un des nobles événemens, un des futurs et grands souvenirs de notre vie. Cité victorieuse par ses armes, ou dominatrice par sa foi, Rome, pendant plus de vingt siècles, a régné sur l'univers, et l'imagination ne peut concevoir pour elle une dernière et plus haute destinée.

Si Rome est le premier but du voyageur en Italie,

S.-Pierre est la première merveille qu'il recherche et que ses yeux contemplent.

La fameuse colonnade, chef-d'œuvre de l'architecture théâtrale du Bernin, enveloppe la magnifique place ovale, et sert comme d'avant-scène au péristyle colossal de S.-Pierre. Cette double colonnade semble simple et légère vue d'un certain pavé de la place; et l'on rapporte qu'un Anglais, voyageur consciencieux, qui, pendant son séjour à Rome, n'en avait pas été averti, se fit ramener par la poste à ce pavé, descendit de voiture, et après un coup d'œil repartit satisfait.

Au milieu de la place s'élève l'obélisque intact de granit rouge, qui, privé d'hiéroglyphes, ne doit être qu'une imitation romaine des obélisques égyptiens, transportée par Caligula. Cet obélisque, habilement relevé par Dominique Fontana, fut, ainsi que la croix qui le domine, chanté deux fois par le Tasse [1]. Les deux majestueuses fontaines qui s'élèvent de chaque côté de la place complètent dignement sa décoration, soit qu'on les observe au soleil, dont les rayons y forment de brillans arcs-en-ciel, ou à la clarté de la lune, qui ajoute à la blancheur de leur onde écumante dont le perpétuel murmure inspire et nourrit la rêverie.

L'histoire de la construction de S.-Pierre est l'histoire presque complète de l'art. Cette première des basiliques, commencée par Bramante en 1503, élevée sur la basilique bâtie par Constantin, continuée par Julien et Antoine San-Gallo, le P. Joconde Dominicain, Raphaël [2], Balthazar Peruzzi, Michel-Ange, ne fut

---

[1] *Taccia omai Roma, e taccia il grand' Egitto.*
*Signor, tanto innalzarsi al ciel io scerno.*
Rime, part. II<sup>e</sup>, son. 167, 483.

[2] Il paraît que Raphaël, s'il eût vécu davantage, comptait s'adonner encore plus à l'architecture qu'à la peinture. On lit dans

terminée que dans le xvii$^e$ siècle par Charles Maderne. La façade, de ce dernier, est plutôt celle d'un palais que d'un temple, et, par une fatalité déplorable, le moins heureux des projets est précisément celui qui a prévalu. Sous le riche portique, près de l'escalier du Vatican, la statue équestre de Constantin, par le Bernin, est exagérée et du plus mauvais goût; celle de Charlemagne, de Cornacchini, est aussi médiocre, et ne mérite pas une telle place. Un cheval pareil à celui du Constantin fut envoyé par le Bernin pour la statue de Louis XIV, auquel il ne plut point; le grand roi devint un Curtius au moyen du casque antique mis par-dessus sa large perruque, et la statue disgraciée est reléguée à l'extrémité de la pièce d'eau des Suisses, à Versailles. Vis-à-vis la porte principale on admire la mosaïque justement cé-

---

les OEuvres de Bembo (Édition de Venise, 1729, in-f°, t. IV, *lib.* ix, *num.* 13) la lettre singulièrement honorable que celui-ci lui écrit au nom de Léon X pour le nommer architecte de S.-Pierre, après la mort de Bramante, avec un traitement de 300 écus d'or (environ 2,150 fr.). Une autre lettre latine (*lib.* x, *num.* 51, p. 87) le charge de la surveillance et des acquisitions de toutes les fouilles d'antiquités, à dix milles autour de Rome, avec obligation de les lui déclarer dans le délai de trois jours sous peine d'une amende de 100 à 300 écus d'or. Il est défendu aussi sous la même peine, de scier ou de dégrader les marbres et les inscriptions, *quæque servari operæ pretium esset ad cultum litterarum Romanique sermonis elegantiam excolendam*, qu'après l'examen et avec la permission de Raphaël. On doit toutefois vivement regretter, avec M. l'abbé Daniel Francesconi, dans ses notes sur les deux lettres ci-dessus, que pendant les six dernières années de sa trop courte vie Raphaël ait été détourné de la peinture par son espèce de métier d'antiquaire et son emploi administratif. Canova eut depuis les mêmes attributions, et l'exemple de Léon X et de Raphaël fut rappelé dans la lettre qui lui fut écrite le 2 août 1802, au nom du pape Pie VII par le cardinal Doria Pamfili, procamerlingue, pour le nommer inspecteur général des beaux arts et antiquités à Rome et dans tout l'État-Romain, avec une pension annuelle de 400 écus romains d'argent, ainsi que dans le décret (*Chirographo*) du 1$^{er}$ octobre de la même année relatif à ces fonctions.

lèbre, dite la barque (*Navicella*) de S. Pierre, de Giotto et de son élève Cavallini, nouvelle marque de la variété des talens de ce prodigieux artiste [1]. Les bas-reliefs de la porte du milieu, commandés par le pape Eugène IV, mais adaptés sous Paul V à la porte de la nouvelle basilique, et exécutés par Filarète et Simon, frère de Donatello, très inférieurs aux portes du Baptistère de Florence et aux bons ouvrages de la même époque, se distinguent cependant par la grande et belle division de leurs compartimens, qui renferment les figures du *Sauveur*, de la *Vierge*, de *S. Pierre*, de *S. Paul* et le *Martyre des deux Saints*, séparés par de petits bas-reliefs relatifs à l'histoire d'Eugène IV, principalement à ses conférences avec l'empereur Paléologue sur la réunion des églises grecque et latine, bas-reliefs d'une finesse d'exécution remarquable, et intéressans pour l'exactitude des costumes; les encadremens, présumés antiques, mais de la décadence, offrent divers sujets de la mythologie et de l'histoire romaine, et de nombreux médaillons : parmi les petits groupes mythologiques on distingue *Jupiter et Léda*, *l'Enlèvement de Ganymède*, des nymphes et des satyres, et autres traits fort singuliers à l'entrée du plus imposant des temples chrétiens.

L'impression causée par la vue de l'intérieur de la basilique ne répond guère à l'idée que l'on se fait de son étendue, et elle paraît même moins grande qu'elle ne l'est en réalité. Cependant cette impression de mécompte s'efface lorsque l'on est retourné plusieurs fois à S.·Pierre, et que l'étude des diverses parties vous a convaincu de son immensité. Alors elle devient comme une véritable cité où l'on se plaît : sa lumière, quoique trop vive pour être religieuse, son climat, si on peut le dire, ont de la

[1] *V.* liv. IX, chap. IX.

douceur; car on a remarqué qu'il y régnait toujours une température à peu près égale, et qu'une sorte d'agréable vapeur était répandue dans l'air. La population, les mœurs de cette ville, offrent d'ailleurs mille contrastes : de pauvres paysans, chargés de leurs bagages, se prosternent sur ce pavé de marbre, et devant ces autels brillans d'or et de pierreries; ils avaient en entrant baisé la porte sainte, que des Anglais ou d'autres voyageurs profanes et peu discrets couvrent de leurs noms; des gens du peuple causent de leurs affaires devant un confessionnal avec leur confesseur, qui y est entré, conférence familière qui précède la confession de chacun. Un pénitencier, armé d'une longue baguette, frappe légèrement sur la tête des fidèles, qui s'agenouillent devant lui, espèce de pénitence publique qui relève des péchés véniels. Les pénitenciers des diverses langues viennent recevoir à leur tribunal l'expression différente, mais au fond toujours la même, de notre fragilité et de notre misère; des confréries rangées avec ordre, ou d'autres religieux, font leurs stations aux divers autels, tandis qu'au loin retentissent les chants graves des prêtres célébrant l'office dans la chapelle du chœur, le bruit de l'orgue, ou que l'on entend la lente et l'harmonieuse sonnerie des cloches de S.-Pierre. Quelquefois la basilique est un vaste et silencieux désert; les purs rayons du soleil couchant éclairent et pénètrent de leurs feux dorés le fond diaphane du temple, et viennent frapper quelque brillante mosaïque, copie impérissable d'un chef-d'œuvre de la peinture; tandis que quelque artiste ou quelque sage détrompé des choses de la vie, tel qu'on n'en trouve qu'à Rome, se livre dans un endroit écarté à la rêverie, ou qu'un pauvre homme, plus indifférent encore, dort profondément étendu sur un banc.

L'intérieur de S.-Pierre est plutôt riche, orné, magnifique, que de bon goût[1], mais le mauvais, l'exagéré, qui y abonde, ne laisse pas dans son ensemble de contribuer à l'effet et d'avoir une sorte de grandiose. On doit surtout éternellement regretter pour l'élégance et la majesté de l'édifice, que la croix grecque de Michel-Ange n'ait point été préférée à l'allongement de la croix latine adopté par Charles Maderne.

Le *S. Pierre* de bronze dont le pied est baisé avec dévotion n'est point, comme on le répète éternellement, un ancien Jupiter, mais un vrai S. Pierre barbare, monument chrétien du v<sup>e</sup> siècle. Les statues usées par le même genre de baisers étaient communes chez les anciens :

............ *Tum, portas propter, ahena*
*Signa manus dextras ostendunt attenuari*
*Sæpe salutantum tactu, præterque meantum.*[2]

Cicéron rappelle éloquemment cet Hercule d'Agrigente que Verrès avait tenté d'enlever[3]. Il fallait toute l'ardeur de l'imagination méridionale de ces peuples pour que les divinités du polythéisme pussent inspirer une telle ferveur. Juvénal parle de la statue de bronze

---

[1] D'après les registres de la chancellerie relevés par Fontana, la dépense de la basilique de S.-Pierre s'élevait, au commencement du dernier siècle, à 46,800,498 écus d'argent, environ 220,000,000 de la monnaie actuelle, dont un dixième au moins avait été employé sous la direction du Bernin : la chaire seule avait coûté plus de 107,000 écus. Mais c'est à tort qu'il est convenu de regarder la vente des indulgences entraînée par ces dépenses comme la cause de la réforme. Luther aurait bien su trouver un autre prétexte, sans celui-là ; c'est ainsi que la contribution levée pour la guerre contre les Turcs excita peu après les mêmes résistances. *V.* une note judicieuse de L. Bossi, t. xi, p. 34, de sa traduction de la *Vie et du pontificat de Léon X.*

[2] Lucrèce, I, 317.

[3] *De Signis.* XLIII.

d'un citoyen dont le peuple de Rome avait aussi usé les mains à force de les baiser, culte beaucoup plus moral et plus sensé.

Le baldaquin placé au-dessus des corps de S. Pierre et de S. Paul, fait avec le bronze arraché par Urbain VIII de la charpente de bronze qui couvrait le portique du Panthéon, et ouvrage du Bernin, semble un énorme *concetto* d'architecture ; mais la bizarrerie de ce baldaquin n'est pas sans habileté, sans éclat, sans grandeur. La tête d'âne braillant, de la base des colonnes, est une vengeance du Bernin contre son rival le Borromini, artiste bien plus recherché que lui, et qui n'avait pas le droit de critiquer le baldaquin.

La statue de *Pie VI* à genoux au-dessus de son tombeau est un bon ouvrage de Canova.

L'immortelle coupole avait été, dit-on, projetée par Bramante, mais le génie seul de Michel-Ange pouvait l'exécuter : émule des grands artistes de l'antiquité comme peintre et comme sculpteur, il les a surpassés comme architecte. A l'aspect de cette superbe création, on ressent une noble fierté de la puissance de l'homme, et la reconnaissance se mêle à l'admiration pour celui qui sut l'élever si haut. Les quatre statues de quinze pieds de *S. Longin*, de *Ste. Hélène*, de *Ste. Véronique* et de *S. André*, du Bernin, de Borghi, de Mocchi et du Fiammingo sont horriblement maniérées, comme la plupart des statues de S. Pierre ; la dernière toutefois passe aujourd'hui pour la moins mauvaise des statues colossales de la basilique. L'attitude et les draperies volantes de la *Véronique* donnèrent lieu à la réponse plaisante faite au Bernin, qui blâmait le mouvement de ces draperies dans un endroit clos, que leur agitation provenait du vent qui soufflait par les crevasses de la coupole depuis l'affaiblissement des piliers causé par les niches et les tribunes du Bernin.

La chaire de S.-Pierre, le plus considérable des ouvrages en bronze après le baldaquin, est encore du Bernin, artiste inévitable, qui, sous neuf papes, obtint la commande des plus importans travaux. L'idée de faire soutenir la chaire de l'apôtre par les quatre docteurs de l'église grecque et latine, a de la grandeur, mais l'exécution est détestable, et les grâces de ces colosses de bronze et de ces pères de l'Église sont tout-à-fait ridicules. Un monument eût pu être élevé avec la somme qu'a coûtée cette chaire [1], autre dépouille vandale du bronze du Panthéon.

Le célèbre mausolée de Paul III, par Guillaume della Porta, le plus beau des mausolées de S.-Pierre, semble un reflet de Michel-Ange : les deux statues admirées de la *Prudence* et de la *Justice* sont toutefois inférieures à la statue du pape. La statue de la Justice a été décemment revêtue par le Bernin d'une tunique de bronze peinte en couleur de marbre, afin de prévenir sans doute un second attentat pareil à celui de cet Espagnol qui, épris de la statue, était resté le soir dans S.-Pierre et avait renouvelé sur elle les transports impudiques excités dans l'antiquité par la Vénus de Praxitèle.

Le tombeau d'Urbain VIII affermit la réputation un moment chancelante du Bernin : les deux figures de la *Charité* et de la *Justice* sont véritablement du Rubens en sculpture; le marbre des têtes a certaines taches roussâtres qui feraient croire qu'elles sont coloriées.

L'énorme bas-relief d'*Attila*, d'Algardi, le plus grand sans doute qui jamais ait été exécuté, et vanté si

---

[1] *V.* plus haut, p. 6.

long-temps comme un prodige de l'art, est pitoyable de style et de dessin. On retrouve toutefois la grâce de ce sculpteur des enfans, comme on a surnommé Algardi, dans la figure du petit page d'Attila.

Le mausolée d'Alexandre VII, au-dessus d'une porte, quoique de la vieillesse du Bernin et son dernier ouvrage, a toute la chaleur, la verve et la jeunesse de son mauvais goût.

La chapelle Clémentine doit recevoir le tombeau de Pie VII, le dernier mausolée admis à S.-Pierre. Ce monument, élevé aux frais du cardinal Consalvi, et ouvrage expressif de Thorwaldsen, est peut-être le seul que Rome conservera du célèbre sculpteur danois qui a passé sa vie dans son sein. La même chapelle a le lourd mausolée, par Algardi, du pape Léon XI, aussi de la famille des Médicis, mais obscurci par son glorieux prédécesseur, quoiqu'il eût été, comme légat, chargé de recevoir l'abjuration d'Henri IV, et qui n'a porté la tiare que les vingt-sept premiers jours du mois d'avril 1605. [1]

[1] Il mourut de n'avoir point trouvé de chemise à changer en revenant au palais de la cérémonie du *Possesso* ( prise de possession à S.-Jean-de-Latran). Un trait peu connu prouve que ce pape était digne du nom de Médicis. Informé que Clément VIII voulait faire enlever de Ste.-Agnès hors des murs les quatre colonnes uniques de marbre de *porta santa* et de *pavonazzetto* (*V*. ci-après, chap. XXII), afin d'en décorer la chapelle de sa famille à la Minerve, le cardinal de Médicis, alors commendataire de Ste.-Agnès, sans se plaindre au pape, fit à ses frais l'acquisition de quatre colonnes destinées à la chapelle, et, se présentant à l'audience pontificale, il les offrit à Clément VIII. Celui-ci, touché d'une telle action, embrassa le cardinal, lui donna le saphir qu'il portait au doigt et le remercia de l'avoir empêché de commettre une telle spoliation, dont il rejeta la coupable idée sur ses ministres. L'historien italien manuscrit prétend que Dieu récompensa ce respect pour les colonnes antiques par l'élévation du cardinal sur la chaire de S. Pierre, où toutefois il devait si peu siéger. *Diario Mss. di Marco Antonio Valena*, cité par l'abbé Cancellieri dans sa *Storia dei solenni possessi dei sommi pontifici*, p. 158, n. 1.

A la chapelle du chœur, le simple et élégant tombeau d'Innocent VIII, d'Antoine Pollaiolo, est le seul ancien monument de l'art qui subsiste au milieu des perpétuels enjolivemens de S.-Pierre. L'orchestre de cette chapelle reçoit toujours provisoirement le corps du dernier pape régnant, et elle est comme le vestibule de son dernier asile.

Le monument des Stuarts, quoique de Canova et loué par Perticari et M. de Stendhal, est mesquin de style, d'invention et véritablement indigne de son auteur; les Génies sont flasques et communs comme les derniers rejetons de cette race, qu'Alfieri dans sa rancune d'amant a peints avec tant de colère et si peu de convenance.[1]

Les peintures de la coupole de la chapelle du baptistère, imitant le bas-relief, sont d'une parfaite exécution.

La célèbre *Piété*, de Michel-Ange, à la chapelle de ce nom est mal placée, et ne produit aucun effet. Quelques parties de ce groupe sont d'une grande beauté, mais il n'est point des meilleurs de l'artiste. Michel-Ange, alors âgé de vingt-cinq ans, a singulièrement justifié l'air de jeunesse de la Vierge, opposé à la maturité de son fils, par la conservation et la fraîcheur ordinaire des femmes chastes[2]. Il a prudemment mis

---

[1] . . . . . . . . . . . . . *Obbrobriosi giorni,*
*Quivi favola al mondo, onta del trono ;*
*Scherno di tutti, orribilmente vivi.....*
*Marie Stuart*, act. V, sc. 1.

[2] *V.* ce passage curieux de Condivi, l'ami et le biographe de Michel-Ange : *Non sai tu che le donne caste molto più fresche si mantengono che le non caste? Quanto maggiormente una vergine nella quale non cadde mai pur un minimo lascivo desiderio che alterasse quel corpo! Anzi ti vo' dir di più, che tal freschezza e fiore di gioventù, oltre che per tale natural via in lei si mantenne, è anche credibile che per divin' opera in lei fosse ajutato a compro-*

son nom sur la ceinture de la Vierge, afin d'échapper à l'avenir à la méprise de ce connaisseur qui avait blessé son amour-propre.

Le splendide et maniéré tombeau de Christine, qui a inspiré un beau chant à Alexandre Guidi [1], est vis-à-vis du tombeau sagement composé de la comtesse Mathilde. Ces deux femmes se montrèrent diversement dévouées au saint-siége, mais l'amie de Grégoire VII, au milieu des agitations du moyen âge, fut généreuse, enthousiaste, puissante, respectée ; Christine, à une époque de civilisation et de bel esprit, fut égoïste, philosophe, indifférente, sans considération et sans vraie grandeur.

Parmi les riches ornemens qui décorent la chapelle du S.-Sacrement, on remarque le magnifique ciboire de lapis-lazuli, en forme de petit temple, imitation du temple circulaire de S.-Pierre *in Montorio*, chef-d'œuvre du Bramante [2]. Le tombeau de Grégoire XIII, le réformateur du calendrier, de Rusconi, est au-dessous même de ce détestable artiste du commencement du XVIII<sup>e</sup> siècle, grand homme dans son temps, et qui passait alors pour allier *la correction et la majesté des anciens à l'expression et au charme des modernes*. Jugement aujourd'hui ridicule, et qui prouve la fragi-

---

vare al mondo la verginità e purità perpetua della madre. Il che non fu necessario nel figliuolo, anzi piuttosto il contrario, perchè volendo mostrare che il figliuol di Dio prendesse, come prese veramente, corpo umano, e sottoposto a tutto quel che un ordinario uomo soggiace, eccetto che a peccato, non bisognò col divino tenere indietro l'umano, ma lasciarlo nel corso ed ordine suo, sicchè quel tempo mostrasse che aveva appunto. Pertanto non ti hai da meravigliare se per tal rispetto io feci la santissima Vergine madre di Dio a comparazione del figliuolo assai più giovane di quel che quell' età ordinariamente ricerca, e il figliuolo lasciai nell' età sua.

[1] *Benchè tu spazi nel gran giorno eterno.*
[2] *V.* ci-après, chap. XXVIII.

lité de toutes ces réputations de circonstance dans les arts comme dans les lettres!

La chapelle *della Madonna,* dite encore *Gregoriana,* de son fondateur le pape Grégoire XIII, est du dessin de Michel-Ange. On y vénère, sous l'autel, le corps de l'immortel S. Grégoire de Nazianze. Les mosaïques de la coupole, de Muziani, ont été très vantées. Près de là est le tombeau médiocre de l'excellent Benoît XIV.

Le monument Rezzonico, beau, noble, sévère, mit le sceau à la réputation de Canova. Il fut découvert le mercredi saint 1795, à la clarté de la grande croix de feu, qui ce jour-là illuminait S.-Pierre. L'artiste, alors âgé de trente-huit ans, auquel il avait coûté huit années de travail, s'était mêlé dans la foule en habit d'abbé afin de recueillir les divers jugemens et l'impression produite par cette sculpture nouvelle. La figure du pape, simple vieillard priant, est admirable; les deux lions sont les plus beaux lions modernes : le lion dormant est *dantesque*[1]; l'allusion du lion rugissant à la force d'ame du pontife, qui refusa aux ministres espagnols la destruction des jésuites, ne paraît pas très naturelle. La figure de la *Religion*, roidement drapée, est la plus faible : le Génie funéraire, malgré le mérite du torse, paraît plutôt ennuyé qu'affligé.

La mosaïque de *Ste.-Pétronille,* d'après le Guerchin, est la mieux exécutée de celles qui décorent S.-Pierre.

Les grottes du Vatican, église souterraine de Saint-Pierre, à l'exception de quelques mosaïques et vieux monumens, ne répondent point complétement à l'idée que l'on se fait de ces anciennes catacombes chrétiennes; elles sont étroites, confuses, tortueuses. On remarque les tombeaux de Charlotte, reine de Jérusalem et de Chypre, de l'empereur Othon II, du pape Adrien IV,

---

[1] *A guisa di leon, quando si posa.*

de Boniface VIII, de Nicolas V, d'Urbain VI, et de Paul II. Le monument de Boniface VIII, de 1301, est dans sa nudité assez curieux sous le rapport de l'art. Malgré Vasari et Baldinucci, il n'est point d'Arnolfo, mais il peut être plus probablement attribué à Jean Cosmate. Cette sépulture rappelle les vers satiriques du Dante sur Boniface, lorsqu'il fait dire à S.-Pierre que son cimetière est devenu un cloaque de sang et d'infection.[1]

C'est à tort qu'on a prétendu que la construction de la riche sacristie, d'un goût si médiocre, avait entraîné dans le siècle dernier la démolition d'un temple antique de Vénus. Les plus exacts et les plus anciens plans de S.-Pierre n'indiquent aucune trace d'une telle construction. *Jésus-Christ donnant les clefs à S. Pierre*, de Muziani, est faible. La statue de Pie VI, fondateur de la sacristie, du sculpteur Romain Penna, manque d'expression et de noblesse. Au fond du corridor est la célèbre inscription des frères ruraux (*fratres arvales*) institués par Romulus, dont quelques vers des chants saliens, le plus ancien monument de la langue latine, quoiqu'assez inintelligibles, paraissent une prière pour demander une abondante moisson.

Il faut monter à la coupole pour juger véritablement de l'étendue de S.-Pierre, et admirer complétement Michel-Ange; il avait quatre-vingt-sept ans lorsqu'il posa la calotte de cette coupole. C'est là qu'il est tout entier et que sa belle conception n'a pas été altérée. L'estime pour l'homme ajoute encore à l'enthousiasme pour l'artiste. Michel-Ange, habitué à travailler pour la gloire ou pour ses amis, refusa les 600 écus romains d'appointemens que le pape Paul III lui avoit al-

---

[1] *Fatto ha del cimiterio mio cloaca*
*Del sangue e della puzza....*
Parad. XXVII, 25.

loués, et pendant dix-sept ans il dirigea gratuitement une entreprise qui avait enrichi les premiers architectes. Cette expédition de la coupole est une sorte de voyage. Une population d'ouvriers, toujours occupés des réparations, habite le sommet du temple, qui semble une place publique en l'air. Un escalier conduit sur l'entablement intérieur près de la magnifique promesse faite au premier apôtre, inscrite en caractères de six pieds : *Tu es Petrus, et super hanc petram ædificabo ecclesiam meam, et tibi dabo claves regni cœlorum.* De la fameuse boule de bronze, qui peut contenir jusqu'à seize personnes assises, on jouit du plus magnifique aspect de la ville et de la campagne de Rome.

## CHAPITRE II.

*Vatican.* — Dépense du pape. — Escalier. — *Sala regia.* — Sixtine. — *Jugement dernier.* — Plafond. — Office. — Musique. — Chapelle *Paolina*.

LE Vatican représente la nouvelle et religieuse grandeur de la Rome actuelle, comme le Capitole représentait la grandeur belliqueuse et triomphante de l'ancienne Rome. Mais ce palais, jadis fameux par ses onze mille salles, cette cour pontificale, long-temps si fastueuse, respirent maintenant la simplicité, la modestie, et la dépense du pape ne dépasse guère le traitement d'un président [1]. Le Vatican ne tonne plus ; il n'est de nos jours que le plus vaste des musées, et un monument

---

[1] Cette dépense était de 679,000 fr., d'après le relevé fait par l'administration française. *V. les Études statistiques sur Rome*, par M. de Tournon, t. II, p. 65.

curieux des talens, comme architectes, de Bramante, de Raphaël, de San-Galle, de Pirro Ligorio, de Fontana, de Charles Maderne et du Bernin.

Le grand escalier (et l'on compte au Vatican jusqu'à huit escaliers principaux et environ deux cents petits) est une des plus habiles et des plus magiques constructions du Bernin. Parmi les grandes fresques de la *Sala regia*, représentant les actions glorieuses de l'histoire des papes, on remarque *Charles IX au milieu du parlement approuvant la condamnation de Coligny*; le *Corps de celui-ci jeté par les fenêtres*, et le *Massacre de la S.-Barthélemi*, qui, s'il ne fut pas prémédité, comme il paraît aujourd'hui probable, produisit à Rome l'enivrement d'une victoire, et obtint en plein consistoire l'approbation de Grégoire XIII, pape lettré et vertueux. Les trois meilleures fresques de la *Sala regia* sont : *le Grégoire VII relevant de son excommunication l'empereur Henri IV en présence de la comtesse Mathilde*, commencé par Thadée Zuccari, et terminé par son frère Frédéric; son pendant l'*Attaque de Tunis* en 1535, des mêmes, et l'*Alexandre III sur son trône dans la grande place de Venise bénissant Frédéric Barberousse*, par Joseph Salviati.

La chapelle Sixtine fut commandée par Sixte IV, pontife peu connaisseur en peinture, mais qui savait et aimait la gloire que les arts peuvent donner. Le *Jugement dernier* était un sujet singulièrement adapté au génie vaste et hardi de Michel-Ange, à sa science du dessin et à son habileté des raccourcis. Il s'y était, à ce qu'il paraît, préparé de lui-même, et le pape Paul III, informé des études qu'il avait faites, se rendit chez lui à la tête de dix cardinaux pour l'inviter à traiter ce sujet, et presque l'en prier : honneur unique dans les fastes de la peinture, et qui prouve quelle était l'importance, la considération de l'artiste! Mais indépendamment du grandiose du style et de l'inspiration du Dante, on sent que la terrible fresque, terminée après le sac de Rome, porte l'empreinte de la désolation du temps et de la sombre mélancolie du peintre. Les élus y paraissent presque aussi furieux que les damnés. La sublime fresque de la Sixtine, qui a souffert du temps, de l'humidité, de la négligence des conservateurs, et de l'explosion de la poudrière du château S.-Ange en 1797, faillit à être détruite sous Paul IV à cause de ses nudités, et Michel-Ange a représenté, sous les traits de Minos, Messer Biaggio, le maître des cérémonies du pape, qui les avait sottement dénoncées. La réponse de Michel-Ange à l'homme qui lui annonçait la vandale résolution du pontife fut sévère : « Dites au pape que cela est peu « de chose et se peut facilement corriger, qu'il corrige « le monde, et je corrigerai aussitôt mes peintures.[1] » Daniel de Volterre se chargea de voiler ces damnés, opération ridicule qui lui valut le surnom de *Brachettone*[2], et lui attira des vers piquans de Salvator Rosa[3]. Cette fresque extraordinaire a produit, comme plus d'un grand chef-d'œuvre, une multitude de malheureux imitateurs, et, plus d'une fois on entendit son immortel auteur dire de ceux qu'il trouvait dessinant dans la chapelle Sixtine : « Oh! de combien de gens mon ouvrage fera paraître la maladresse![4] » Raphaël toutefois sut bien

---

[1] *Dite al papa, che questa è piccola faccenda, e che facilmente si può acconciare, che acconci egli il mondo, che le pitture si acconciano presto.*

[2] Culottier.

[3]   *E pur era un error sì brutto, e grande,*
  *Che Daniele di poi fece da sarto*
  *In quel Giudizio a lavorar mutande.*
            Sat. III, *la Pittura.*

[4] *O quanti quest' opera mia ne vuole ingoffire!*

échapper à ce danger et mettre à profit les beautés du faire de Michel-Ange, lorsqu'introduit furtivement en son absence par Bramante dans la chapelle, il put les observer avant qu'elles ne fussent découvertes.

Michel-Ange seul, dans l'espace de vingt mois, avait, dès l'année 1507, exécuté, par ordre de Jules II, les compartimens de l'immense voûte de la Sixtine, peintures très travaillées comme le *Jugement dernier*, et qui représentent divers sujets de l'Ancien Testament avec une multitude de prophètes, de sibylles, de patriarches et autres figures académiques. Le Père éternel, *de la Création du monde*, a été rajeuni avec une merveilleuse originalité : on ne voit dans un petit espace que son immense tête et ses mains, comme pour montrer que Dieu est tout intelligence et puissance. L'*Adam*, l'*Eve*, sont pleins de noblesse et de grâce. Les prophètes, les sibylles, les plus beaux prophètes et les plus belles sibylles du monde, semblent inspirés : l'*Isaïe* appelé par un ange se tourne lentement vers lui, tant sa méditation est profonde.

Le grandiose des peintures de la voûte écrase véritablement les douze autres fresques de cette chapelle de Luc Signorelli, d'Alexandre Filippi, de Côme Roselli, du Perugin et d'autres maîtres; plusieurs toutefois sont fort remarquables; telles sont l'*Adoration du Veau d'or*, de Côme Roselli ; le *Baptême du Christ*, du Pérugin ; *Jésus-Christ appelant S. Pierre et S. André à l'apostolat*, de Ghirlandaio.

J'assistai plusieurs fois aux offices de la chapelle Sixtine, spectacle imposant par la présence du pape et la réunion des cardinaux, dont la toilette toutefois est assez négligée. L'aspect de ce sénat chrétien, auquel ont manqué François de Sales, Bossuet et Fénelon, montre la force, la majesté et l'indépendance de l'Église, impérissable société qui a vaincu le monde antique, civilisé le monde moderne, et qui faillirait à sa destinée en s'opposant aux lumières et à l'amélioration de la race humaine. Le jour de la Toussaint, un élève du collége Germanique, M. le comte Charles-Auguste de R\*\*\*\*\*\*\*, prononça avec un accent sonore mais insignifiant un discours latin qui produisit peu d'effet et qui m'a rappelé ce que le cardinal Maury a dit de ces discours d'écoliers : « Qu'ils ne sont le plus souvent ni la parole de Dieu, ni même la leur. »[1]

La musique de la chapelle Sixtine, qui fit autrefois l'admiration des artistes, paraît, comme celle de Saint-Pierre, prête à finir. Ce ne sont pas seulement les *soprani* qui manquent à la chapelle pontificale, ce sont aussi les ténors : en 1828, sur trente-deux chanteurs il y avait sept places vacantes de ces deux sortes de voix. Toute la puissance de la musique de la chapelle Sixtine s'est aujourd'hui réfugiée dans le fameux *Miserere* d'Allegri, exécuté à deux chœurs sans instrument, pendant la semaine sainte, qu'il était jadis défendu de copier sous peine d'excommunication, et, qu'après l'avoir entendu deux fois, la mémoire de Mozart sut dérober.

A la chapelle *Paolina*, les deux fresques de Michel-Ange du *Crucifiement de S. Pierre et de la Conversion de S. Paul*, presque obscurcies par la fumée des cierges qui brûlent autour du S. Sépulcre pendant la semaine sainte, sont très inférieures aux fresques de la Sixtine.

---

[1] *Essai sur l'Éloquence de la chaire*, chap. LXVII.

## CHAPITRE III.

*Loges* de Raphaël. — Appartement Borgia. — *Noces Aldobrandines.* — Corridor des inscriptions. — *Chambres de Raphaël.* — *Incendie de Borgo.* — *Dispute du S.-Sacrement.* — *L'École d'Athènes.* — *L'Héliodore.* — *Miracle de Bolsène.* — *Prison de S. Pierre.* — *Bataille de Constantin.* — Des encouragemens d'art excessifs. — Chapelle de Nicolas V.

---

Les loges de Raphaël, si elles ne sont pas toutes de sa main, furent exécutées sous sa direction et par ses élèves. Jamais ce prince de l'École romaine ne se rendait au Vatican qu'à la tête de cinquante peintres, vassaux de son génie, et attirés, fixés auprès de lui par le charme de son caractère. Cette féodalité dans les arts, si favorable aux grands ouvrages, tenait à d'autres mœurs qui ne peuvent renaître. Les prétentions, l'indépendance des artistes actuels, la dignité académique, ne permettent plus l'obéissance, la subordination, auxquelles on doit les vastes et beaux travaux qui maintenant nous étonnent.

Quel ne devait pas être dans leur fraîcheur l'effet des brillans stucs et arabesques de Jean d'Udine, si habile à peindre les fleurs, les fruits et les ornemens de tout genre, lorsqu'on se rappelle le trait de ce palefrenier du pape qui, courant prendre un tapis pour son service, se précipita, trompé par l'imitation, sur un des petits tapis des loges. Les arabesques des *Saisons*, des *Ages de la vie*, figurées par les Parques, sont de véritables tableaux pleins de poésie. La plus admirable des fresques, peintures idéales inspirées du génie de l'Écriture et qui sont désignées sous le nom de *la Bible de Raphaël*, est celle de *Dieu tirant le monde du chaos;* elle est de Raphaël lui-même, qui voulut comme donner un exemple à ses disciples. Ce grand artiste a fait quatre figures du Père éternel, différentes et toutes sublimes. La *Création du soleil et de la lune* est aussi d'une rare beauté. Le *Déluge*, par Jules Romain, est de la plus forte et de la plus pathétique expression. Les *trois Anges apparaissant à Abraham* sous les traits de jeunes hommes, ont une sorte d'élégance orientale qui diffère des formes grecques. La composition du groupe de *Loth et de ses filles fuyant l'incendie de Sodôme* est parfaite. *Jacob épris de Rachel, qu'il rencontre près du puits*, par Pellegrino de Modène, fresque pleine de grace et de simplicité, a le paysage traité avec beaucoup de finesse. Les quatre sujets de l'*Histoire de Joseph* se distinguent par une composition à la fois riche et sage et par l'énergie du coloris. Le *Moïse sauvé des eaux*, par la fraîcheur de ton, la dégradation des teintes et la vérité de couleur dans les eaux du Nil, est comme la création du paysage, qui, avant Raphaël, était simplement dessiné, mais que l'on ne peignait point dans le fond des tableaux, ou qu'on y peignait sans harmonie, sans perspective. Le *Jugement de Salomon* n'a point été surpassé par celui du Poussin pour la netteté, la précision et l'éloquence de la pantomime des deux mères. A la dernière travée, une *Cène*, d'une belle couleur et d'une exécution plus savante que ses voisines, semble encore de Raphaël. Il paraît avoir dirigé les fresques des loges après qu'il eut été clandestinement admis à observer les fresques de Michel-Ange à la Sixtine [1]. On remarque dans la plupart de ces fresques des loges, particulièrement dans celles qu'il a faites, un grandiose qui prouve qu'une

---

[1] *V.* le chapitre précédent.

circonstance particulière et importante a dû déterminer cette révolution de son talent.

L'appartement Borgia doit son nom à l'infâme Alexandre VI, qu'un distique impie, mais bien tourné, et curieux par sa servilité, a mis au-dessus de César et comparé à Dieu [1]. Les stucs et peintures de Jean d'Udine et de Perino del Vaga qui ornent le plafond de la grande salle sont une décoration du meilleur style. Parmi les précieux débris antiques conservés dans les cinq pièces de cet appartement on distingue les fragmens de la frise de la basilique Ulpia, le bas-relief Giustiniani de l'*Éducation de Bacchus,* un trépied de marbre, et les fameuses *Noces Aldobrandines,* peinture antique que l'on croit représenter les noces de Thétis et de Pélée, et qu'ont depuis effacées les peintures découvertes à Pompeï.

Le long corridor des inscriptions offre à droite les inscriptions païennes, à gauche les inscriptions chrétiennes, espèce de manuscrits de pierre qui font les délices des érudits. Quelques monumens ont de l'intérêt pour les simples curieux. Tel est le grand cippe de Lucius Atimetus, dont le double bas-relief représente d'un côté la boutique et de l'autre l'atelier d'un marchand de couteaux.

Les chambres de Raphaël sont le triomphe de la peinture, et jamais cet art n'apparut aussi grand, aussi puissant. Ces chambres étaient déjà peintes en partie lorsque Raphaël, âgé de vingt-cinq ans, fut appelé de Florence à Rome par Jules II pour y travailler avec Pierre del Borgo, Bramante de Milan, Pierre della Francesca, Luc Signorelli et le Perugin. Mais à la vue de la *Dispute du S. Sacrement,* son début, le pape ravi

---

[1] *Cæsare magna fuit, nunc Roma est maxima : Sextus Regnat Alexander; ille vir, iste Deus.*

fit suspendre et détruire les autres fresques à l'exception d'une voûte, ouvrage du Perugin, défendu, protégé par son grand et généreux élève.

La fresque de l'*Incendie de Borgo-Vecchio*, à Rome, l'ouvrage de Raphaël dans lequel se trouvent le plus de figures nues, qui rivalisent de beauté, d'expression, avec celles de Michel-Ange, sans les égaler dans la science musculaire, la précision des contours et la hardiesse des mouvemens, est plutôt une sublime et poétique inspiration du second chant de l'Énéide que la représentation du miracle de S. Léon et le spectacle d'un incendie. Ce qu'on voit le moins dans le tableau, c'est le feu, les flammes, la fumée et tous les ravages physiques du fléau; mais on est vivement ému par l'image morale des terreurs qu'il produit: tel est ce jeune homme s'échappant par-dessus un mur; telle est surtout la mère qui, du haut de ce même mur, va jeter son enfant au berceau dans les bras du père, qui se hausse sur la pointe des pieds pour le recevoir. Le beau groupe qui pourrait passer pour Énée sauvant son père Anchise sur ses épaules et suivi de sa femme Créuse, est de Jules Romain. Les femmes portant de l'eau sont superbes. C'est dans cette chambre qu'est le plafond du Perugin qui obtint sa grâce de Jules II.

Les deux grands tableaux de la *Dispute du S. Sacrement* ou la *Théologie* et de l'*École d'Athènes*, sont unanimement regardés comme les plus sublimes de Raphaël; jamais il n'a porté plus loin la grâce, la pureté et l'élégance du dessin. Dans la *Dispute*, image idéale, poétique, du concile de Plaisance où furent terminées les controverses sur le sacrement de l'Eucharistie, le Dante est placé, selon l'opinion du temps, parmi les théologiens; Raphaël s'y est peint avec le Perugin sous la figure de personnages mitrés. On croit que l'Arioste fut consulté pour la composition historique de l'*École d'Athènes*. La tête d'*Homère*, quoique le buste antique du poète n'eût point alors encore été découvert, est peut-être la plus surprenante de ces cinquante-deux figures, et respire la plus haute inspiration; à ses côtés sont Virgile et le Dante. L'*Aspasie*, jeune et belle, est sérieuse. Les divers groupes se rattachent naturellement à l'action principale. Plusieurs figures sont des portraits : l'Archimède est Bramante; le jeune homme un genou à terre, Frédéric II, duc de Mantoue; les deux figures à gauche de Zoroastre, la couronne sur la tête, sont le Perugin et Raphaël.

Le *Parnasse*, habile et gracieuse imitation du style antique, est toutefois inférieur aux deux fresques précédentes, comme ensemble de tableaux, et quelques figures sont coloriées d'une manière un peu froide. L'Apollon joue du violon, et, chose singulière, Raphaël lui avait d'abord mis une lyre! On a prétendu qu'il avait eu la faiblesse de la supprimer par flatterie pour un musicien en crédit à la cour, et qui accompagnait les chants des poètes pendant le souper de Léon X; fait inexact, puisque le Parnasse est de 1511 et antérieur de deux années au pontificat de Léon. Ce violon n'était pas d'ailleurs aussi étrange qu'il le paraît aujourd'hui, puisque tous les chérubins jouaient du même instrument depuis la renaissance de la peinture.

La fresque dite de la *Jurisprudence* est noble, grandiose, idéale.

A la voûte, les quatre figures de la *Théologie*, de la *Philosophie*, de la *Jurisprudence* et de la *Poésie*, ont le goût et la grâce de l'antique.

L'*Héliodore*, la plus riche, la plus féconde, la plus animée des compositions de Raphaël, était une allusion à l'histoire de Jules II, qui chassa du patrimoine de

S. Pierre les ennemis de l'Église, et que Raphaël y a représenté. La nature supérieure des deux anges sur Héliodore armé est merveilleusement exprimée. Le groupe du pape porté sur la *Sella gestatoria*, celui des femmes, l'ange renversant Héliodore, sont parfaits. Les figures en grisaille de la voûte ont un beau et grand caractère.

Le *S. Léon arrêtant Attila aux portes de Rome* est le portrait de Léon X, grand pape littéraire, mais qui n'était guère de force à une telle action; le porteur de croix, près de lui, est encore un des portraits de Raphaël, toujours accompagné de son maître le Perugin. La majesté tranquille du cortége papal contraste admirablement avec le désordre, la furie de l'armée barbare débouchant d'une gorge de montagnes pour fondre sur la plaine de Rome.

La partie supérieure du *Miracle de Bolsène*, c'est-à-dire le prêtre, le pape sous les traits de Jules II, l'autel et le prie-dieu, est digne d'être comparée, pour le coloris, aux plus belles choses du Titien. Les différens groupes de cette dramatique fresque expriment admirablement les contrastes les plus divers; les affections de crainte, de curiosité inquiète d'une partie des spectateurs, l'émotion des femmes par l'opération du miracle, la rude impassibilité des palefreniers pontificaux agenouillés au bas des degrés, et la sainte gravité, la foi confiante et paisible du pontife et des cardinaux.

L'effet extraordinaire des trois lumières différentes de la *Prison de S. Pierre* prouve qu'aucune partie de l'art n'était ni inconnue ni impossible au génie de Raphaël. Cette fresque est une autre allusion à la vie de Jules II, qui avait porté le titre de cardinal de *S.-Pierre-aux-Liens*, héréditaire dans sa famille. L'artiste, selon un ingénieux et inédit interprète de ces peintures, a composé le visage de l'apôtre du mélange de ses propres traits et de ceux de Jules. En les rendant presque également reconnaissables, en imitant avec une étonnante précision Apelles, qui, dans un même portrait fait pour le temple d'Éphèse, fit reconnaître Alexandre et Jupiter sans rien ôter à la jeunesse de l'un, ni dégrader la majesté de l'autre, le peintre italien, égalant le plus grand peintre de la Grèce, a trouvé, par le moyen de cette alliance de formes, celui de rendre sensibles l'allusion de ce tableau et le rapport de l'histoire ancienne à la moderne[1]. Les quatre sujets en grisaille de la voûte, fort endommagés, sont traités avec un goût exquis.

*La Bataille de Constantin*, la plus grande peinture historique connue et l'une des plus belles compositions de tableaux de bataille, quoique exécutée par Jules Romain, montre l'ordre, la sagesse, la raison de Raphaël dans ses plus vastes et plus vives compositions. Il ne manque à ce beau tableau qu'une couleur plus riche et plus pittoresque. Le Poussin trouvait toutefois que l'âpreté des teintes de Jules Romain convenait à la fureur d'une telle mêlée. Tels sont l'enthousiasme et la chaleur d'exécution qu'on admire dans ce chef-d'œuvre, selon un habile critique italien, qu'il semble que l'artiste, entraîné par l'action dont il retrace l'image, participe de l'ardeur des guerriers et qu'il combatte, si l'on peut le dire, avec le pinceau[2]. Un des épisodes les plus touchans est le jeune porte-enseigne mort et relevé par un vieux soldat. Les deux belles figures latérales de la *Justice* et de la *Douceur* sont tout entières de Raphaël. La première, remarquable par la noblesse et la grâce de l'attitude et par l'ajustement large et grandiose des draperies, pose une main sur le long col d'une

---

[1] Description de la *Prison de S.-Pierre-aux-Liens*, par d'Hancarville, t. v, 190, de l'*Histoire de la Sculpture*, du comte Cicognara.

[2] Bellori. *Descrizione delle Pitture*, p. 116.

autruche placée assez singulièrement à côté d'elle. Le mouton mis aux pieds de la *Douceur* est un attribut beaucoup plus naturel de cette figure, reconnaissable encore à son air calme et ingénu.

L'*Apparition de la Croix à Constantin*, par Jules Romain, respire sa force et sa hardiesse. Les lointains montrent quelques uns des principaux monumens de Rome; le nain qui de ses deux mains essaie de se mettre un casque sur la tête est un hors-d'œuvre bizarre, indigne d'une telle composition.

On reconnaît Raphaël à la belle invention du *Baptême de Constantin*. Quelques parties du baptistère de Constantin, petite église octogone près S.-Jean-de-Latran, sont encore presque dans le même état. Le personnage vêtu de noir et à la toque de velours est Jean-François Penni, dit *il Fattore* parce qu'il était chargé des affaires d'argent de Raphaël son maître; il a terminé faiblement le tableau. Les clairs-obscurs du soubassement, par Polydore de Caravage, sont excellens. Le plafond, de Laureti, à l'exception du temple, dont la perspective est merveilleuse, offre de gigantesques et pesantes figures de formes vulgaires et d'un coloris cru. L'histoire de ce plafond prouve assez bien les inconvéniens de certains encouragemens excessifs. L'artiste, logé au palais, avait obtenu de Grégoire XIII de tels avantages et une sorte d'état de prince que, fait à cette bonne vie, qu'il désirait prolonger, il s'était peu hâté, et n'avait point fini à la mort du pape. Sixte-Quint, moins endurant, exigea qu'il défît sans délai son échafaud: obligé d'aller vite, Laureti termina tant bien que mal sa voûte en moins d'une année; elle n'eut aucun succès, et Sixte, impitoyable, non seulement ne le paya point, mais exigea qu'il rendît compte de sa splendide représentation, et même de la nourriture du cheval qu'il avait obtenu; ce qui le ruina.

La petite chapelle construite et décorée par le pape Nicolas V doit être visitée. Ce pape la fit peindre par le frère Jean de Fiesole, dont les fresques charmantes, naïves, représentent la *Vie de S. Nicolas de Bari*, et, quoique en partie altérées, paraissent dignes encore de l'excellent artiste florentin du xv° siècle.

## CHAPITRE IV.

Bibliothéque vaticane. — Nicolas V. — Excommunication. — *Virgile*. — *Térence*. — *Pétrarque*. — *Dante*. — *Bible* des ducs d'Urbin. — *Bréviaire* de Mathias Corvin. — Manuscrit du moine des îles d'Or. — Lettres de Henri VIII. — Ébauche des premiers chants de la *Jérusalem*. — Autres autographes du Tasse. — Imprimés.

La première origine de la Vaticane, la plus ancienne bibliothéque de l'Europe, remonte au pape S. Hilaire, qui rassembla quelques manuscrits dans son palais de S.-Jean-de-Latran en 465. Cette illustre bibliothéque fut transférée au Vatican par Nicolas V, qui doit en être regardé comme le véritable fondateur, pape admirable, digne précurseur de Léon X, et qui, moins vanté, ne fut pas moins que lui secourable aux lettres et aux arts. Un de ses successeurs, Sixte IV, l'avait aussi considérablement enrichie, ainsi qu'on le voit par ces vers de l'Arioste :

> *Di libri antiqui anche mi puoi proporre*
> *Il numer grande, che per publico uso*
> *Sisto da tutto il mondo fè raccorre.* [1]

Le vaste local actuel, de l'architecture de Fontana,

[1] « Tu peux me proposer le grand nombre d'anciens ouvrages

est dû à Sixte-Quint, qui, à force de menaces, le fit construire en une année et peindre l'année suivante; mais il paraît s'être plus occupé de la décoration de la Vaticane que de ses accroissemens [1]. Il est assez probable, au reste, que la construction et tous les embellissemens extérieurs de cette bibliothéque ont coûté plus cher que ses manuscrits et ses livres. Léon X, en faisant chercher au loin et copier des manuscrits, y mit autant d'ardeur que ses deux successeurs Adrien VI et Clément VII, d'indifférence; ainsi qu'on le voit par ces deux épigrammes opposées et assez mauvaises du zélé bibliothécaire Sabeus, la première adressée à Léon; la seconde à son cousin Clément, indigne véritablement du nom de Médicis.

*Ipse tuli pro te discrimina, damna, labores,*
*Et varios casus barbarie in media,*
*Carcere ut eriperem, et vinclis et funere libros*
*Qui te conspicerent et patriam reduce.*

*Dicere non possum, quod sim tua, visere quam non*
*Hactenus ipse velis, Septime, nec pateris.*
*Hinc gemo et illacrymor, quod sim tibi vilior alga,*
*Sordidior cœno, Thisiphone horridior.*

« que Sixte a rassemblés de tout le monde à l'usage public. » *Sat.* VII, 139. Sixte avait nommé bibliothécaire Platina, qui lui adresse le même éloge dans ces vers peu élégans;

*Templa, domum expositis, vicos, fora, mœnia, pontes*
*Virgineam Trivii quod repararit aquam*
*Prisca licet nautis statuas dare commoda portus,*
*Et Vaticanum cingere, Xiste, jugum;*
*Plus tamen urbs debet, nam quæ squalore latebat*
*Cernitur in celebri bibliotheca loco.*

[1] *Eam tu curam et diligentiam eorum æmulatus, ad illam egregiam bibliothecam Vaticanam.... addis adjungisque alteram, non illam quidem librorum numero, sed tum eorum, quibus est referta probitate atque præstantia, tum loci commoditate amœnitateque propter elegantiam marmorum et picturarum, speculasque bellissimas, quas habet, ad usum Pontificum multò etiam amabiliorem.* Bembo. *Ep. famil.* v, 8.

Indépendamment des diverses acquisitions faites par les papes, la Vaticane s'est successivement enrichie des bibliothéques de l'électeur palatin [1], des ducs d'Urbin [2], de Christine [3], du marquis Capponi, et de la maison Ottoboni. Elle compte aujourd'hui 80,000 volumes et 24,000 manuscrits, savoir : 5,000 grecs, 16,000 latins et italiens; ces derniers en petit nombre; et 3,000 orientaux de diverses langues. Tel est le mystère de ses armoires qu'on ne se douterait guère des richesses littéraires qu'elle contient, et que le voyageur qui l'a traversée n'est véritablement frappé que des peintures, des vases étrusques et de Sèvres, de la belle colonne d'albâtre oriental, et des deux statues du sophiste Aristide et de l'évêque S. Hippolyte, dont le siége offre, sculpté, le célèbre calendrier pascal. Parmi les objets exposés dans les diverses salles, on remarque encore un petit tableau à fresque du VIII° siècle qui représente Charlemagne, ainsi que l'armure de fer, moins l'épée, du connétable de Bourbon, avec laquelle il périt au sac de Rome, grande catastrophe pour les lettres et les arts,

[1] Cette bibliothéque, prise à Heidelberg par Tilli, fut un présent du duc de Bavière Maximilien au pape Grégoire XV. Il est assez singulier qu'une des portions les plus précieuses de la Vaticane provienne d'un pillage. Les manuscrits, au nombre de trente-huit, qui avaient été apportés à Paris, furent restitués à l'université d'Heidelberg en 1815, ainsi que les huit cent quarante-sept manuscrits allemands restés à Rome, le célèbre manuscrit tudesque de la *Traduction paraphrasée de l'Évangile*, d'Otfrid, et quatre manuscrits latins, concernant l'histoire de l'Université.

[2] La bibliothéque d'Urbin avait été fondée vers la fin du XV° siècle par le duc Frédéric de Montefeltro, grand bibliomane, qui, à la prise de Volterra, en 1472, n'avait réclamé pour tout butin qu'une Bible hébraïque.

[3] Parmi les livres de Christine, une partie provenait, comme ceux de l'ancienne bibliothéque de l'électeur palatin, de la conquête; ils avaient été pris à Wurtzbourg, Prague et Brême, par son père Gustave-Adolphe, qui transporta en Suède les bibliothéques des jésuites et des capucins.

qui, au milieu des beaux jours de la renaissance, est comme une journée de l'invasion des barbares [1].

Sur une table de marbre, dans la salle des lecteurs, presque toujours déserte, est le décret de Sixte-Quint, qui excommunie tout homme, même le bibliothécaire ou les employés, qui ferait sortir un seul volume de la bibliothèque sans la permission autographe du pape, règlement empreint de l'esprit pontifical romain, et que repousseraient les habitudes littéraires de France.

---

[1] Indépendamment du ravage de la Vaticane, on ferait un long catalogue des ouvrages et des travaux des savans perdus dans ce pillage. Il donna lieu à l'ouvrage intéressant de Valeriano *du Malheur des Gens de lettres* (*de Litteratorum infelicitate*). L'école de Raphaël fut dispersée par les mauvais traitemens de la soldatesque. *V.* une réponse éloquente du comte de Castiglione au dialogue du secrétaire Valdès, sur cet événement, et l'ouvrage d'auteur incertain, ayant pour titre : *Ragguaglio istorico di tutto l'occorso, giorno per giorno, nel sacco di Roma dell' anno 1527, scritto da Jacopo Buonaparte, gentiluomo Samminiatese, che vi si trovò presente, trascritto dell' autografo di esso.* Telle fut la terreur inspirée par ce sac de Rome, que le nom de Bourbon (*Borbone*) est resté redoutable et odieux à Rome, et que, changé en *Barbone*, il sert encore à faire peur aux petits garçons. Le corps du connétable fut long-temps conservé dans la citadelle de Gaëte, où l'on avait l'usage bizarre de changer son costume trois fois l'an. On raconte que le soldat chargé de la toilette de cette momie dit : *Questo B..... grida la notte come un diavolo, se non si veste a suo tempo.* Si l'on en juge par les *Lettres inédites* de Courier (T. I, p. 36.), la Vaticane ne fut pas pillée avec moins de fureur, d'ignorance et de cupidité en 1799 qu'au sac de 1527. Par l'article VIII de la suspension d'armes, conclue à Bologne le 23 juin 1796, il fut stipulé que Pie VI céderait cinq cents manuscrits de la Vaticane, au choix des commissaires de la république, et le traité de Tolentino rappela (art. XIII) cette clause. Les commissaires nommés étaient Monge, Barthélemy, peintre, Moitte, sculpteur, et Tinet, juges peu exercés en paléographie, et qui recevaient de Paris leurs indications, prises dans la *Bibliotheca bibliothecarum* de Montfaucon. Des imprimés, des vases, des médailles, furent en outre enlevés contre le texte du traité. *V.* l'ouvrage intitulé *Recensio manuscriptorum codicum qui ex universa bibliotheca Vaticana selecti.... procuratoribus Gallorum.... traditi fuere.* Lipsiæ, CIƆIƆCCCIII. 8.

Les cinquante miniatures du *Virgile* sont un curieux monument de la peinture en Italie, entre le IV$^e$ et le V$^e$ siècle. Quelques détails par la simplicité, le naturel, la clarté, et même une certaine dignité, rappellent des temps plus anciens et meilleurs. La plupart de ces compositions incorrectes, sans clair-obscur ni perspective, rendent toutefois avec beaucoup de justesse les divers sujets.

Le *Térence*, de la fin du VIII$^e$ siècle ou du commencement du IX$^e$, paraît une copie d'un original plus ancien. Les figures animées, expressives, sont encore plus barbares que celles du Virgile. Ces deux ornemens de la Vaticane faisaient partie de la bibliothéque de Bembo, d'où ils passèrent dans celle des ducs d'Urbin. Le premier avait auparavant appartenu au célèbre Pontano; le second, au poète napolitain Porcello Pandonio, qui l'avait cédé à Bernard Bembo, le père du cardinal. Ce manuscrit est extrêmement curieux pour la connaissance des habits du temps et de quelques anciens usages, dont plusieurs se sont perpétués jusqu'à nos jours, tels que celui du mouchoir de cou (*sudarium*) que portent encore à Rome les serviteurs et autres hommes de peine.

Le précieux manuscrit autographe des *Rime* de Pétrarque montre à quel point il travaillait ses vers :

> *Da indi in qua cotante carte aspergo*
> *Di pensieri, di lagrime e d'inchiostro,*
> *Tanto ne squarcio, n'apparecchio, e vergo.* [1]

---

[1] *Trionfi.* « Ainsi je couvre de pensées, de larmes et d'encre un « grand nombre de feuilles; ainsi je les déchire, je les range et je « les transcris. » Ces *Rime* sont, avec la note de l'Ambrosienne et la lettre à Dondi (*V.* liv. VII, chap. IV), les principaux autographes qui nous restent de Pétrarque. On raconte que, dans ses promenades solitaires de Vaucluse et d'Arquà, il avait écrit un grand nombre de vers sur sa pelisse; mais que cette pelisse fut brûlée à

Pétrarque jette au milieu de ses vers quelques détails familiers sur sa vie : c'est ainsi qu'il écrit qu'on l'appelle pour souper (*sed vocor ad cœnam*), et autres remarques non moins prosaïques.

Un beau manuscrit du Dante, de la main de Boccace, fut envoyé par lui à Pétrarque, qui, selon quelques uns, l'a annoté. Ce manuscrit, le plus précieux qui existe de la *Divina commedia*, rappelle et représente les trois grands créateurs de la littérature italienne, mais il fait peu d'honneur à Pétrarque, puisqu'il prouve son peu d'empressement à se procurer la *Divina commedia*, et que l'on voit par la réponse singulière à laquelle ce présent donna lieu qu'il déguisait en dédain l'envie que lui inspiraient les vers du Dante.

La magnifique Bible latine des ducs d'Urbin, deux grands volumes in-folio, ornée de figures, d'arabesques, de paysages, est un monument de l'art qui a paru digne du Perugin, ou des meilleurs peintres ses contemporains.

Le rouleau mutilé, de trente-deux pieds, en beau parchemin couvert de miniatures, représentant une partie de l'*histoire de Josué*, qui orne un manuscrit grec du VIIe ou du VIIIe siècle, est l'une des plus singulières curiosités de la Vaticane.

On admire la composition et la richesse des miniatures et des ornemens du *Bréviaire* de Mathias Corvin. Ce grand roi de Hongrie avait rassemblé à Bude une bibliothéque de 50,000 volumes, la plus belle de son

---

Florence dans le XVIe siècle, pendant une peste, comme suspecte de contagion. *Préface* de l'édition des *Rime* avec les variantes, suivies du traité des *Vertus morales* du roi Robert, qui n'y prend que le titre de roi de Jérusalem, afin de se rapprocher de Salomon; du *Tesoretto*, de Brunetto Latini, et de quatre *Canzoni*, de Bindo Bonichi, de Sienne. Rome, 1642, *in-fol*.

temps, dont le pillage par les Turcs, en 1527, année du sac de Rome par les troupes de Charles-Quint, peut être regardé comme une des grandes catastrophes bibliographiques modernes et l'un des premiers événemens de son règne et de l'histoire de son pays. Le Bréviaire de Corvin, de la fin du xve siècle, paraît exécuté à Florence par un des habiles calligraphes qu'il entretenait en Italie, et dont le nombre ne s'élevait pas à moins de trente.

Une *Vie de Frédéric, duc d'Urbin*, offre de belles miniatures de dom Giulio Clovio, bon peintre de ce genre de portraits, élève de Jules Romain.

Le curieux Calendrier mexicain se démonte et devient d'une prodigieuse longueur.

Un Plutarque, provenant de la bibliothéque de Christine, a des notes manuscrites de Grotius.

Les imparfaites miniatures du xiie siècle du manuscrit latin du poëme de Donizon offrent le portrait en pied de l'héroïne, la comtesse Mathilde, tenant une grenade : son costume est riche et pittoresque ; elle est coiffée d'un bonnet d'or, de forme conique, et orné de pierres précieuses dans la partie inférieure ; ce bonnet recouvre un voile rose ; la chlamyde est laque, avec une bande dorée aussi garnie de pierreries ; la robe bleu de ciel. Quelques scènes sont caractéristiques : une miniature représente l'empereur Henri IV, prosterné devant Mathilde et Hugues, l'abbé de Cluny, crossé et mitré ; l'inscription porte : *Le roi supplie l'Abbé et Mathilde aussi*. Il dut en effet à leur intercession l'absolution que le pape lui refusait ; mais un puissant empereur, aux pieds d'une femme et d'un abbé, montre l'esprit du siècle.[1]

Le manuscrit des *Vies et poésies des poètes proven-*

---

[1] Cette scène a été peinte en détail et avec un rare talent dans l'Histoire inédite de Grégoire VII, par M. Villemain, qui a bien

çaux, par le Monge, ou moine dit des îles d'Or, des îles d'Hières, où ce religieux, mort en 1408, avait son ermitage, ce brillant manuscrit avait appartenu à Pétrarque et à Bembo, et il a quelques-unes de leurs notes. S'il ne peut être l'original, on doit toujours le regarder comme le plus curieux monument de l'ancienne poésie provençale que possède la Vaticane.

La copie manuscrite du *Traité des sept Sacremens*, ouvrage d'Henri VIII, envoyé et dédié par lui à Léon X, et qui valut à son royal auteur le titre d'*Angélique*, malgré les grossières injures qu'il prodigue à son adversaire Luther, est très soignée. Au bas de la dernière page est ce distique de la main du roi :

*Angloru̅ rex Henricus, Leo Decime, mittit
Hoc opus, et fidei testë et amicitie.*[1]

Les lettres d'Henri VIII à Anne Boleyn, sa maîtresse, à laquelle il donne ce titre dans le protocole, sont au nombre de dix-sept : neuf en français et huit en anglais. Elles ont été pendant dix-huit ans à notre grande bibliothèque[2]. Des lettres d'amour auraient pu rester en France, elles y auraient été plus naturellement placées qu'au Vatican.

Une ébauche des trois premiers chants manuscrits de la Jérusalem, faits par le Tasse à dix-neuf ans, lorsqu'il vivait à Bologne sous la protection du duc d'Urbin auquel il les dédie, est singulièrement intéressante. Des cent seize octaves de ce manuscrit, plu-

---

voulu m'en donner connaissance, ainsi que de plusieurs autres fragmens pleins d'intérêt.

[1] *V*. liv. VII, chap. XXII.

[2] C'est sur la copie exacte qui en fut prise par M. Méon, employé aux manuscrits, que M. Crapelet a publié la belle édition de ces lettres, avec une intéressante notice historique sur Anne Boleyn. *Paris*, (1826), in-8°.

sieurs ont été conservées et replacées dans le poëme. C'est à la lecture de ces beaux fragmens que le sénateur bolonais Bolognetti, aussi poète, prononça transporté les vers de Properce sur l'Énéide :

*Cedite, Romani scriptores, cedite Graii.
Nescio quid majus nascitur Iliade.* [1]

Les autres autographes du Tasse, sont plusieurs de ses traités et dialogues ; savoir : *Riposta a Plutarco sulla fortuna de' Romani, e della virtù d'Alessandro; il Porzio, Dialogo della Virtù; il Minturno, Dialogo della Bellezza; il Cataneo, Dialogo delle Conclusioni amorose; il Ficino, Dialogo dell' Arti; il Malpiglio, secondo Dialogo del Fugir la Moltitudine; e il Constantino, Dialogo della Clemenza.*

Quelques imprimés de la Vaticane sur peau de vélin, sont au premier rang des chefs-d'œuvre et des raretés typographiques ; tels sont : un des trois exemplaires du *Traité des sept Sacremens* (Lond. 1501) envoyé par Henri VIII à Léon X [2] ; un des quatre exemplaires de la fameuse et première édition de la *Bible* polyglotte de Ximenès (1514-17); la magnifique *Bible* arabe (Rome 1671); la belle *Bible* grecque d'Alde (1518); un des trois exemplaires des *Épîtres de S. Jérôme* (Rome 1468); un des trois exemplaires de la première et rare édition d'*Aulu-Gelle* (Rome 1469). La bibliothèque d'ouvrages d'art formée par le comte Cicognara avec le goût qu'on doit attendre d'un homme aussi exercé, et s'élevant au-delà de 4,800 articles, est passée à la Vaticane [3]. Elle doit être regardée comme une de ses plus précieuses acquisitions.

[1] *Lib. II, Eleg. ultim.* v. 65.
[2] *V.* la page précédente.
[3] Ce nombre de 4,800 est celui du catalogue imprimé à Pise en

Le bibliothécaire actuel, M<sup>gor</sup> Mai, célèbre par ses publications de manuscrits palimpsestes, et dans lequel j'ai constamment trouvé la plus obligeante politesse, est devenu pour l'Europe savante comme un voyageur parti pour de nouvelles découvertes; mais c'est le monde ancien, c'est l'antiquité effacée, détruite, qu'il est chargé de reconnaître et de retrouver : s'il se rencontre dans cette antiquité quelques terres désertes, elles méritent aussi d'être indiquées, puisqu'elles servent à la connaissance générale du pays, et c'est à tort que l'on a regardé comme indifférentes quelques unes des publications de M. Mai; des fragmens informes peuvent un jour servir à en éclaircir d'autres plus intéressans, et le système de tout publier semble le plus utile, le plus prudent et le plus sûr.

## CHAPITRE V.

*Musée. — Musée Chiaramonti. — Minerve Medica. — Nil. — Musée Pio-Clementino. — Torse. — Méléagre. — Persée; Lutteurs, de Canova. — Mercure. — Laocoon. — L'Apollon. — Salle des animaux. — Ariane. — Jupiter. — Cartes géographiques. — Arazzi.*

Le musée du Vatican, le plus beau, le plus riche des musées, fut commencé il y a cinquante ans dans une cour et un jardin. On ne sait ce que l'on doit le plus admirer soit du zèle des derniers pontifes, soit de la singulière fécondité d'une terre qui en si peu de temps a produit tant de chefs-d'œuvre. L'abbé Barthé-

---

1821; la bibliothéque fut encore augmentée par M. Cicognara, et l'on y a réuni depuis un grand nombre de volumes de la Vaticane.

lemy avait calculé que malgré les ravages des siècles et les mutilations des barbares, le nombre des statues exhumées jusqu'à nos jours du sol de Rome dépassait 70,000. Si l'on considère également le grand nombre de ses colonnes différentes de diamètre et de travail, sans parler des colonnes détruites ou passées à l'étranger, quelle quantité considérable d'édifices ne doit-il pas faire supposer, et quel ne devait pas être l'éclat de la ville éternelle, quand elle était peuplée par cette multitude de figures intactes ou nouvelles, placées dans ces mêmes somptueux édifices? Un évêque de Tours, Hildebert, mort en 1139, avait célébré avec une élégance et une sorte de culte profane bien extraordinaires pour son temps, les statues antiques alors découvertes à Rome [1]. On éprouve une vive impression à la vue de ce grand nombre de personnages connus, mais encore de ceux que l'on ne connaît point, de ces noms, de ces pierres, de ces inscriptions qui sont comme une apparition, comme une résurrection de l'antiquité. Les physionomies de plusieurs de ces personnages diffèrent quelquefois beaucoup de leur renommée: les traits de Néron, d'une noble expression, n'ont point été altérés par le crime; Marc-Aurèle n'a pas une très bonne figure; Claude a l'air spirituel.

On distingue au musée Chiaramonti créé par Pie VII, un beau fragment de bas-relief d'un *Apollon* assis; une statue de femme avec les attributs de l'Automne; l'her-

---

[1] *Nec tamen annorum series, nec flamma, nec ensis*
*Ad plenum potuit tale abolere decus,*
*Hic superum formas superi mirantur et ipsi*
*Et cupiunt fictis vultibus esse pares.*
*Nec potuit Natura Deos hoc ore creare*
*Quo miranda Deum signa creavit homo.*
*Cultus adest his numinibus, potiusque coluntur*
*Artificis studio, quam deitate suâ.*

mès dit du *Platon*, du *Sommeil*, du *Bacchus barbu*, mais qui paraît un portrait d'un homme inconnu ; le petit et curieux hermès qui offre le double emblême du *Bacchus* vieux et jeune ; une statue de *Domitien* ; un *Discobole* dans une niche du *Braccio-Nuovo* ; une tête d'*Apollon* voisine ; le *Lucius Verus* en héros ; le buste de *Commode* ; la belle, l'élégante *Minerve*, dite à tort *Medica*, d'une si parfaite conservation, la première des statues de Minerve, surnommée par Canova l'*Apollon des figures drapées* ; le colossal *Nil*, si noble, si poétique, avec les seize petites figures emblême des seize coudées nécessaires à l'inondation de l'Égypte ; une jolie petite *Vénus* anadyomène ; un philosophe grec inconnu dont la tête rappelle un Homère ; la superbe statue de la *Fortune* ; *Antonia*, mère de Claude ; la *Junon*, dite la Clémence ; le buste de *Caracalla* jeune ; un *Euripide* d'un grand caractère ; un gracieux *Ganymède* ; un *Nerva* supérieurement drapé ; l'*Antinoüs* sous la forme de Vertumne ; deux têtes qui passent, l'une pour une *Niobé*, l'autre pour une *Sapho* ; un buste d'*Adrien* ; une tête de *Vénus* admirable par les contours ; *Sabine* la femme d'Adrien, en Vénus ; le buste que l'on croit du père de Trajan.

Le musée *Pio-Clementino* doit son nom aux papes Clément XIII, Clément XIV et Pie VI, qui l'ont commencé et étendu ; le dernier avait acheté plus de 2,000 statues. Le sarcophage en peperin et les inscriptions si nobles et si simples provenant du tombeau des Scipions, semblent en avoir été arrachés par une véritable profanation ; et ils seraient d'un bien plus touchant effet dans ce lieu solitaire [1], qu'exposés, que jetés au milieu de la multitude des statues d'un musée. L'inscription du

---

[1] *V.* ci-après, chap. XLII.

sarcophage portant qu'il est celui de Cornelius Lucius Scipion Barbatus, le vainqueur des Samnites et de la Lucanie, n'est point, comme on l'a long-temps prétendu, la plus ancienne qu'il y ait en latin, mais elle est toujours l'une des plus anciennes.

Le sublime Torse d'Apollonius paraît un des derniers chefs-d'œuvre de l'art chez les Grecs avant la perte de la liberté. Il n'y a point de figure où la chair soit aussi vraie. Winckelmann, dont la science est fort supérieure au goût, tombe dans une singulière exagération lorsqu'il décrit pindariquement le torse, soit qu'il compare le dos à une chaîne d'agréables collines de muscles, soit qu'il prétende que ce corps est au-dessus des besoins humains, qu'il n'a point de veines et qu'il est fait pour jouir et non pour se nourrir : ce ventre, malgré son idéal, est celui d'un homme qui digérerait bien. Michel-Ange disait qu'il était élève de ce Torse ; il lui dut son caractère grandiose, ainsi qu'on peut en juger par le nu des figures de la chapelle des tombeaux, et il l'a presque copié dans le S. Barthélemi de la Sixtine. La tradition qui rapporte qu'aveugle et vieux il en palpait les contours, peint toujours, malgré son incertitude, l'esprit du temps et la passion pour l'antiquité des artistes de cette époque.

Les jambes, la draperie du beau *Méléagre*, une des statues antiques les mieux conservées, sont dures, maniérées : la hure du sanglier est parfaite.

Le *Persée*, de la jeunesse de Canova et qui n'est pas de ses bons ouvrages, fut sa première statue héroïque. Quoique l'auteur s'y opposât, elle fut placée sur le piédestal de l'Apollon absent et obtint le surnom de la *Consolatrice*. Malgré le mérite des muscles et de la difficulté vaincue, le *Damoxènes* et le *Creugas* ont l'air de boxeurs ; il est difficile d'imaginer un plus ignoble vainqueur que le premier de ces athlètes : c'est le triomphe de la force brutale dans toute son abjection.

Le *Mercure*, long-temps dit à tort l'*Antinoüs du Vatican*, est parfait de grâce, de force et de morbidesse.

Le *Laocoon* paraît du temps des premiers empereurs. Les trois artistes de cet immortel chef-d'œuvre si varié de force, d'expression, de douleur, que Pline et Diderot regardent comme le plus beau morceau connu, furent Agésandre, Polydore et Athénodore, rhodiens. Sadolet célébra dans des vers élégans la découverte du Laocoon [1]. Une lucrative récompense fut accordée par Jules II à Félix de' Fredis qui l'avait trouvé dans sa vigne; il reçut, ainsi que ses fils, une portion des droits de gabelle de la porte S.-Jean-de-Latran, et lorsque Léon X restitua ce revenu à la basilique, il leur assigna en dédommagement la charge dite alors *officium scriptoriæ apostolicæ*, qui n'existe plus. L'épitaphe de de' Fredis montre l'honneur qui revenait alors de telles découvertes considérées comme des événemens publics, comme de véritables hauts-faits dignes de l'immortalité [2]. Le Laocoon et ses fils, quoique sacrifiant à l'autel dans le temple de Minerve, sont tout-à-fait nus, et cependant à l'aspect de cette représentation isolée, idéale de l'humanité souffrante, de ce spectacle de terreur et de pitié qu'excitent les angoisses de ce père et de ses enfans, l'œil ne réclame ni le costume de

---

[1] *De Laocoontis statuâ.*

[2] ..... *Qui ob proprias virtutes, et repertum Laocoontis divinum, quod in Vaticano cernis, ferè respirans simulachrum, immortalitatem meruit anno domini XDXXVIII.* Une lettre curieuse de César Trivulzio à son frère Pomponius, écrite de Rome le 1ᵉʳ juin 1506, rend compte de la fête qui fut alors célébrée par les *Poètes romains*.

grand prêtre, ni les bandelettes de Laocoon, tant la vérité est supérieure à la réalité, tant l'imagination échappe à celle-ci pour ne contempler que celle-là. Parmi la multitude d'inspirations qu'a produites le Laocoon, la plus heureuse peut-être est celle de Canova, qui a répété la tête de Laocoon dans le Centaure mourant de son Thésée.

Au-dessus d'un énorme tombeau de granit, un beau bas-relief représente Auguste allant offrir un sacrifice.

L'*Apollon* fut découvert près d'Ostie, dans les bains de Néron, et M$^{me}$ de Staël s'étonne ingénieusement qu'en regardant cette noble figure il n'ait pas senti quelques mouvemens généreux. Le groupe convulsif du Laocoon avait été trouvé dans les thermes de Titus : les deux chefs-d'œuvre auraient pu être déplacés. Winckelmann, dans sa célèbre et emphatique description de l'Apollon, le regarde comme la plus sublime des statues antiques ; son compatriote Mengs, encore plus exagéré, veut qu'il soit le seul exemple complet du sublime. Tout cet enthousiasme à froid semble avoir amené une sorte de réaction dans les jugemens sur l'Apollon. M. de Chateaubriand le trouve *trop vanté;* Canova et Visconti inclinent à y voir la copie d'une statue de bronze beaucoup plus ancienne ; mais une pareille copie aura dû être singulièrement perfectionnée : la colère frémissante du vainqueur de Python, quoique un peu théâtrale, n'altère point sa céleste beauté. Tel est le privilége de l'Italie, et telle fut notre longue barbarie sur les arts, que l'Apollon, placé par Michel-Ange dans la cour du Belvédère, a régné trois siècles sur les autres chefs-d'œuvre de la statuaire antique, tandis que notre *Diane,* qui n'est ni moins animée, ni moins noble, qui, rapprochée quinze années de l'Apollon par nos victoires, ne lui a point parue inférieure, et que même quelques juges habiles aujourd'hui lui préfèrent, était négligée, méconnue dans la galerie de Versailles, soit par les gens de cour, soit par les hommes de génie du xvii° siècle, soit par les hommes d'esprit du siècle suivant.

La salle des animaux, brillant musée de bêtes, ménagerie de l'art, est unique. On distingue un *Cerf* d'albâtre *fiorito,* un *Tigre,* un *Lion* de brèche jaune, un grand *Lion* de marbre *bigio,* un *Griffon* d'albâtre *fiorito.*

La galerie des statues offre un très beau *Caligula;* une superbe *Amazone* tendant l'arc, horriblement restaurée; une petite et très jolie *Uranie,* une *Vénus* avec un vase, que l'on croit une ancienne copie de la Vénus de Praxitèle; l'*Ariane* abandonnée, dite long-temps la *Cléopâtre,* noble composition, qui a presque fait une réputation de dignité et de constance à cette égyptienne voluptueuse et légère, véritable Armide de l'antiquité. La découverte de cette figure, dont les draperies ont quelque sécheresse et qui n'est peut-être qu'une copie d'un original plus parfait, inspira au comte Castiglione une de ces pièces élégantes que produisaient les savans de la renaissance à l'apparition des chefs-d'œuvre antiques, et qui se termine par un panégyrique virgilien du siècle de Léon X.[1]

A la dernière chambre des bustes est la célèbre statue de *Jupiter* assis, le sceptre et la foudre à la main, et l'aigle à ses pieds.

Le cabinet orné de marbres précieux et du magnifique pavé en mosaïque de la Villa d'Adrien, a le gracieux *Ganymède* avec l'aigle, la *Vénus* prête à se baigner, le bas-relief de l'*Apothéose d'Adrien,* une *Diane.*

[1] La pièce est intitulée *Cleopatra,* du nom que la statue a porté jusqu'aux explications de Winckelmann et de Visconti.

A la salle des Muses, dont la plus belle, je crois, est la *Melpomène*, on remarque avec un extrême intérêt les portraits de personnages illustres avec leurs noms en grec : un hermès très rare de *Sophocle*; l'orateur *Eschyne*, unique; une *Aspasie* voilée; un hermès de *Périclès* le casque en tête, fort rare; *Alcibiade*; un hermès de *Socrate*. L'*Apollon Citharœde* avec une longue robe et couronné de lauriers est très beau.

La superbe rotonde, dont le riche pavé en mosaïque est un des plus grands qui existent, a sa magnifique tasse de porphyre, une tête colossale de *Jupiter* et une colossale *Junon*.

La porte de la vaste salle de la Croix grecque est une des plus imposantes que l'on puisse citer. Une statue à demi nue d'*Auguste* est précieuse et fort rare, parce qu'elle a conservé sa propre tête.

Sur le grand escalier, la tête d'un des deux fleuves couchés a été refaite par Michel-Ange, et, quoique belle, elle ne paraît point en rapport avec le reste de la statue; l'indépendance de son génie devait en faire un restaurateur fort infidèle; au lieu de la majestueuse indolence ordinaire aux fleuves, cette tête a quelque chose d'agité, de violent, de satanique.

La chambre de la Bigue, ainsi appelée de l'élégant char antique très bien restauré qui est au milieu, a le prétendu *Sardanapale*, qui pourrait bien n'être qu'un Bacchus barbu; un *Bacchus;* une statue d'*homme voilé sacrifiant*, dont la draperie est riche et de bon goût.

La longue galerie des Candélabres offre un grand *Bacchus* d'une merveilleuse conservation. Une mosaïque représentant des poissons, un poulet, des asperges, des dattes, est curieuse parce qu'elle servait de pavé à un *triclinium*.

Les cartes géographiques du P. Ignace Danti, peintes sur les murs du beau corridor qui leur doit son nom, valurent à ce dominicain l'évêché d'Alatri, tant la cour de Rome était alors portée à encourager les sciences. Le grand-père de Danti, Vincent Rainaldi, passionné pour la poésie italienne et particulièrement pour le Dante, après avoir cherché témérairement à imiter son style, lui avait pris son surnom qui passa à ses descendans.

Quoique la couleur des tapisseries (*Arazzi*) exécutées à Arras et dans les villes de Flandres sur les cartons de Raphaël soit passée, ces tapisseries rendent avec fidélité le dessin large et le style de Raphaël. Les plus admirables de ces compositions, du meilleur temps de l'artiste, exécutées probablement pendant les deux dernières années de sa vie et qui restent comme un des premiers monumens de ce puissant génie, sont : *S. Pierre et S. Jean guérissant un boiteux*, qui sous un riche portique, et à côté des plus nobles figures, offre le contraste des deux mendians estropiés, l'idéal de la difformité ; le *Massacre des Innocens*, d'une expression si touchante, si terrible ; *l'Aveuglement de l'Enchanteur Elymas par S. Paul* en présence du proconsul, dont il ne reste qu'une moitié échappée au sac de 1527, remarquable par la stupéfaction du proconsul et des spectateurs, et par la pantomime d'Élymas frappé d'une cécité subite, qui tend les bras, cherche un appui, et marche à tâtons ; *Jésus-Christ donnant les clefs à S. Pierre*, si pure, si noble de dessin et d'effet, et dont le site prouve encore combien Raphaël eût pu devenir excellent paysagiste ; *Ananie frappé de mort par S. Paul*, qui paraît de Raphaël seul, tant cette conception réunit au plus haut degré l'ensemble des qualités qui constituent et servent même à définir la peinture :

le groupe des apôtres dans lequel domine S. Pierre montre la simplicité de ces pêcheurs devenus prédicateurs et missionnaires : l'Ananie renversé violemment à terre, les deux personnages placés derrière lui expliquent merveilleusement l'imposture dont il fut coupable et la mort qui la suit; la *Pêche miraculeuse*, gaie, fraîche, brillante, dont les eaux, les cieux, le site, et les oiseaux aquatiques du premier plan, paraissent de Jean d'Udine ; *S. Paul prêchant dans Athènes*, qui réunit sur les physionomies des personnages les divers degrés d'examen, de foi ou d'incrédulité ; *S. Paul et S. Barnabé dans la ville de Lystre*, rendant l'usage de ses jambes à un estropié et rejetant le culte idolâtre que les habitans veulent leur rendre, composition si nette, si variée, si parlante; l'*Ascension*, grandiose, et l'*Adoration des Rois* si frappante par la diversité des étoffes, des ornemens, la pompe du cortége asiatique avec ses éléphans et ses chameaux, et surtout l'opposition de tant de luxe, de tant de grandeur, aux pieds d'un enfant qui a pour berceau une crêche. L'Italie est aujourd'hui privée des cartons de cette précieuse collection commandée par Léon X, dont une partie des ornemens exquis fait allusion à la gloire des Médicis, et montre avec quel art Raphaël avait su se rendre propres le goût et le système de la sculpture historiographique de la colonne trajane ; sept des principaux cartons sont passés en Angleterre, et il faut les aller chercher dans la galerie du château d'Hampton-Court.

## CHAPITRE VI.

Galerie. — *Transfiguration.* — *Communion de S. Jérôme.* — *S. Romuald.* — *La Vierge au Donataire.* — Autres tableaux. — Portrait de George IV. — De l'épuration des galeries et musées.

La galerie du Vatican n'a pas cinquante tableaux, et trois ou quatre de ces tableaux la rendent la première galerie du monde. La *Transfiguration*, ce chef-d'œuvre de la peinture, louée, admirée, célébrée depuis trois siècles, fut payé à Raphaël un peu plus de mille écus de la monnaie actuelle, et il était destiné à une petite ville de France, Narbonne, dont le cardinal Jules de Médicis, qui l'avait commandé, était archevêque. On sait que cet immortel ouvrage fut la plus belle décoration des funérailles de Raphaël, mort à trente-sept ans : que n'eût-il point fait s'il eût vécu les quatre-vingt-dix-neuf ans du Titien ou les quatre-vingt-dix de Michel-Ange ? Mais qui sait si sa destinée, unique, n'était point complète; s'il n'a point été retiré à temps par la Providence, et si après avoir atteint à la perfection, incapable lui-même de se surpasser, il n'a point été heureux jusque dans sa mort? Quelques savans juges ont reproché à la *Transfiguration* de manquer d'unité, mais sa double action, conforme à la narration évangélique, se tient et marche de front. On peut même dire que dans cette magnifique composition le ciel, la terre et l'enfer servent allégoriquement à reconnaître l'homme-dieu. Cette dernière figure rend véritablement la divinité visible. La partie supérieure est superbe; le côté des apôtres très pathétique; la femme à genoux et le possédé sont d'une moins désespérante perfection, et ils pourraient bien avoir été terminés par Jules Romain.

L'expression céleste de résignation donnée par le Dominiquin à son *S. Jérôme* a presque fait à l'irascible et impétueux docteur de l'Église latine, une réputation de douceur que ses écrits et ses combats démentent. Les arts ont une puissance morale et immense à laquelle le génie de l'éloquence ou de la poésie ne saurait même atteindre. S'il est des talens précurseurs du grand et du bon goût, il en est d'autres non moins admirables qui lui survivent : Masaccio et le Dominiquin, modèles également classiques à des époques éloignées, sont les prodiges différens de ces phases de la peinture. La *Communion de S. Jérôme*, regardée comme le meilleur tableau de Rome après la *Transfiguration*, mérite sa renommée : ne pourrait-on pas toutefois trouver un peu étrange l'entière nudité du saint au milieu de personnages si richement vêtus et sous un si beau portique? Le ton du tableau est d'un noir roussâtre, défaut qui doit être attribué à la mauvaise habitude introduite dans l'école Bolonaise de peindre sur des toiles imprimées en rouge, impression qui avec le temps finit par dominer les ombres et beaucoup de demi-teintes. Le chef-d'œuvre du Dominiquin lui rapporta cinquante écus, et il eut la douleur de voir payer le double une copie commandée à un médiocre artiste français.

Une *Piété* est des meilleurs ouvrages de Mantegna. Un *Doge de Venise*, du Titien, est un beau portrait. La *Déposition de Croix*, le chef-d'œuvre de Michel-Ange de Caravage, a une puissance d'effet, une force d'expression et une vigueur d'exécution extraordinaires; mais comment reconnaître dans ces ignobles têtes, d'ailleurs si admirablement peintes, l'image du Christ et celle de la Vierge? Le Caravage, antagoniste exagéré de son contemporain le Cav. d'Arpino, est tombé dans le *laid* par horreur pour la *manière*.

La *Ste. Hélène* est du bon temps de Paul Véronèse. Une *Résurrection du Christ* est de la première manière du Perugin : le soldat dormant est, dit-on, le portrait de Raphaël, qui de son côté aurait peint le Perugin sous les traits du soldat fuyant épouvanté.

Le *Couronnement de la Vierge au milieu des Anges,* quitté et repris par Raphaël, ne fut terminé qu'après sa mort par Jules Romain et *Il Fattore,* ses élèves et ses légataires : le premier fit la partie supérieure ; le second la partie inférieure. On reconnaît aisément le travail de ces deux maîtres. Le groupe des apôtres est fort médiocre.

Le *S. Romuald et ses disciples,* par André Sacchi, fut long-temps regardé comme un des quatre tableaux de Rome. S'il ne mérite point un rang aussi élevé, il est difficile toutefois de le regarder sans émotion : il y a dans la dévotion de chacun de ces moines un caractère de piété différent, mais également vrai, profond, mélancolique.

Le *Crucifîment de S. Pierre,* du Guide, est pauvre de dessin et manque d'énergie. Le *Martyre de S. Érasme,* quoique le plus grand des tableaux du Poussin, est un des plus médiocres : la tête du martyr a une belle expression. Le *S. Thomas,* un des bons ouvrages du Guerchin, est correct de dessin et harmonieux de couleur. L'*Extase de Ste. Micheline,* le chef-d'œuvre de Baroccio, est fausse de couleur, maniérée de dessin et pauvre de composition : son unique mérite est une sorte de largeur et de facilité de pinceau. Le *Martyre de S. Procès et de S. Martian,* énergique tableau du Valentin, mais qui a poussé au noir, rappelle la manière de Michel-Ange de Caravage.

La *Vierge au Donataire,* un des premiers chefs-d'œuvre de Raphaël, offre dans ses deux parties l'expression de la nature divine et de la nature humaine : l'Enfant debout, élevant la tête et les regards vers la Vierge, et tenant une espèce de tablette, est ravissant de grâce, de beauté, de contours; le camérier du pape Jules II, Sigismond Conti, qui avait commandé le tableau, paraît plutôt en vie que peint; le S. Jean-Baptiste, malgré les éloges de Vasari, est le moins parfaitement exécuté des personnages de cette admirable composition.

Le *Rédempteur sur l'arc-en-ciel au milieu des anges*, et tendant les bras comme pour attirer à lui les humains, est un tableau du Corrège, passé récemment à cette galerie, et qui avait été commandé au peintre par sa ville natale. Sans être de ses ouvrages les plus finis, il est toutefois remarquable et précieux.

Le portrait en pied de George IV, donné par lui au pape Pie VII, est à la galerie. Ce portrait d'un roi d'Angleterre, placé avec honneur au Vatican, eût été un événement bien étrange il y a deux siècles. Je ne puis oublier l'impression opposée et bizarre que produisit sur moi cet ouvrage de Lawrence mis dans la première pièce. En entrant, il me parut avoir de l'effet, de l'éclat et une sorte de réalité assez noble; mais à ma sortie, et après avoir contemplé les chefs-d'œuvre classiques des grands maîtres des écoles italiennes, il me sembla affreux, difforme, enluminé, et je trouvai que cette royale figure, avec tous ses rubans, avait l'air d'un acteur qui fait sa toilette et s'exerce dans sa loge. La lecture des écrivains du siècle de Louis XIV serait probablement une épreuve non moins fatale aux vers et à la prose de certains grands auteurs actuels.

La célèbre *Fortune* du Guide avait disparu en 1826, à cause de ses nudités. Un pareil scrupule avait à la même époque fait retirer du Musée les trois Grâces, petites statues antiques assez ordinaires, et qui n'avaient rien d'indécent. Ce scrupule est peu éclairé : la figure beaucoup trop vantée du Guide, les trois Grâces, eussent été à peine remarquées au milieu des autres tableaux et des autres statues. Comme ce zèle ne va pas jusqu'à détruire, on tombe dans un bien plus grave inconvénient, c'est l'immorale, c'est la scandaleuse création du cabinet secret, où l'on se croit obligé d'arriver avec des idées lascives; cabinet, il est vrai, réservé, que le public ne voit point, mais que l'on montre à tout le monde.

## CHAPITRE VII.

Atelier de mosaïque. — Jardin. — Villa *Pia*.

L'ATELIER (*studio*) de mosaïque occupe une partie de l'ancien palais du tribunal de l'inquisition, créé par le violent Pie V. La collection d'émaux de nuances diverses s'élève à plus de quinze mille. Ce lent travail (il faut quelquefois vingt années pour faire un tableau), cette patiente main-d'œuvre, donne l'immortalité aux chefs-d'œuvre périssables de la peinture ; mais elle n'est qu'un talent de copie, d'imitation, et point un art. La nécessité d'occuper cette manufacture a des inconvéniens pour S.-Pierre, qui a déjà reçu de trop nombreux ornemens, et est ainsi menacé d'en subir de perpétuels.

Les jardins du Vatican, commencés par Nicolas V, furent agrandis, embellis par Jules II, sous la direction du Bramante. La colossale pomme de pin en bronze surmontait, dit-on, le mausolée d'Adrien, mais elle n'a pu être au-dessus du Panthéon, puisque la voûte est ouverte à l'endroit où elle aurait été posée. Le piédestal de la colonne d'Antonin-le-Pieux, avec de belles sculptures, et l'apothéose d'Antonin et Faustine, est précieux. Mais le principal ornement de ces jardins est la charmante *Villa Pia* ou *Casino del Papa*, élevée par Pie IV, et du dessin de l'illustre antiquaire Pirro Ligorio, un des plus petits et des plus célèbres monumens de Rome, création peut-être la plus originale, et l'une des plus parfaites de l'architecture moderne.

## CHAPITRE VIII.

Colysée. — Impression des ruines. — Clair de lune.

Le Colysée représente la Rome ancienne, comme S.-Pierre la Rome nouvelle et chrétienne : il n'est en aucun lieu du monde de monumens qui parlent différemment et plus vivement à l'âme. L'histoire du Colysée montre les changemens divers de la société depuis près de dix-huit siècles : cirque magnifique de gladiateurs sous Titus, arène des martyrs sous Dioclétien, il devient au moyen âge un poste militaire, une espèce de redoute que se disputent les familles rivales des Frangipani et des Annibaldi; à la fin du xiv° siècle, époque de sa principale destruction, car il fut moins maltraité par les barbares que par la science et la civilisation renaissantes, il n'est plus qu'une carrière de pierres, qui sert, jusqu'au milieu du siècle suivant, à la construction de plusieurs grands palais de Rome. Sixte-Quint voulut y établir une filature de laine, et mettre des boutiques sous les arcades, projet que sa mort fit abandonner, quoique l'habile architecte Fontana eût donné le plan de cette vulgaire transformation. Dans le dernier siècle, un voyageur spirituel et instruit, mais qui n'a point échappé au mauvais goût du temps, proposait d'abattre la moitié en ruine du Colysée, afin de raccommoder l'autre, et d'avoir ainsi un demi-Colysée en bon état, plutôt que de l'avoir en entier tout en guenilles[1]. Le caractère de ruine est au contraire une des beautés du Colysée, et j'avoue même qu'il m'a paru dernièrement trop refait, trop réparé, trop rajeuni.

L'impression des ruines varie selon l'âge dans lequel on les contemple : elles plaisent dans la jeunesse, parce qu'elles contrastent avec la vie, l'ardeur et les espérances que l'on sent en soi; mais dans un âge plus avancé, lorsque cette disposition a changé, et que soi-même on n'est plus bientôt qu'une autre sorte de ruine, elles attristent, et toutes ces grandeurs évanouies ne font que vous rappeler que vous devez passer comme elles. Les ruines, quoi qu'en dise le poète, ne se consolent guère entre elles, et cette grande image, peut-être applicable aux revers momentanés de la fortune, ne l'est point aux outrages irréparables du temps.

L'effet du Colysée, lorsque l'on monte et parcourt ses divers étages, est merveilleux; la variété des vues se renouvelle à chaque arcade, et offre mille détails de ruines qui ne sauraient se rendre. Ce premier des amphithéâtres pouvait contenir plus de 100,000 spectateurs, 87,000 sur les gradins, et 20,000 sous les portiques. Le calvaire fondé par Clément X, et restauré par Benoît XIV, avec sa croix de bois peinte, et ses quatorze petites chapelles sont trop chétifs à une telle place; il

---

[1] *Lettres de Debrosses*, T. III, p. 115.

faudrait un monument plus solide, plus imposant pour attester le triomphe du christianisme au lieu même de ses persécutions : le *Christ* victorieux, de Michel-Ange, serait là d'un bel effet[1]. J'ai entendu le soir un moine prêcher au Colysée; il était entouré d'une confrérie, dont le costume ne laissait voir que les yeux. Malgré l'inspiration qu'il aurait dû puiser dans le souvenir des martyrs et le voisinage du Forum, son discours n'était qu'un méchant sermon sur la pénitence; il le débitait du haut d'une espèce de tréteau (*palco*), qu'il parcourait sans cesse en revenant sur ses pas, et son agitation, espèce d'évolution, était froide et presque régulière.

S'il est des usages de voyageurs qui ne sont pas toujours très sensés, la visite du Colysée au clair de lune n'est pas assurément de ce nombre. Ses ruines paraissent alors grandir, et ses arcades sont véritablement resplendissantes. Je ne puis oublier la soirée que j'y passai avec $M^{mes}$ G** et notre grand peintre Schnetz. Nous montâmes jusqu'au faîte, et descendîmes jusque sous les voûtes récemment déblayées. Un homme portant une torche nous précédait, et Schnetz disposait avec imagination, et nous faisait remarquer de merveilleux effets d'ombre et de lumière à travers les arcades. Mais l'enchantement fut au comble lorsque $M^{lle}$ G**, assise sur un débris de colonne antique, récita d'une voix harmonieuse et sensible comme ses vers, son chant des Adieux d'une vestale. J'avais été quelquefois témoin dans les sociétés de Paris des succès de la jeune muse; mais combien je préférais à cette faveur vive, bruyante des gens du monde, le Colysée silencieux, désert, éclairé par la pâle clarté de la lune, et dans toute la pompe de ses ruines et de ses souvenirs!

[1] *V.* ci-après, chap. XXIII.

## CHAPITRE IX.

*Forum. — Tabularium. — Temple de la Fortune ; — de la Concorde. — Arc de Septime-Sévère. — Colonne de Phocas. — Colonnes dites du temple de Jupiter Stator. — Curie. — Via Sacra. — Temple d'Antonin et Faustine. — Basilique de Constantin. — Temple de Vénus et Rome. — Arc de Titus. — Palatin. — Palais des Césars. — Jardins Farnèse. — Vigna Palatina.*

Le Forum, le plus illustre lieu de l'univers, était devenu l'ignoble *Campo-Vaccino*; les antiquaires lui ont rendu son noble nom sans changer sa destinée : les bœufs mugissent où retentissait la magnifique parole de l'orateur romain, et, à l'innocence des mœurs près, on peut encore dire comme au temps d'Évandre :

> .......... *Passimque armenta videbant*
> *Romanoque foro, et lautis mugire carinis.*

Les rostres étaient au centre, jusqu'à ce que César les eût fait transporter à l'angle vers le Vélabrum. Les travaux du Forum, commencés par l'administration française, qui a déblayé les principaux monumens, ont été repris depuis quelques années avec intelligence et activité, et tandis que les autres capitales s'accroissent par des édifices et des bâtimens nouveaux, Rome s'étend, s'embellit par la découverte de ses ruines antiques. Les monumens étaient pressés, confus, au Forum, et ils n'avaient point la place et la distance de rigueur devant les monumens modernes.

En descendant vers le Forum, on pénètre sous les vastes substructions du *Tabularium*, archives de l'état dans lesquelles se conservaient sur des tables de bronze les sénatus-consultes et autres actes publics, diplômes d'airain de la grandeur romaine. Les voûtes sévères du *Tabularium*, de travertin et de peperin, semblent assez en rapport avec l'âpreté du gouvernement et de la politique de Rome :

> ................. *Nec ferrea jura,*
> *Insanumque Forum, aut populi tabularia vidit.* [1]

Le temple de la Fortune, regardé long-temps comme un temple de la Concorde, serait, selon un docte antiquaire allemand, la basilique *Juliana*. Formé de fragmens de diverses époques, dont plusieurs sont du bon temps de l'art, l'arrangement appartient à sa décadence.

Selon le même érudit, dont l'autorité ne paraît point infaillible, il faudrait voir un reste du temple de Saturne dans les trois élégantes colonnes du temple de Jupiter tonnant, élevé par Auguste pour avoir échappé au tonnerre tombé la nuit près de sa litière dans la guerre d'Espagne.

Le temple de la Concorde, dans lequel Cicéron avait assemblé le sénat lors de la conjuration de Catilina, fut brûlé sous Vitellius, rebâti sous Vespasien, et brûlé de nouveau dans le moyen âge; il n'est aujourd'hui qu'une ruine informe, qui n'a d'intérêt que par quelques inscriptions trouvées récemment, et par ses souvenirs.

Le grandiose et pesant arc de Septime-Sévère annonce l'époque de la décadence. Il fut élevé, ainsi que le constate l'inscription, par le sénat et le peuple romain à Septime-Sévère et à ses fils Caracalla et Géta, pour rappeler la victoire sur les Parthes, les Arabes et

---

[1] Georg. II, 501.

les peuples de l'Adiabène : le nom de Géta a été gratté après sa mort par son barbare frère, fait en contradiction avec l'apothéose hypocrite qu'il lui avait décernée.

Le nom de Phocas a été aussi ôté de sa colonne par son successeur Héraclius. Cette colonne de tyran inspire peu d'intérêt près du noble théâtre de la liberté romaine. Elle paraît, par son style, fort antérieure à Phocas, et devoir être de l'époque des Antonins : l'exarque Smaragdus l'aura probablement enlevée de quelque édifice pour la consacrer à son maître.

Les trois superbes colonnes corinthiennes, dites du temple de Jupiter Stator, ne peuvent décidément avoir appartenu à cet édifice. L'opinion des antiquaires était, en 1828 et même en 1830, qu'elles dépendaient d'une *Græcostasis*, bâtiment destiné à recevoir les ambassadeurs, et ainsi nommée des ambassadeurs grecs envoyés par Pyrrhus, les premiers qui aient été reçus à Rome. L'ancien bâtiment avait péri, mais il fut magnifiquement rebâti par Antonin-le-Pieux à la place même de la première et prétendue *Græcostasis*.

L'ancienne Curie *Hostilia*, élevée par le troisième roi de Rome, dont elle prit le nom, et lieu d'assemblée du sénat, fut rebâtie par Auguste, qui lui donna le surnom de *Julia*, en l'honneur de César. Ses débris consistent en trois murs de bonne construction, au centre du côté méridional du Forum. Entre la Curie et les Comices était le fameux *ficus ruminalis*, sous lequel Rémus et Romulus avaient été allaités par la louve, et ainsi appelé du mot *Ruma* (mamelle).

A la vue du pavé de la *Via Sacra*, récemment découvert, j'ai cru apercevoir Horace s'avançant, selon son usage, plongé dans ses frivoles rêveries :

*Ibam forte via Sacra, sicut meus est mos,*
*Nescio quid meditans nugarum, totus in illis.*

Et je me suis rappelé avec plaisir cette scène charmante de mœurs romaines, sans aucune trace de l'imitation grecque, qui domine ordinairement la poésie et la philosophie latine.

Le temple d'Antonin et Faustine, élevé par le sénat, montre quelle était la magnificence et la distribution des temples antiques. On regarde comme des modèles classiques d'élégance et de goût les ornemens de l'architrave de ses dix belles colonnes de cipollin, les plus hautes qu'il y ait de ce marbre brillant. [1]

Le temple de Romulus et de Rémus, élégant, est encore remarquable par sa porte de bronze, indiquant jusqu'à la fermeture, monument curieux de serrurerie antique.

Les trois majestueuses arcades, dites du temple de la Paix, sujet de vives controverses entre les antiquaires, paraissent devoir être plutôt la basilique érigée par Constantin après sa victoire sur Maxence.

Le temple de Vénus et Rome était du dessin d'Adrien, césar-architecte encore plus jaloux de l'architecte Apollodore, qu'il fit périr, que de l'empereur Trajan.

L'arc de Titus lui fut érigé après sa mort par le sénat et le peuple. Les deux principaux bas-reliefs sont des meilleurs ouvrages romains que l'on connaisse : l'un représente Titus sur un char de triomphe conduit par la figure allégorique de Rome; l'autre, les soldats juifs emmenés prisonniers, la table, le chandelier d'or à sept branches, et les autres dépouilles du temple de Jérusalem. Lorsqu'on se rappelle que cette ville fut

---

[1] Le nom *cipollino* (petit ognon) a été donné par les Italiens à ce marbre, qui offre plusieurs variétés, parce que l'on a cru remarquer dans la disposition de ses veines quelque ressemblance avec les écailles de l'ognon. Les anciens tiraient le cipolin d'Égypte : on ne connaît plus les carrières de ce pays.

rasée de fond en comble par Titus, il semble bien peu digne de son surnom des délices du genre humain, qu'il n'eût point obtenu à une époque vraiment civilisée. Chose remarquable! argument oublié! les monumens les moins détruits de Rome, le Colysée, l'arc de Titus, sont les monumens qui se rattachent aux souvenirs et à l'histoire de notre religion.

Le Palatin, la plus célèbre des sept collines, à la fois le berceau et le trône de Rome, n'offre plus que quelques ruines incertaines, parmi lesquelles poussent au hasard le chêne-vert, le laurier, le lierre et le cyprès. Le palais des Césars fut plusieurs fois démoli, rebâti, agrandi ou diminué par ses divers maîtres, empereurs maçons, comme tous les Italiens. Les premières constructions remontent à Auguste; Tibère et Caligula l'étendirent; vint ensuite Néron avec son immense maison dorée, dans laquelle il se trouvait enfin presque logé comme un homme, maison qui déborda le Palatin, et se répandit jusque sur l'Esquilin; Vespasien et Titus supprimèrent les accroissemens de Néron, dont ils bâtirent le Colysée et les Thermes, qui portent le nom du dernier empereur; Domitien, sans dépasser le Palatin, augmenta et décora le palais; il brûla sous Commode. Malgré les dévastations qu'il subit des barbares, il existait en grande partie au commencement du VIIIe siècle, et l'empereur Héraclius y fut couronné. Il paraît avoir fini vers le milieu du IXe siècle. Paul III (Farnèse) fit construire sur son emplacement, et avec une partie de ses débris immenses, une délicieuse Villa, du dessin de Vignole, qui, abandonnée à la négligence napolitaine, n'est elle-même aujourd'hui qu'une espèce de ruine moderne. Ses jardins, devenus marais, mal cultivés, gardés par quelques gens à l'air sinistre et malade, contenaient une partie de la demeure d'Auguste, la fameuse bibliothéque fondée par lui, et le temple d'Apollon y attenant, une autre partie du palais de Tibère, de Caligula et de la maison dorée.

Les deux petites salles souterraines dites *les Bains de Livie* offrent des peintures et dorures antiques de bon goût et bien conservées, qui suffisent à donner une idée de la magnificence du palais dont elles dépendaient.

Mais une habitation charmante, et qui contraste véritablement avec l'aspect dégradé des jardins Farnèse, est la *Vigna Palatina*, située au sommet de la colline, et qui, après avoir été la Villa Spada et ensuite la Villa Magnani, est maintenant occupée par un Anglais, M. Charles Mills, qui en fait les honneurs avec infiniment de politesse. La vue est une des plus remarquables de Rome. Le casin offre un portique peint par Raphaël ou Jules Romain, et restauré avec soin par M. Camuccini. Le jardin est couvert de roses; et si Néron revenait dans ces lieux, il pourrait dire encore avec notre éloquent et audacieux lyrique :

.......... Esclave, apporte-moi des roses,
Le parfum des roses est doux.[1]

On descend par un escalier commode dans les trois grandes et curieuses salles de la maison d'Auguste. L'apparition, au-dessus du palais des Césars, de cette maison anglaise, de cet agréable *Cottage*, aux gazons et aux visages si frais, semble un monument, un trophée de la civilisation moderne à côté de la barbarie superbe et despotique des anciens maîtres du monde, et de la faible et débonnaire barbarie de la Rome actuelle.

[1] Victor Hugo. *Un chant de Fête de Néron.* Ode.

## CHAPITRE X.

*Capitole*. — Lions. — Statues de *Castor et Pollux*. — Trophées dits *de Marius*. — Statue de Marc-Aurèle. — Palais du Sénateur. — Académie des *Lyncei*. — Tour. — Vue de Rome.

Le Capitole et le Palatin, les plus illustres collines de l'univers, semblent presque des monumens historiques qui montrent et rapprochent le double contraste de la Rome républicaine et de la Rome impériale, de la liberté et de la servitude. Ce noble nom de Capitole, devenu le *Campi d'Oglio* (Champ d'Huile), n'est guère moins travesti que celui du Forum. Il est vrai que la mesquine architecture des bâtimens actuels, quoiqu'en partie de Michel-Ange, répond assez à son titre moderne et à sa nouvelle destination, et qu'elle paraît beaucoup plus digne de voir couronner les improvisateurs italiens que les anciens triomphateurs de Rome.

Les deux lions de granit noir placés de chaque côté du large escalier *a cordoni* doivent provenir de quelque temple de Sérapis. C'est près de l'un d'eux que le tribun romain du moyen âge, Rienzi, faisait lire ses sentences de mort; il y fut tué de l'estoc d'un artisan qui redoutait l'effet de sa parole populaire; bizarre victime de la liberté romaine près du lieu qui fut autrefois son plus superbe asile!

Les deux colossales statues représentent Castor et Pollux prêts à conduire leurs coursiers.

Les deux beaux trophées dits *Trophées de Marius*, qui lui auraient été élevés après la défaite des Cimbres et des Teutons, mais que Sylla n'aurait point laissés debout, doivent être du temps d'Auguste ou de Trajan. Malgré l'opinion de doctes antiquaires, le beau caractère de leur sculpture ne peut les rattacher à l'époque de Septime-Sévère.

La statue équestre de Marc-Aurèle, l'unique grande statue de bronze que nous ayons de l'ancienne Rome, et dont la tête seule est restée dorée, respire la majesté la plus simple, la plus naturelle. Michel-Ange, qui, moins difficile que notre monsieur Falconet, l'admirait beaucoup, a fait le piédestal, fort inférieur pour le goût et l'élégance à celui du monument Colleoni, antérieur d'un siècle. [1]

Le palais du Sénateur a le beau perron à deux rampes, de Michel-Ange, au bas desquelles figurent heureusement les deux colosses couchés du *Nil* et du *Tibre*, et la statue mutilée de *Minerve* dite de *Rome triomphante*. La grande salle sert aux séances du tribunal sénatorial, qui, malgré la beauté de son titre, n'a qu'une fort petite juridiction civile. On y couronnait autrefois les artistes jugés dignes des prix par l'Académie de S.-Luc, solennité à laquelle assistaient le Sacré Collége et le chœur des académiciens des Arcades, qui célébrait les jeunes lauréats par des vers, de la prose, et par une cantate allégorique destinée à exciter en eux l'amour de la gloire. Une statue de Charles d'Anjou, roi de Naples et sénateur de Rome, est curieuse sous le rapport de l'art. A l'étage supérieur se réunit l'académie des nouveaux *Lyncei*, la plus ancienne des académies de sciences physiques-mathématiques, instituée au commencement du XVII⁰ siècle par le prince romain Frédéric Cesi, et rétablie de nos jours par M. l'abbé Scarpellini, habile astronome, ancien législateur de France

[1] *V.* liv. VI, chap. XVIII.

(titre un peu trop pompeux, donné sous l'Empire à nos députés), logé avec son cabinet au Capitole, et dont la superbe adresse n'a point altéré la simplicité et la modestie.

J'ai monté à la tour du Capitole surmontée de la statue de Rome chrétienne, et dont la cloche, la célèbre *Patarina*, prise aux Viterbois (car les cloches et les portes des villes étaient les trophées du moyen âge), annonce ordinairement la mort des papes et l'ouverture du carnaval. La vue est la plus belle et la plus intéressante de Rome : de cette hauteur, la masse immense du Colysée semble élégante et légère. Les sept fameuses collines ne sont pas aujourd'hui très faciles à reconnaître tant les aspérités du sol se sont altérées, et la roche Tarpéienne, dans sa plus grande hauteur, ne paraît pas avoir plus de cinquante pieds. La contemplation de Rome produit l'effet d'une vaste et solide lecture; mais cette étude n'est point triste, pénible, renfermée comme sous nos climats du nord; là elle est dans l'air qu'on respire; le livre de l'antiquité est toujours ouvert, et il suffit de regarder pour s'instruire. Chacun des grands souvenirs de cette ville, toujours et différemment maîtresse du monde, a comme choisi son quartier: la Rome des rois s'étend sur l'Aventin; la Rome républicaine occupe le Capitole; celle des empereurs domine sur le Palatin, et la Rome chrétienne, écartée, solitaire, règne au Vatican.

## CHAPITRE XI.

Musée. — Colosse dit de *Marforio*. — Plan de Rome. — Table iliaque. — Mosaïque des *Colombes*. — Chambre des Empereurs, — des Philosophes. — *Faune.* — *Gladiateur.* — *Antinoüs.* — *Vénus.*

---

Le musée du Capitole, avec son petit escalier et ses salles étroites, est bien loin de la magnificence des salles du Vatican, et son aspect négligé ne répond point complétement à l'importance des chefs-d'œuvre qu'il contient. La célèbre statue colossale dite de *Marforio*, du forum supposé de Mars, où elle fut trouvée, et qui a paru représenter l'Océan, pourrait bien être le Rhin et avoir fait partie du monument et de la statue équestre en bronze de Domitien élevée au forum. Sous le vestibule, on distingue un torse demi-colossal; la *Minerve* colossale; une *Neith*, Minerve égyptienne, prise pour une Isis, de granit noir; la *Diane* chasseresse, dont les draperies sont si parfaites; la statue colossale restaurée pour un Mars, qui paraît un Pyrrhus, et dont la cuirasse est de si bon style. A la chambre de Canope, ainsi appelée de ses statues égyptiennes provenant de la villa d'Adrien, on admire: l'hermès d'*Isis* et d'*Apis* sur une fleur de lotus, et le buste en marbre d'Adrien. La chambre des Inscriptions consulaires et impériales, s'élevant à plus de cent vingt-deux, a peu de sculptures remarquables, si ce n'est l'autel carré qui offre les travaux d'Hercule, ouvrage du plus ancien style grec. La chambre de l'Urne doit son nom au grand sarcophage dit d'Alexandre Sévère parce qu'on y voit des sujets de la vie d'Achille, auquel cet empereur avait l'ambition de ressembler. On en tira le vase de verre conservé au musée Britannique et connu sous le nom de vase de Portland. Sur le palier du premier étage, le plan de Rome au temps de Septime-Sévère et de Caracalla, tracé en vingt-six planches de marbre, n'est pas complet; mais ses fragmens sont indélébiles et vont bien à l'image de la ville éternelle. La chambre du *Vase* est ainsi nommée de son superbe vase grec de marbre pentelique. Un autre vase de bronze fut donné par Mithridate au gymnase des Eupatoristes, ainsi qu'on le voit par son inscription grecque. La célèbre *Table iliaque* est un curieux et médiocre monument de l'art romain ou de l'art grec parmi les Romains, probablement destiné par les rhéteurs grecs chargés de l'éducation des jeunes Romains, à leur remettre sous les yeux les traits principaux de la mythologie. Un beau sarcophage recouvert de masques en mosaïque, offre les amours de Diane et d'Endymion. Un autre sarcophage, de mauvaise sculpture, est intéressant pour l'histoire philosophique des anciens, puisqu'il représente, avec une sorte de naïveté, les doctrines des derniers platoniciens sur la formation et la destruction des âmes. La célèbre mosaïque dite des *Colombes* est justement regardée comme une des plus parfaites de ce genre qui nous soient parvenues. A la galerie sont deux bustes bien conservés de Marc-Aurèle et de Septime-Sévère; le fameux Jupiter dit *della Valle*, de la famille qui l'a possédé; le sarcophage avec le bas-relief de la *Naissance* et de l'*Éducation de Bacchus*; le buste de *Scipion l'Africain*; un bel hermès à la tête d'*Ammon*.

La précieuse collection des portraits des empereurs donne son nom à la chambre qui la contient. Les plus remarquables sont ceux de Tibère, de Drusus son frère, d'Antonia femme de Drusus, de Caligula en basalte vert, de Messaline, de la seconde Agrippine, incomparable par la pose; de Néron, de Poppée, de Galba, d'Othon, de Vitellius : ces trois derniers peu communs; de Julie, fille de Titus; de Plotine, femme de Trajan; de Marciane, sa sœur; de Matidie, sa fille; d'Adrien; de Julie Sabine, sa femme; de Commode, de sa femme Crispina, de Pertinax, de Septime Sévère, de Julien. Les bas-reliefs d'*Andromède délivrée par Persée*, et surtout celui d'*Endymion* dormant sur un rocher avec son chien, sont exquis.

La chambre dite des Philosophes, parce qu'ils y dominent, quoiqu'il y ait bien un certain nombre de poètes et d'historiens, a l'excellent bas-relief d'une *Scène bachique* qui porte le nom du célèbre sculpteur Callimaque. Une jolie petite statue de bronze est celle d'un Camille, jeune ministre des sacrifices. Les portraits remarquables sont : l'*Homère*, l'*Aspasie* qui ne ressemble guère au buste authentique du Vatican, l'*Épicure*, le *Métrodore*, la *Sapho*, le *Thucydide*; les sept têtes de *Platon* ne sont que des Bacchus barbus ou indiens. Un très beau buste, dit de Cicéron, n'est peut-être que celui de Mécènes. Le portrait de *Gabriel Faerno*, poète et fabuliste latin Crémonais du xvi° siècle, est un des rares bustes de Michel-Ange.

Le salon a de belles statues : le *Jupiter*, l'*Esculape*, deux superbes *Centaures*, l'*Hercule* enfant, colosse de basalte vert; deux *Amazones*, l'une tirant son arc, l'autre blessée; un groupe dit de *Véturie et de Coriolan*, qui ne sont que des portraits inconnus sous la forme de Vénus et de Mars; la statue de *Julia Pia*, femme de Septime Sévère, très bien drapée; celle de *Lucius Antoine*, frère du triumvir, que l'on prend aussi pour un *Marius*; l'*Isis* gracieuse; une *Hécube* désolée; un superbe *Harpocrate* couronné de lotus.

Le beau *Faune* de rouge antique donne son nom à la salle dans laquelle il est placé. Une curieuse inscription en bronze offre une partie du décret du sénat qui confère à Vespasien l'autorité impériale telle que l'avaient possédée Auguste, Tibère et Claude. Le sarcophage représentant les *Amours de Diane et d'Endymion* est un des meilleurs que l'on connaisse pour le travail et l'expression. On distingue encore l'autel consacré à Isis avec le ciste mystique d'Anubis et d'Harpocrate; un enfant jouant avec un masque, ce dernier le mieux exécuté que l'antiquité nous ait laissé; et surtout le magnifique sarcophage très bien conservé qui offre les bas-reliefs si vrais, si pathétiques de la *Défaite des Amazones*.

Le célèbre *Gladiateur* paraît aujourd'hui un jeune barbare mourant; peut-être représente-t-il quelque gaulois dont la statue aura dépendu d'un groupe faisant allusion à l'aventureuse expédition de nos ancêtres en Grèce. Quelques parties incorrectes n'affaiblissent point l'effet naïf de la composition, ni surtout la noble et pathétique expression de la tête. La plupart des sculptures de cette salle sont au premier rang des chefs-d'œuvre antiques, tels que : la majestueuse *Junon*, dont la draperie est d'un travail si habile; la belle tête d'*Alexandre*; une autre d'*Ariane*; le groupe de l'*Amour et de Psyché*; le *Faune*, copie de celui de Praxitèles; le gracieux *Antinoüs*, digne de sa célébrité, le plus parfait des nombreux Antinoüs; la *Flore* riante, élégante, mais dont quelques détails recherchés indiquent l'approche de la décadence; la *Vénus* sortant du bain, la plus vraie, la plus vivante, la plus désirable des Vénus; le buste rare de *Marcus Brutus*, du dessin le plus pur et parlant.

# CHAPITRE XII.

Palais des Conservateurs. — *Protomoteca*. — Académie des Arcades. — *Louve*. — Buste de *Brutus*. — Fastes capitolins. — Tête de *Michel-Ange*. — Statues dites de *Virgile* et de *Cicéron*.

Sous le portique du palais des Conservateurs [1] est la statue de César, aujourd'hui l'unique portrait authentique à Rome du plus grand homme de la Rome ancienne. Dans la cour, le beau groupe, exposé à tort aux injures de l'air, et fort endommagé par la pluie, du *Lion* qui déchire un cheval passe pour avoir été restauré par Michel-Ange. Plusieurs fragmens de statues colossales sont remarquables. Huit pièces sont destinées à la *Protomoteca*, ou collection des bustes des illustres Italiens. Dans la première, se lit le réglement en latin, relatif au mode d'admission des grands hommes de ce nouveau Panthéon, fondé par Pie VII, lorsqu'il n'y eut plus de place dans l'ancien Panthéon d'Agrippa, qu'il a remplacé, et qui avait donné l'idée de notre Panthéon-Ste.-Geneviève. Les grands hommes ne peuvent jamais y être admis qu'après leur mort, et lorsqu'ils ont été reconnus esprits, capacités de premier ordre et possédant les qualités requises pour l'immortalité : la proposition appartient singulièrement aux trois conservateurs de

[1] Ces Conservateurs, dont la magistrature séculière dure six mois, forment, avec le sénateur inamovible de Rome, ce qu'on appelle le Sénat romain ; ils ont une garde, une livrée ; ils portent dans les cérémonies publiques un long manteau broché d'or et de pourpre, et conservent l'antique et glorieux S. P. Q. R., autrefois respecté de l'univers entier.

Rome, ordinairement princes ou grands seigneurs, qui ne sont pas toujours des juges très compétens de grands hommes; cette proposition serait plus convenablement attribuée aux diverses académies, qui ne sont que consultées. Le décret est rendu par le pape, qui décide en cas de partage des voix. L'exécution de ce décret, l'entretien de l'espèce de temple appartiennent aux Conservateurs. Cette première pièce offre les portraits de six étrangers, regardés comme naturalisés italiens par leurs travaux et leur long séjour en Italie; savoir : le Poussin, d'Agincourt, Raphaël Mengs, Winckelmann, Angelica Kauffmann et Suvée, directeur de l'Académie de France à Rome. Les bustes de la troisième salle, contenant les artistes du XVI$^e$ siècle, ont été, à l'exception du Raphaël, exécutés de la main ou aux frais de Canova. Il a également fait sculpter les bustes de la sixième salle, destinée aux poètes, excepté les bustes d'Annibal Caro, du Trissin et de Métastase. Presque tous ces bustes sont d'une médiocre exécution. La fameuse Académie poétique des Arcades, qui admet les femmes, mais dont le titre, un peu trop banalement prodigué, n'a pas toujours été sans quelque ridicule, tient ses séances dans la pièce principale de la *Protomoteca*.

Sur l'escalier des Conservateurs est une imitation de la célèbre colonne rostrale, élevée à Duillius, dont l'inscription, qui passe pour une copie antique de l'original, est l'un des plus anciens monumens de la langue latine. Les quatre bas-reliefs relatifs à l'histoire de Marc-Aurèle, provenant de son arc démoli par Alexandre VII pour élargir le *Corso*, sont curieux par les faits qu'ils représentent, et parce qu'ils donnent l'aspect de plusieurs monumens.

La première des salles des Conservateurs porte le nom du Cav. d'Arpino, parce qu'il y a peint divers traits de l'histoire romaine : la *Naissance de Romulus* et la *Bataille des Romains et des Sabins* sont les meilleures de ses fresques. Celles de Laureti, à la pièce suivante, n'ont rien de remarquable. La frise de Daniel de Volterre, à la troisième pièce, ne se voit pas très bien; la couleur en est terne, mais les figures sont d'un bon style et bien dessinées. C'est au milieu de cette pièce que se voit la fameuse Louve, un des monumens des arts antiques de Rome les plus étonnans, qui rappelle l'art étrusque, sur laquelle il serait facile de faire un volume, et qui, d'après un examen scrupuleux des premiers savans et physiciens de Rome, fut reconnue, il y a quelques années, pour être véritablement celle qui, à la mort de Jules-César, fut frappée au pied de la foudre, et que Cicéron a célébrée en prose et en vers dans ses Catilinaires et le poëme sur son consulat. Le Romulus et le Rémus sont modernes. Un précieux buste en bronze du premier Brutus est superbe. La pièce suivante offre sur ses murs les célèbres fragmens en marbre des fastes capitolins, autrefois dans les comices, diplômes ineffaçables de la grandeur et de la gloire de Rome. La *Ste.-Famille*, attribuée à Jules Romain, de la salle d'audience ne paraît pas très authentique. Le buste en bronze de Michel-Ange, fait par lui, est une tête de génie. Annibal Carrache a peint, à la sixième chambre, les *Actions de Scipion l'Africain*. Les tapisseries sont copiées d'après Rubens. La dernière pièce a de belles et prétendues statues de Virgile et de Cicéron. Les fresques du Perugin, représentant les *Batailles de la guerre punique*, ont de la naïveté, mais les figures ne sont ni romaines ni carthaginoises.

La chapelle offre quelques bonnes peintures : les *Évangélistes*, du Caravage; le *Père éternel* et autres figures du plafond, des Carraches; *S. Eustache, Ste.*

*Cécile*, *S. Alexis*, *la B. Louise Albertoni*, de Romanelli; une *Vierge*, du Pinturricchio.

## CHAPITRE XIII.

Galerie. — *Sibylle*, du Guerchin. — *Romulus et Rémus*, de Rubens. — *Ste. Pétronille*, du Guerchin.

La galerie du Capitole offre un grand nombre de tableaux d'auteurs célèbres; mais, à l'exception de quelques admirables chefs-d'œuvre, ces tableaux sont de second et même de troisième ordre.

On distingue à la première salle : *Ste. Lucie*, d'un style plus élevé qu'il n'appartient au Garofolo; sa *Vierge* dans une gloire et quelques saints docteurs; son *Mariage de Ste. Catherine*; ses deux *Saintes Familles*; la *Vanité*, du Titien; le portrait du Guide, par lui-même; le *Combat des Romains et des Sabins*, de Pierre de Cortone, vif, pittoresque; un portrait d'homme, excellent de coloris, de Velasquez; le *Départ d'Agar*, de Mola; le *Christ devant les docteurs*, doux, agréable, de Dossi; la fameuse *Sibylle* persique du Guerchin, belle tête, bien peinte, ajustée d'une manière assez pittoresque, mais qui n'a ni l'expression, ni l'élévation de style, ni le costume qui devraient caractériser une Sibylle; une *Vierge*, de l'Albane; une *Madeleine pénitente*, du Tintoret; le *Christ devant les docteurs*, de Valentin; la *Sibylle de Cumes*, du Dominiquin, inférieure à celle du palais Borghèse[1]; le *Triomphe de Flore*, du Poussin, copie, répétition du tableau de notre Musée; l'*Amour*

---

[1] *V.* ci-après, chap. xxxiv.

*et Psyché*, de Luti, élégant et de bon goût; le *Romulus et le Rémus*, de Rubens, dont la louve est si bien peinte; le *S. Nicolas*, de Bellino.

Les meilleurs tableaux de la seconde salle sont : une nouvelle *Femme adultère*, du Titien, qui paraît avoir affectionné ce touchant sujet [1]; son *Baptême du Christ*, où il s'est peint de profil; un portrait d'Annibal Carrache; la *Bataille d'Arbelle*, un des ouvrages de Pierre de Cortonne les plus estimés; la *Présentation du Christ au Temple*, crue et digne de Fra Bartolommeo; la *Vierge, l'Enfant Jésus et S. Jean*, du Garofolo; l'admirable *Ste. Pétronille*, l'œuvre capitale du Guerchin et le premier tableau de la galerie du Capitole; le portrait d'un prêtre espagnol, de Jean Bellino, qui a toute la vérité naïve de ce vieux maître vénitien; *S. Sébastien*, de Louis Carrache; l'*Innocence* avec une colombe, de Romanelli; le célèbre *S. Sébastien* du Guide; la *Ste. Barbe*, demi-figure attribuée à Annibal Carrache ou au Dominiquin; *Tityus enchaîné sur son rocher*, manière vénitienne; *Bersabée*, bien coloriée, du vieux Palma; les *Grâces*, du jeune; un *Enlèvement d'Europe*, de Paul Véronèse, répétition du chef-d'œuvre placé à Venise au palais ducal [2]. Le portrait de Michel-Ange, donné et loué comme de lui, pourrait fort bien ne pas en être, car il ne rappelle en rien la largeur de sa manière.

---

[1] *V.* liv. v, chap. x, et liv. xi, chap. xii.
[2] *V.* liv. vi, chap. iv.

## CHAPITRE XIV.

Porte, —; Place du Peuple. — Obélisque. — Ste.-Marie du *peuple*.
— Mausolées des cardinaux Sforce et Recanati. — Chapelle
*Ghigi*. — *Jonas*. — *S. Charles*. — Le comte Al. Verri. —
*S. Laurent in Lucina*. — Monument au Poussin.

La Porte du Peuple, espèce d'arc de triomphe, terminée par le Bernin pour l'entrée de la reine Christine, a quelque chose de mesquin et de recherché comme l'héroïne. La place et ses pitoyables statues ne valent guère mieux que la porte. Les quatre sphynxs modernes de l'obélisque ont l'air de veaux fort peu énigmatiques. Ce superbe obélisque monolithe, et couvert d'hiéroglyphes, fut élevé à Héliopolis par le roi Ramsès Ier pour décorer le temple du Soleil; transporté à Rome par Auguste, il fut mis à la *Spina* du Grand-Cirque : son inscription grecque a prouvé que les Égyptiens connaissaient la Trinité. Il fut tiré de ses ruines par Sixte-Quint et placé par Fontana.

Selon une tradition populaire qui remonte à la fin du XIe siècle, il y avait à la Porte du Peuple un grand arbre sur lequel venait constamment se percher un corbeau. On creusa la terre au pied de cet arbre, et l'on trouva une urne avec une inscription qui disait que cette urne renfermait les cendres de Néron. Les cendres furent jetées au vent, et le pape Pascal II fonda, sur le lieu où l'on avait trouvé l'urne, l'église de Ste.-Marie-du-Peuple. Reconstruite par Sixte IV sur le dessin de Baccio Pintelli, embellie par Jules II et Alexandre VII, elle est devenue très intéressante sous le rapport de l'art. A la chapelle de la Vierge les peintures, du Pinturricchio, sont finies, légères. La splendide chapelle Cibo, de l'architecture de Fontana, a une *Conception* de Carle Maratte. La troisième chapelle, dédiée à la Vierge et à divers Saints, offre des peintures remarquables du Pinturricchio, restaurées par M. Camuccini. Sur l'autel de la quatrième chapelle, le bas-relief de *Ste. Catherine entre S. Antoine de Padoue et S. Vincent martyr* est un ouvrage élégant du xv° siècle. La voûte du chœur est du Pinturricchio; derrière le maître-autel de ce chœur sont de beaux vitraux coloriés, les seuls qui existent à Rome. Les deux célèbres tombeaux élevés par Jules II aux cardinaux Ascagne Sforce et Recanati offrent des statues et des ornemens exquis de Contucci da Sansavino. Plusieurs tombeaux du moyen âge sont aussi, dans leur genre, d'un grand style. A la chapelle suivante est une belle *Assomption*, d'Annibal Carrache : le *Crucifîment de S. Pierre* et la *Conversion de S. Paul*, de Michel-Ange de Caravage, d'une belle exécution, sont si mal exposés qu'il est difficile de les bien voir.

La chapelle Ghigi, une des plus renommées de Rome, est du dessin de Raphaël, qui, dit-on, a même exécuté les cartons des quatre mosaïques de la coupole, des peintures de la frise, du tableau de l'autel, ouvrages terminés par Sébastien del Piombo, François Salviati et Vanni. Le *Daniel* et le prophète *Habacuc* qu'un ange emporte par les cheveux sont du Bernin; l'*Élie*, l'élégant *Jonas* assis sur la baleine, sont de Lorenzetto: le Jonas, imitation de l'Antinoüs, jouit d'une grande célébrité; on l'a même prétendu modelé par Raphaël, qui n'en a plus probablement donné que le dessin à son élève chéri Lorenzetto. Le somptueux tombeau de la princesse Odescalchi Ghigi, de Paul Posi, est à la fois gracieux et bizarre.

Parmi les pierres sépulcrales de l'église est celle d'un homme mort d'une morsure au doigt faite par un chat, ainsi qu'on le voit par l'épitaphe, qui contient une sorte de moralité assez utile :

> *Hospes disce novum mortis genus, improba felis*
> *Dum trahitur, digitum mordet et intereo.*

L'église S.-Charles est splendide, mais de mauvais goût. Les architectes furent Onorio Longhi, Martin son fils, et Pierre de Cortone qui la termina : le dessin de la façade, du cardinal Omodei, fut exécuté par Menicucci et le capucin Marius da Canepina. A l'une des chapelles de la croisée, la plus riche de l'église, sont les statues maniérées de *David* avec sa harpe, de Pacilli, et de *Judith*, de Lebrun. Le *S. Charles présenté à Jésus-Christ par la Vierge*, au maître-autel, est le plus grand et l'un des tableaux les plus estimés de Carle Maratte. C'est à S.-Charles que repose le comte Alexandre Verri, l'auteur des *Nuits Romaines*, écrivain généreux, nourri de l'antiquité, mais dont l'exagération, l'enflure, la redondance, la monotonie, autant que la vie honorable et pure, représentent assez un Thomas italien.

L'ancienne église *S.-Laurent in Lucina* offre un *Crucifix*, beau tableau dit du Guide. Le Poussin y fut enterré. Je cherchai avec une émotion curieuse le tombeau du grand et poétique peintre français [1], et je ne tombai que sur les inscriptions funèbres de cardinaux, d'un graveur et d'un conseiller aulique. M. de Chateaubriand, ambassadeur, a réparé depuis ce coupable ou-

---

[1] M. d'Agincourt, afin de répondre aux prétentions des Italiens qui réclamaient Le Poussin à cause de son long séjour en Italie, fit exécuter à ses frais son buste, qu'il plaça au Panthéon, avec l'inscription : *Nic. Poussin Pictori Gallo.*

bli; un tardif mausolée, confié aux artistes français, a été élevé au Poussin : on y voit sculpté le paysage si mélancolique de l'*Arcadie*, dont l'ordonnance simple convient à la sculpture et qui a été ingénieusement indiquée par M. de Chateaubriand.

## CHAPITRE XV.

*S.-Ignace.* — Collége romain. — Jésuites. — Bibliothèque. — Musée Kircher. — *S.-Marcel.* — Pierre Gilles. — Le cardinal Consalvi. — *Gesù.* — Bellarmin.

La grandeur, la richesse, les ornemens de S.-Ignace choquent par leur mauvais goût; les peintures de la voûte de la tribune sont le plus vaste ouvrage du fameux jésuite Pozzi [1], qui, malgré ses écarts, y montre de l'imagination et d'habiles effets de perspective. On vante le tombeau du pape Grégoire XV par notre compatriote Legros, ainsi que son bas-relief du *S. Louis de Gonzague*, d'une bonne exécution mécanique, et dont l'expression de la figure principale a de la noblesse et de la modestie.

Le Collége Romain, de l'architecture de l'Ammanato, une des plus grandes et des plus solides masses de bâtimens que l'on connaisse, tient à S.-Ignace. La cour est une des plus belles de Rome : si l'ensemble n'a point de défauts essentiels, il manque toutefois, malgré ses énormes proportions, de caractère et de grandiose. Le collége Romain, dirigé par les jésuites, dont les hommes les plus distingués pour le savoir et la piété étaient les

[1] *V.* liv. v, chap. xxii.

P. Pianciani et Grassi, avait plusieurs élèves appartenant aux premières classes de la société européenne; tels que M. Ch. de Ch**********, neveu de l'auteur du *Génie du Christianisme*; M. le comte C**********, Polonais autrefois distingué par ses talens agréables, et quelques autres, hommes sincères, prêtres dignes de tous les respects, qui ont échangé par conviction les plus brillantes existences du monde contre l'humilité et l'assujétissement des fonctions ecclésiastiques. Les jésuites, quoiqu'au cœur de leur empire, avaient de nombreux ennemis, et un observateur éclairé affirmait à Rome qu'ils ne se soutiendraient point.

La Bibliothèque du collége Romain, considérable, mais fort arriérée, et qui a fait dans ces derniers temps des pertes évaluées à environ 12,000 volumes, ne me parut pas parfaitement rangée, et malgré la bénignité des gardiens, l'accès n'en était pas réellement très facile. Un *Quinte-Curce* est annoté de la main de Christine; elle y traite fort lestement la conduite d'Alexandre: *Il a mal raisonné dans cette circonstance*, dit-elle quelque part; et ailleurs : *J'aurais, moi, fait tout le contraire; j'aurais pardonné;* et plus loin encore : *J'aurais usé de clémence.* La clémence de Christine peut sembler étrange après le meurtre de Monaldeschi. Ce n'était point, à ce qu'il paraît, la reine, mais la femme, la maîtresse, qui se vengeait du perfide [1]. Les

---

[1] Christine avait le goût des notes marginales. Afin de faire croire à sa force d'âme, elle avait écrit sur un Sénèque, Elzevir, *Adversus virtutem possunt calamitates, damna et injuriæ, quod adversus solem nebula possunt.* On lisait à la p. 141 du T. I$^{er}$ de l'exemplaire conservé à la bibliothéque de Ste.-Croix-en-Jérusalem, de la *Bibliotheca Hispana* (Rome, 1672, 2 vol. in-fol.), cette note curieuse au sujet de l'ouvrage de D. François della Cartera, intitulé *Conversion de la Reina de Svecia in Roma*, 1656, dont il y était parlé : *Chi l' ha scritta, non lo sa; chi lo sa, non l' ha mai scritta.*

livres et manuscrits de Muret, qu'il avait légués à son disciple et son ami le P. Benci, étaient passés à cette bibliothèque, mais il n'en reste qu'une faible partie, le plus grand nombre étant aujourd'hui à la Vaticane. Le recueil de variantes et de matériaux rassemblés par le P. Lagomarsini pour une édition complète de Cicéron, qui n'a point paru, et qu'il était réservé à un savant français de publier le premier[1], formait trente gros volumes in-fol.; quelques feuillets ont été coupés et deux volumes perdus, parmi lesquels se trouve précisément celui où les signes de renvois étaient expliqués; ce qui rend aujourd'hui l'usage de ce long travail à peu près impossible. Un premier travail en douze forts volumes in-fol. avait été supprimé, à cause de quelques inexactitudes, par ce laborieux et opiniâtre admirateur de Cicéron, qui avait examiné, pour la seule Milonienne, quatre-vingt-quatre manuscrits et treize éditions. Une soixantaine de volumes chinois sur les mathématiques et l'astronomie, recueillis par les jésuites missionnaires, pourrait offrir de curieuses découvertes.

Le musée du savant, laborieux, mais très chimérique P. Kircher, le créateur de l'érudition hiéroglyphique, est curieux, quoiqu'assez mal rangé, par ses antiquités en marbre, en bronze, en terre cuite; par ses camées, ses médailles et ses inscriptions : il a été fort augmenté par un autre docte jésuite, le P. Contucci. Parmi les simples curiosités de ce musée, je remarquai un beau camée de Savonarole, commandé par le fanatisme de ses partisans, qui paraît avoir été porté au cou, et sur lequel l'inscription lui donne le titre de martyr, ainsi que l'infidèle épée du connétable de Bour-

---

[1] M. J.-V. Le Clerc, professeur d'éloquence latine à la Faculté des Lettres de l'Académie de Paris. Une seconde édition du Cicéron a paru in-12 en 1827; la première, in-8°, était de 1821-25.

bon dont l'armure de fer est à la Vaticane. Le nom du connétable est écrit sur la lame; on y voit les noms de deux généraux italiens auxquels l'épée avait auparavant appartenu, et des caractères malabres qui indiquent qu'elle vient de l'Inde et non de Damas.

L'église S.-Marcel, dont la façade, de Charles Fontana, est d'un goût détestable, a quelques belles peintures à la chapelle du Crucifix : la *Création d'Ève*, de Pierin del Vaga, qui rappelle la manière florentine et dont les petits anges paraissent vivans ; le *S. Marc*, presque tout le *S. Jean*, du même, et le reste de la chapelle, terminé sur ses dessins par Daniel de Volterre, aidé de Pellegrino de Modène. C'est à S.-Marcel que fut enterré un ancien naturaliste et voyageur français, Pierre Gilles, mort en 1555, auteur d'un catalogue superficiel des poissons de la Méditerranée, que Rabelais a peint pentagruelisquement : *Ung urinal en main, considérant en profonde contemplation l'urine de ces beaulx poissons*[1]. Un tombeau plus grave et contemporain est celui du cardinal Consalvi à la chapelle du Crucifix, dans lequel il voulut être, par son testament, réuni à son frère. Le mausolée de ce réformateur modéré et adroit de la cour romaine est de M. Rinaldo Rinaldi ; ses entrailles ont été mises à Ste.-Marie-de-la-Rotonde, dont il était cardinal-diacre, dans une simple urne, ouvrage de Torwaldsen.

Ste.-Marie *in via lata*, dorée, modernisée, occupe, dit-on, le lieu qu'habitèrent S. Pierre et S. Paul. La source de l'église souterraine servait à baptiser ceux que convertissait la rude éloquence du dernier apôtre. Le portail, de Pierre de Cortone, était regardé par lui comme son chef-d'œuvre d'architecture.

L'église S.-Marc a quelques bons ouvrages : les *Ba-*

[1] *V*. liv. v, chap. xxxi.

*tailles*, du P. Cosimo, jésuite; le *Christ ressuscité*, de Palma; l'*Adoration des Mages*, de Carle Maratte; le *S. Marc* pape et le *S. Marc* évangéliste, du Perugin; et ce dernier *Saint*, et quelques chapelles latérales, du Burguignon.

L'église du *Gesù*, maison professe des Jésuites, est de l'architecture de Vignole et de son élève Jacques della Porta, qui n'a pas toujours très scrupuleusement suivi le dessin du maître, particulièrement dans la construction du portail et la décoration trop ornée de la voûte, dont l'ordonnance simple, pure, élégante, n'est point en harmonie avec cette décoration. Il fait presque toujours beaucoup de vent près du *Gesù*, à cause de l'élévation du mont Capitolin et de la disposition des rues. Le peuple de Rome raconte qu'un jour le Diable se promenait avec le Vent; arrivé près de l'église, le Diable dit au Vent : « J'ai quelque chose à faire là-dedans, attendez-moi ici ». Depuis, le Diable n'en est jamais sorti, et le Vent attend encore à la porte. Cette riche église offre quelques bons ouvrages et un plus grand nombre de très mauvais. Le *S. François Xavier*, de Carle Maratte, dans le style faux et facile de Sacchi; la *Circoncision*, de Muziano, ont été loués. Les fresques de la voûte de la tribune et de la grande coupole passent pour les meilleures du Baciccio. La somptueuse chapelle S.-Ignace, du dessin du P. Pozzi, paraît singulièrement maniérée : le globe de lapis lazuli, que tient le Père éternel, est le plus gros qui existe. Deux de nos compatriotes, Théodon et Legros, semblent y lutter de recherche, d'exagération : le premier par son groupe des *Japonais qui se convertissent*; le second, par celui de la *Foi renversant l'hérésie*, qui, malgré les défauts du temps, a quelques parties bien exécutées. Les deux petits anges au-dessus d'une porte latérale de cette chapelle sont probablement les moins ridicules sculptures de Rusconi et du xviiie siècle.

Le *Gesù* a le tombeau, par le Bernin, du cardinal Bellarmin, illustre controversiste, qui réunit les principes de la souveraineté du peuple et du pape, renouvelés un moment de nos jours, et dont les invectives contre les puissances temporelles, et peut-être la vanité naïve qu'il montre dans les Mémoires de sa vie, ont empêché la canonisation.

## CHAPITRE XVI.

*Araceli*. — Colonne de l'appartement des Empereurs. — Mausolée des *Savelli*. — *Sanctissimo Bambino*. — Prison Mamertine. — *S. Luc.* — Académie de S. Luc. — *Vierge;* — Crâne de Raphaël. — Alvarez.

L'ÉGLISE d'Araceli occupe peut-être la place du temple de Jupiter Capitolin; mais ses vingt-deux colonnes de granit égyptien ne peuvent en provenir, puisque, selon Plutarque, les colonnes du temple étaient de marbre pentélique; de grandeur et de travail différens, elles ont été prises çà et là : la troisième en entrant porte l'inscription *A cubiculo Augustorum* (de la chambre à coucher des Césars sur le mont Palatin). Destinée singulière de cette colonne, passée de l'appartement des empereurs dans une église de Franciscains! Les fresques de la *Vie de S. Bernardin*, des bons ouvrages du Pinturicchio, restaurées par M. Camuccini, offrent des attitudes vraies, une expression naïve et bien sentie, mais de la raideur et de la sécheresse dans le dessin et l'exécution. Une *Madone*, de l'école de Raphaël, paraît de Jules Romain. Le célèbre mausolée de l'ancienne famille romaine des Savelli, du xiiiᵉ siècle, offre à sa base un antique sarcophage, orné d'emblêmes bachiques, qui contraste singulièrement avec l'architecture gothique du mausolée, ouvrage d'Augustin et d'Ange de Sienne, dont le dessin, selon Vasari, leur aurait été donné par Giotto. Un beau tombeau, d'un autre Jean-Baptiste Savelli, est de l'école de Sansovino. Une *Ascension*, de Muziano, montre beaucoup d'art. On estime la voûte de la chapelle de S.-Antoine de Padoue, de Nicolas de Pesaro. Une *Transfiguration*, de Jérôme de Sermoneta, annonce un heureux imitateur de Raphaël.

C'est à l'église Araceli qu'a lieu chaque année, après vêpres, le jour de l'Epiphanie, la procession du *Santissimo Bambino*. L'enfant Jésus, petite figure emmaillotée, avec une couronne dorée sur la tête, est tiré de la crèche où il avait été théâtralement exposé depuis Noël, et montré par trois fois au peuple en haut du majestueux escalier d'Araceli, couvert alors de la foule prosternée et émue à l'aspect du maillot sacré.

La petite église S.-Joseph, qui a une *Nativité*, le premier tableau de Carle Maratte, est au-dessus de l'ancienne et terrible prison Mamertine, devenue chapelle en l'honneur de S. Pierre et de S. Paul, que la tradition prétend y avoir été captifs : la source que l'on y voit encore serait la fontaine miraculeuse qu'ils firent jaillir afin de baptiser S. Processus et S. Martian, et quarante martyrs leurs compagnons. Il y a dans la succession des monumens de Rome une sorte de moralité qui peint son histoire : le plus ancien monument des rois est une prison, tandis que le tombeau des Scipions, le plus ancien monument de la république, représente la gloire et les vertus de cette époque. Ce fut dans la prison Mamertine que Jugurtha mourut de honte et de faim; que Syphax, roi de Numidie, et Persée, dernier roi de Macédoine, furent enfermés, et que les complices de Catilina, qui pouvaient entendre la voix de Cicéron les accusant dans le temple de la Concorde, furent étranglés; victimes diverses qui contribuèrent à la grandeur de Rome.

S.-Luc offre une riche chapelle souterraine, érigée par Pierre de Cortone et à ses frais. L'*Assomption*, de Conca, quoique vantée, est médiocre, comme les autres peintures de l'église.

L'Académie de S.-Luc, véritable académie des beaux-arts de Rome, créée par Sixte-Quint, tient à l'église. Ses salles offrent plusieurs ouvrages des grands maîtres italiens et des professeurs actuels. Le patron des peintres et de l'académie faisant le portrait de la Vierge avec l'enfant Jésus, par Raphaël, qui s'y est peint, a toutes ses admirables qualités. Le crâne de l'artiste, placé vis-à-vis du tableau, offre par-devant, malgré son étonnante petitesse, d'assez fortes protubérances; il inspire une sorte d'horreur quand on le rapproche de la douce et noble physionomie du tableau. On lit à côté du petit coffre qui contient cette relique de la peinture le distique célèbre et recherché de Bembo :

*Ille hic est Raphael, timuit quo sospite vinci*
*Rerum magna parens, et moriente mori.* [1]

Chaque année, le jour de la fête de S. Luc, lorsque les salles de l'académie étaient publiques, cette tête devint l'objet d'une sorte de pèlerinage, de supersti-

---

[1] Il a été fort heureusement rendu par ce distique italien :

*Questi è quel Raffael, cui vivo, vinta*
*Esser temea natura, e morto, estinta.*

tion enthousiaste, cessées depuis, et les jeunes artistes s'empressaient d'y faire toucher leur crayon.

La statue de Canova, qui avait été nommé président perpétuel de l'académie, rappelle un des bienfaits de cet homme excellent. Elle est de l'habile sculpteur espagnol Alvarez, qui, privé de ressources pendant l'occupation de Madrid par les Français, avait offert de vendre quelques uns de ses ouvrages au vice-roi d'Italie. Canova, consulté secrètement sur leur mérite, avait répondu : « Les sculptures d'Alvarez restent à vendre dans son atelier parce qu'elles ne sont pas dans le mien ». Alvarez, informé plus tard de ce généreux procédé et digne de le sentir, obtint de l'académie de S.-Luc d'exécuter gratuitement la statue qu'elle avait décernée à Canova.

## CHAPITRE XVII.

*S.-Théodore. — S.-Grégoire. —* Fresques du Dominiquin et du Guide. — Imperia. — *Navicella. — S.-Étienne-le-Rond. — S.-Clément.*

L'ÉGLISE S.-Théodore s'élève à la place de l'ancien temple de Romulus, au lieu même où il fut allaité par la louve. Les premiers chrétiens, habiles à ménager les traditions et les préjugés populaires, consacrèrent le temple à S. Théodore, saint guerrier comme Romulus ; c'est ainsi qu'ils changeaient fréquemment les temples de la mère des dieux en églises dédiées à la Madone. Le peuple de Rome, qui mêle assez ses souvenirs antiques à ses croyances chrétiennes, a fait de S. Théodore, *S. Toto ;* et les mères portent devant son autel leurs enfans malades, afin qu'ils puissent guérir et peut-être avoir un jour la vigueur du premier fondateur de leur ville.

L'ancienne église *S.-Francesca Romana* a le riche tombeau de la sainte, du Bernin, et celui du pape Grégoire XI, d'Olivieri, sculpteur romain du dernier siècle: le bas-relief estimé, quoiqu'il n'ait point échappé aux défauts du temps, représente le *Retour du S.-Siége à Rome*. Sous le vestibule un autre tombeau avec une statue équestre, est d'assez bon style.

L'église S.-Grégoire au mont Cœlius, élevée à la place même du monastère qu'avait fondé ce patricien de Rome, devenu pape et maître de chant, est desservie par les moines Camaldules. La façade et le double portique passent pour des ouvrages estimés, de Jean-Baptiste Soria, architecte du XVIIᵉ siècle, qui avait résisté quelque temps à l'irruption du mauvais goût. S.-Grégoire doit principalement sa célébrité aux fresques rivales, du Dominiquin et du Guide, à la chapelle S.-André. La *Flagellation du Saint*, du premier, est un chef-d'œuvre pour l'élévation, la force du dessin et de l'expression, et la beauté de la composition : le flagelleur, vu de dos, est admirablement dessiné. La fresque du Guide, *S. André adorant la croix avant son martyre*, d'une couleur plus vigoureuse et plus riche que celle du Dominiquin, lui est du reste fort inférieure. Au fond de la chapelle une statue, assise, de *S. Grégoire*, fut ébauchée avec génie par Michel-Ange, et terminée par son élève, le sculpteur Lorrain Cordier. Le *Concert d'Anges*, du Guide, à la voûte de la tribune de la chapelle Ste.-Sylvie, la mère de S. Grégoire, quoique très vanté, n'est pas de ses meilleurs ouvrages. La vue des ruines du palais des Césars est, de cette chapelle, merveilleusement pittoresque. La chapelle du saint a le tableau d'Annibal Carrache, superbe de coloris, qui le représente. Il faut convenir que si S. Grégoire avait été, par zèle religieux, aussi ennemi des beaux-arts qu'on l'a prétendu, il ne mériterait point d'être traité par eux avec tant de magnificence. Mais l'accusation anonyme d'avoir détruit d'anciens monumens et jeté les statues dans le Tibre, semble une véritable calomnie, puisqu'aucun témoignage contemporain n'appuie une action qu'il ne dépendait point de S. Grégoire d'exécuter, qui eût fait tant de bruit à Rome, à Constantinople et dans tout l'empire romain.[1]

C'est à S.-Grégoire que la célèbre courtisane romaine Imperia, l'Aspasie du siècle de Léon X, l'amie des Beroalde, des Sadolet, des Campani, des Colocci, avait obtenu l'honneur d'un monument public et l'étrange épitaphe : *Imperia cortisana romana, quæ digna tanto nomine, raræ inter homines formæ specimen dedit; vixit annos* XXVI *dies* XII, *obiit* 1511 *die* 15 *Augusti*, monument et inscription détruits dans le dernier siècle, non point par convenance ni par scrupule, mais dans quelque restauration, par inadvertance. L'existence d'Imperia, l'espèce de dignité de la courtisane romaine, sont un des traits caractéristiques du paganisme de mœurs, si l'on peut le dire, des lettrés de la renaissance[2]. Imperia fut chantée en vers latins et italiens par ses savans amis. Bandello rapporte que tel était le luxe de ses appartemens, que l'ambassadeur d'Espagne y avait renouvelé l'insolence de Diogène, en crachant au visage d'un de ses domestiques, disant qu'il ne trouvait pas d'autre place pour cela[3]. Imperia paraît aussi avoir été fort lettrée, car on voit, dans la descrip-

[1] *V.* un savant discours, particulièrement consacré à défendre S. Grégoire, prononcé à l'Académie archéologique, le 7 janvier 1819, par M. Fea.
[2] *V.* ci-après, chap. XXIII.
[3] Part. III<sup>e</sup>, nov. 42.

tion de Bandello, qu'à côté de son luth, de ses cahiers de musique et d'autres instrumens, il y avait plusieurs ouvrages latins et en langue vulgaire richement ornés.[1]

L'ancienne église *S.-Maria in Dominica*, dite de la *Navicella*, du petit vaisseau de marbre que Léon X fit mettre au-devant, fut habilement renouvelée sur le dessin de Raphaël. La frise peinte en clair-obscur, par Jules Romain et Pierin del Vaga, a été retouchée.

S.-Étienne-le-Rond, qui ne s'ouvre que le dimanche de bonne heure, est un exemple d'un édifice antique (peut-être un temple consacré à Claude) converti en église vers le V$^e$ ou VI$^e$ siècle : ses restaurations successives attestent les progrès de la décadence de l'art. Les nombreuses peintures du Pomarancio et de Tempesta, représentant divers *Martyres de Saints*, assez mauvaises, sont la plus hideuse et la plus complète collection de supplices que l'on puisse imaginer.

L'antique église S.-Clément offre le modèle le mieux conservé de la disposition des premières basiliques. Combien le christianisme à sa naissance paraît grand et populaire par cette grave disposition, qui offre une

---

[1] *Parecchi libretti volgari e latini riccamente adornati.* On lit dans le traité *de Romanis piscibus*, de Paul Jove (cap. v), une fort jolie histoire d'un parasite de Rome qui envoyait son valet au marché afin d'être à l'affût des meilleurs poissons. Informé qu'une tête d'ombre (*ombrina*) était destinée à l'un des Conservateurs, puis à deux cardinaux, et au banquier Ghigi, il la suivit avec fatigue et anxiété jusqu'à ce qu'enfin elle vint aboutir à Imperia, à laquelle Ghigi l'avait envoyée couronnée de fleurs et dans un plat d'or. La fille d'Imperia, mariée à Sienne, fut un modèle de chasteté, et s'empoisonna afin de se dérober aux tentatives impudiques du cardinal Petrucci. Jérôme Negro s'exprime ainsi sur sa fin malheureuse dans une lettre à Marc-Antoine Micheli de Grotta-Ferrata, du 19 décembre 1522 : *Questo caso tanto più è degno di esser celebrato, e quasi preposto al fatto di Lucrezia, quanto che questa donna fu figlia di una pubblica e famosa meretrice, che fu l' Imperia, cortigiana nobile in Roma, come sapete.* Lettere de' Principi. Venise, 1562, t. I$^{er}$, p. 81.

double chaire pour la lecture publique de l'épître et de l'évangile! On sent une religion morale, positive, enseignante, dont les préceptes obligent et commandent à tous indistinctement. Quelque chose de cette primitive égalité religieuse semble s'être perpétué à Rome dans les pratiques du culte : tout le monde s'y prosterne sur le pavé même des temples, et l'on n'y remarque point ce *comfortable* dévot de nos paroisses qui indique la différence des rangs. Les divers compartimens des nefs montrent encore les divers degrés, la sainte hiérarchie des catéchumènes; l'Église était alors une milice qui avait son avancement, et la vertu seule produisait la distance. On peut supposer, avec vraisemblance, qu'au centre de l'*atrium* était autrefois la fontaine où se purifiaient les païens, et qui a pu donner l'idée du bénitier chrétien. La fondation de l'église S.-Clément, malgré son ancienneté, ne remonte pas toutefois au v$^e$ siècle, ainsi qu'on l'a répété en la confondant avec une autre basilique du même nom, qui tombait en ruines, et fut démolie par le pape Adrien I$^{er}$, vers la fin du vııı$^e$ siècle. L'église actuelle est du ıx$^e$ siècle, et elle démontre combien s'étaient perpétuées en Occident, et surtout en Italie, la plupart des traditions et des pratiques employées dans les constructions romaines. Les fresques de la chapelle Ste.-Catherine, de la jeunesse de Masaccio, malgré une maladroite restauration, prouvent encore, après bientôt quatre siècles, le talent de ce grand peintre. Le tombeau le plus remarquable est celui du cardinal Roverella, ouvrage élégant du xv$^e$ siècle.

## CHAPITRE XVIII.

*S.-Jean-de-Latran.* — Place. — Obélisque. — Baptistère. — *Scala santa.* — *Sancta Sanctorum.* — Façade. — Apôtres. — Chapelle Corsini. — Urne dite d'*Agrippa.* — Martin V. — Chefs de S. Pierre et de S. Paul. — Mosaïques. — Peinture de Giotto. — L'abbé Cancellieri. — De la culture des lettres en Italie. — Hôpital. — Porte. — *Sainte-Croix-en-Jérusalem.* — Bibliothèque du couvent. — Porte majeure. — Basilique *S.-Laurent.* — *Ste.-Bibiane.* — Statue du Bernin. — *S.-Eusèbe.*

---

La place de S.-Jean-de-Latran offre le plus colossal et le plus beau des obélisques connus, élevé à Thèbes par l'illustre Thoutmosis II, le même que le roi Mœris, le hardi créateur du lac, obélisque respecté par Cambyse, qui mutila et renversa tous les autres, enlevé par Constantin, et déterré brisé des ruines du cirque majeur par Sixte-Quint, sous la direction de Fontana, qui l'a rétabli. Ce superbe obélisque monolithe de granit rouge, couvert d'hiéroglyphes d'une sculpture si parfaite, a été aussi chanté par le Tasse[1], tant l'apparition nouvelle de ces vieux et mystérieux monumens inspirait l'imagination du poète. Toute l'histoire se retrouve à Rome, depuis l'Égypte jusqu'aux derniers temps, depuis les Pharaons jusqu'aux rois et princes de la famille de Napoléon. Cette admirable ville rassemble les mystiques monumens égyptiens, les poétiques chefs-d'œuvre des Grecs et ses propres et grands monumens.

Le Baptistère de Constantin, le fondateur de la basi-

---

[1] *L'obelisco di note impresso intorno.*
Rime. Part. II<sup>a</sup>, 345. *V.* ci-dessus, chap. 1.

lique de S.-Jean-de-Latran, fut élevé à la place prétendue de son incertain baptême par le pape Sylvestre. Plusieurs fois restauré, il conserve encore la forme qu'il avait au IX<sup>e</sup> siècle. Les huit grands tableaux de la *Vie de S. Jean-Baptiste,* d'André Sacchi, quoique vantés, sont, comme les autres peintures de ce somptueux édifice, de mauvais goût et sans qualités remarquables.

La *Scala santa,* beau portique, de l'architecture de Fontana, construit par Sixte-Quint, conserve, selon une pieuse tradition, les vingt-huit degrés de la maison de Pilate, montés et descendus par le Christ pendant sa passion. Ces degrés, que l'on ne monte qu'à genoux, ont été tellement usés par les fidèles, qu'il a fallu les recouvrir de planches épaisses, qui, usées elles-mêmes, ont été plusieurs fois renouvelées. On citait à Rome, en 1828, un trait singulièrement choquant d'impertinence anglaise : Tandis qu'un vieillard et une vieille femme gravissaient lentement et avec peine les degrés, deux Anglais firent un pari au sujet de celui ou de celle qui arriverait le plus tôt, et pendant que ces supplians, qui ne se doutaient de rien, récitaient dévotement leurs oraisons, les deux voyageurs témoignaient leurs craintes et leurs espérances avec le même éclat qu'à une course de New-Market. Cet usage de se traîner à genoux sur des degrés sacrés n'est point une superstition catholique, comme ces Anglais l'imaginaient peut-être, et César montait à genoux l'escalier du temple de Jupiter Capitolin, ainsi que le disait le bon Canova à Napoléon, pour l'engager à s'arranger avec le pape.[1]

En haut de la *Scala santa* est une chapelle qui ne s'ouvre que rarement et n'est guère accessible qu'au

---

[1] Missirini. *Della Vita di A. Canova,* p. 252.

pape, aux cardinaux et au clergé; elle contient l'image antique et vénérée du Christ, haute de sept palmes (environ six pieds). Derrière cette chapelle est le fameux *Sancta Sanctorum*, chambre murée, ténébreux sanctuaire, sujet d'innombrables contes populaires, qui plus d'une fois a dû être ouvert en secret, et dont le mystère sacerdotal semble peu digne aujourd'hui du christianisme.

La façade théâtrale de S.-Jean-de-Latran, élevée par Clément XII, et de l'architecture du Florentin Galiléi, est une des masses d'architecture les plus imposantes de ce genre. Sous le portique latéral, une grande et médiocre statue en bronze d'Henri IV, par Cordier, dont la fonte est à peu près le seul mérite, lui fut décernée par le chapitre, comme bienfaiteur de la basilique, et ses descendans avaient conservé le titre singulier de premiers chanoines [1]. La statue de Constantin est antique, et fut trouvée dans ses thermes, sur le mont Quirinal. La porte en bronze du milieu, supérieurement travaillée, provient de la basilique Émilienne du Forum; elle est l'unique modèle des portes antiques, dites *quadrifores*. La nef principale, couverte par un des plus splendides plafonds connus, quoique de l'architecture recherchée de Borromini, ne manque point de grandiose. Les douze colossales statues d'Apôtres étaient une belle entreprise de sculpture, qui fut mal exécutée. Les figures, selon la mode de cette époque, sont drapées et non habillées, et les personnages ne pourraient faire un pas sans que leur ajustement ne

[1] Le 13 décembre de chaque année, anniversaire de la naissance d'Henri IV, il y avait chapelle à S.-Jean-de-Latran : l'ambassadeur de France y représentait sur une estrade le roi très chrétien. On citait à Rome le bon goût avec lequel M. le duc de Laval s'acquittait de cette cérémonie.

les abandonnât et ne tombât à terre. Les plis de la robe du *S. Philippe* semblent des éclats de rocher, et l'artiste Mazzuoli, élève du Bernin, a enchéri encore sur la manière désordonnée de draper de son maître. La composition du *S. Jacques mineur*, le meilleur ouvrage d'Ange Rossi, est une des moins mauvaises. Les *Prophètes* peints, malgré les éloges donnés au *Jérémie* de Sébastien Conca et au *Daniel* d'André Procaccini, ne sont ni moins lourds ni moins maniérés que les Apôtres.

La riche chapelle Corsini, le chef-d'œuvre de Galilei, se distingue par un bon genre d'ornemens et une assez grande sagesse d'ordonnance. La célèbre urne de porphyre du magnifique tombeau de Clément XII était sous le portique du Panthéon, ce qui lui a valu le faux surnom d'urne d'Agrippa, qui fut enterrée dans le mausolée d'Auguste.

Le tombeau en bronze du grand Martin V (Colonne), mort en 1430, par Simon, frère de Donatello, est remarquable. Avec cet illustre pape, remplaçant de Cossa [1], commence en quelque sorte l'histoire particulière de Rome, de cette ville toujours conquise et jamais possédée, et qui n'a été sujette un moment que de la France.

Le Tabernacle gothique du maître-autel, monument curieux de l'histoire de l'art au xiv$^e$ siècle, est dû à la munificence du célèbre pape français Urbain V (Grimoard), dont il offre les armes, ainsi que celles du roi de France Charles V, qui l'avait aidé ; il contient parmi de nombreuses reliques les chefs de S. Pierre et de S. Paul, retrouvés par Urbain, au commencement de l'année 1368, parmi les ruines de l'ancienne basilique in-

---

[1] *V.* liv. ix, chap. ix.

cendiée. Ce pape, dont la vive foi égalait les lumières et la charité, après avoir passé toute une nuit avec les cardinaux à S.-Jean-de-Latran, fit ouvrir le matin les portes à la foule impatiente, et lui montra les précieux chefs, découverte miraculeuse, qui valut à chacun de ces Romains, transportés de joie, et qui, dit Baluze, se croyaient redevenus les maîtres du monde, cent années et cent quarantaines d'indulgences, et que l'on regarda en Europe comme un des événemens les plus éclatans du glorieux pontificat d'Urbain.[1]

Le brillant autel du S.-Sacrement, du dessin de Paul Olivieri, a quatre colonnes antiques de bronze doré que l'on a cru provenir du temple de Jupiter Capitolin et faites, d'après l'ordre d'Auguste, du bronze enlevé des rostres des vaisseaux égyptiens pris à Actium, ou bien transportées de la Judée à Rome par Vespasien. Une *Ascension* est du Cav. d'Arpino, enterré à S.-Jean-de-Latran, ainsi qu'André Sacchi, son contemporain et son émule de facilité et de faux goût. L'autel du Sauveur érigé par Nicolas IV conserve encore ses curieuses mosaïques exécutées en 1291 par Jacques Turrita, religieux de l'ordre des Mineurs, et son compagnon Jacques de Camerino. Les deux colonnes cannelées de jaune antique qui soutiennent l'orgue passent pour les plus belles de ce marbre précieux[2]. Un des premiers monumens de l'art de la basilique est la peinture attribuée à Giotto, qui représente Boniface VIII entre deux cardinaux, publiant le fameux jubilé de 1300.

Parmi les tombeaux nouveaux de S.-Jean-de-Latran, on remarque celui de l'abbé Cancellieri, dont l'érudition

---

[1] *V.* liv. XIII, chap. XII.
[2] Ce marbre, que les anciens tiraient de la Macédoine, ne doit pas être confondu avec le jaune de Corinthe.

étendue, facile, infatigable et presque encyclopédique, est connue de tous les savans, et qui m'avait accueilli avec bonté en 1826, quelques semaines avant sa mort. Je me rappelle encore sa jolie maison *al mascherone di Farnese,* avec inscription latine et la vue du Tibre, dans laquelle cet aimable et affectueux vieillard recevait les dimanches matin. Là, sur un long canapé occupant tout un côté du salon et devant lequel était une autre banquette, on voyait, sur deux files rapprochées, des cardinaux, des prélats en manteau court, des chefs d'ordres avec leurs amples vêtemens, des étrangers fixés à Rome par le goût de l'instruction, des professeurs, etc., tous réunis par le plaisir des entretiens littéraires. La découverte d'une colonne, d'un temple, d'une inscription, d'une médaille, d'un manuscrit, devenait là un événement qui se discutait avec importance, gravité, souvent même avec passion; c'était pour cette société érudite nos amendemens, notre adresse, notre majorité. L'esprit d'examen, notre éclectisme politique et philosophique, s'exercent en Italie sur les ruines et les monumens du passé. Quoique les ecclésiastiques fussent les plus nombreux, il n'était point du tout question de querelles théologiques : le clergé romain a cette sorte de modération et de sécurité que donne la puissance, et il n'éprouve point cette gêne d'un clergé aspirant et souffrant. Tous ces savans cultivaient les lettres et l'étude pour l'amour d'elles-mêmes; car la littérature en Italie n'est point un gain; il faut être riche pour écrire; il n'y a point véritablement de propriété littéraire, et, le plus souvent, les auteurs s'estiment fort heureux quand le libraire veut bien se charger des frais d'impression.[1]

---

[1] Milan, Venise et Florence sont les seules villes où les manuscrits sont quelquefois payés; leur prix ne dépasse guère alors 40 francs

Le curieux cloître gothique de S.-Jean-de-Latran, du XIII° siècle, offre quelques monumens singuliers du moyen âge.

Les deux grands hôpitaux de femmes atteintes de la fièvre, de la place de S.-Jean-de-Latran, sont tenus avec soin et charité, et leur régime a reçu de récentes et importantes améliorations. Il y a des rideaux aux lits et de petits poêles de dix lits en dix lits pour tenir chaudes les potions. Cet hospice est le séminaire des sœurs grises établies à Rome par Léon XII., institution dont le bon Pie VII avait eu l'idée à son retour de Paris, mais qu'il n'avait point osé tenter [1]. Des princesses romaines, parmi lesquelles on citait la belle princesse D****, morte il y a quatre ans, visitaient régulièrement cet hôpi-

---

la feuille, ce qui, pour un volume de près de 500 pages, rapporte à l'auteur 1200 francs. Les plus *nobles esprits* d'Italie ne tirent point de leur travail ces splendides tributs des écrivains célèbres de France et d'Angleterre : la traduction de l'*Iliade* ne valut jamais à Monti que 4,000 francs; et la première édition de la belle tragédie d'*Adelchi*, de M. Manzoni, ne le couvrit point de ses frais.

[1] Il m'est impossible de ne pas rappeler ici l'anecdote que je tiens de M. le chevalier A*****, ancien chargé d'affaires de France à Rome, qui offre le plus bel éloge des femmes françaises. Un jour qu'il entrait chez le pape Pie VII, il le trouva au milieu d'une multitude de lettres en diverses langues. A la vue de notre compatriote le pape éclata par les plus magnifiques louanges de notre nation; puis il ajouta que, désirant introduire des sœurs grises en Italie, en Allemagne et dans l'Angleterre catholique, il avait demandé là-dessus de nombreux rapports dans les trois pays, et que, d'après les réponses qu'il avait reçues, ce projet était reconnu impraticable : la femme italienne n'avait point assez de courage et de force morale pour se soumettre à tant de fatigues; l'Allemande était trop facile (*briccone*); l'Anglaise ne manquait ni d'humanité ni d'exaltation, mais elle était trop *sostenuta* (mot difficile à rendre, et qui emporte un certain reproche de pruderie); la femme française seule possédait l'adresse, la confiance, la résolution, le *commandement doux*, la piété sévère, indispensables à un tel état. Des sœurs grises ont depuis été établies à Naples, vers 1810, sous le roi Murat. Les sœurs de S.-Jean-de-Latran ne sont que des infirmières, qui parfois s'enivrent, font l'amour, et sont restées Italiennes et filles du peuple.

tal et assistaient les malades. Quatre d'entre elles avaient même fondé un hospice particulier destiné à recevoir les femmes de mauvaise vie qui voudraient s'amender et travailler [1]. Chaque année, le jour de l'octave de la Fête-Dieu, la procession de S.-Jean-de-Latran, suivie par des cardinaux, et quelquefois par le pape, traverse la salle du grand hôpital avec la musique et des tambours qui ne cessent point de se faire entendre; car ces derniers ayant cru devoir se taire lorsque leur tour fut venu de relever la musique, les malades réclamèrent et exigèrent que l'on battît aux champs comme dans la rue. Le carreau de la salle est jonché de fleurs; les lits sont décorés de draperies de couleurs éclatantes; les malades sont parées, et l'on fait, pour ce jour-là, un choix des plus présentables : dans ce pays de fêtes et de solennités, elles pénètrent même au sein des asiles de la douleur et jusqu'au chevet des malades et des mourans.

La porte S.-Jean, l'ancienne porte *Asinaria*, fut refaite sous Grégoire XIII par Jacques della Porta. C'est de ce côté que Totila pénétra dans Rome, par la trahison des soldats Isauriens.

La basilique Ste.-Croix-en-Jérusalem, fondée par Ste. Hélène sur les ruines des jardins de l'infâme Héliogabale et les restes de l'amphithéâtre *Castrense* [2], l'une des églises de Rome qui doivent être visitées pour gagner des indulgences, est desservie par les moines bernardins de la congrégation de Lombardie. L'*Invention*

---

[1] Une personne qui avait été admise, en 1828, à visiter ce dernier hospice, racontait qu'elle y avait trouvé une vingtaine de femmes, dont la plus jeune pouvait avoir vingt-quatre ans; et, chose bizarre, il y en avait de cinquante et même de soixante ans. On lisait sur le registre de la maison que plusieurs étaient sorties pour se marier, d'autres pour prendre le voile; deux de ces dernières, ennuyées de la clôture, étaient retournées à leur ancien métier.

[2] *V.* ci-après, chap. XLI.

*de la Croix*, du Pinturricchio, à la voûte de la tribune, a plusieurs bonnes figures de guerriers. Les mosaïques de la chapelle Ste.-Hélène sont de Balthazar Peruzzi. La bibliothéque du couvent est aujourd'hui peu considérable. Réunie à la Vaticane sous l'administration française et restituée au couvent en 1815, elle fut mise dans un local provisoire, où un grand nombre de manuscrits furent volés; plusieurs ont été retrouvés chez Petrucci, libraire de Rome, déjà plusieurs fois poursuivi pour ce genre d'acquisitions. On y conserve une belle copie du *de Senectute* de Cicéron, transcrite par la princesse Hippolyte Sforze, fille du duc François, mariée au roi de Naples Alphonse II, avec un grand nombre de pensées recueillies par elle, monument de l'ardeur et de l'enthousiasme pour l'étude qui animaient les plus grandes dames du xv$^e$ siècle.[1]

La Porte majeure, ouvrage de Claude, est un majestueux débris de ces aquéducs qui, selon l'expression de M. de Chateaubriand, amenaient les eaux au peuple-roi sur des arcs de triomphe.

La basilique S.-Laurent, hors des murs, caractéristique comme S.-Clément par ses chaires, véritables tribunes appelées *ambons*, et sa disposition[2], remonte, dit-on, à Constantin. Cette église, dans laquelle le pape Honorius III avait couronné empereur de Constantinople un Français, Pierre de Courtenay, comte d'Auxerre, sert aujourd'hui principalement aux gens de la campagne qui viennent à Rome vendre leurs denrées, et l'office s'y célèbre avant le lever du soleil. Parmi les fresques du portique, fresques du xiii$^e$ siècle et de l'école gréco-italienne, représentant le *Martyre du Saint*, le *Couronnement de Courtenay*, et autres sujets

---

[1] *V*. liv. v, chap. xxix.
[2] *V*. le chapitre précédent.

de l'histoire d'Honorius, qui fit construire le portique, on remarque les démons qui se disputent l'âme de S. Michel et pèsent ses actions, comme dans l'*Iliade* Jupiter met dans une balance le sort des Grecs et celui des Troyens. A l'intérieur, près de la porte, on voit un mariage romain sur le bas-relief d'un antique sarcophage qui sert de tombeau à un cardinal. Les douze précieuses colonnes antiques presque enfouies depuis que le pape Honorius fit exhausser le pavé de l'église, offrent des chapiteaux corinthiens richement ornés. Les tableaux modernes sont tous médiocres.

L'église Ste.-Bibiane, trop souvent fermée, et dont la façade actuelle est du Bernin, a le plus simple, le plus gracieux, le meilleur et l'un de ses premiers ouvrages de sculpture, la statue de la Sainte, une des plus agréables productions de l'art moderne : alors le Bernin ne s'était point encore donné tant de peine pour mal faire.

La voûte de S.-Eusèbe peinte par Raphaël Mengs fut aussi l'un des ouvrages de sa jeunesse, et, comme la plupart de ceux des talens recherchés et systématiques, elle est peut-être ce qu'il a fait de plus chaud et de plus vrai.

## CHAPITRE XIX.

*Ste.-Marie-Majeure.* — Chapelle de Sixte-Quint. — Mosaïques. — Chapelle *Borghèse.* — Obélisque. — *Ste.-Praxède.* — *S.-Martin.* — Paysages.

La façade de Ste.-Marie-Majeure, refaite sous Benoît XIV par Ferdinand Fuga, est d'une architecture médiocre. La restauration intérieure de la basilique, décorée d'un superbe plafond en caissons dorés et d'un baldaquin soutenu par quatre colonnes corinthiennes de porphyre, vaut mieux et passe pour le meilleur ouvrage de Fuga. Les trente-six belles colonnes ioniques de marbre blanc de la grande nef paraissent provenir du temple de Junon. Le baptistère, formé d'un magnifique vase de porphyre autrefois au musée du Vatican et richement orné, fut donné par Léon XII. La chapelle *del Presepio*, de Fontana, dont on admire la forme et la proportion, fut commandée par Sixte-Quint lorsqu'il n'était que le cardinal Montalto; Grégoire XIII supposant d'après une telle dépense qu'il était fort riche, lui avait supprimé sa pension (*piatto*); et l'entreprise fût restée interrompue si l'architecte, non moins dévoué au cardinal que jaloux d'exécuter son propre plan, n'eût avancé une somme de mille écus romains, fruit de ses économies. Le noble désintéressement de Fontana fut la source de sa fortune et lui valut l'amitié de Sixte-Quint : peu de temps après, le *pâtre de Montalte* devint pape; la chapelle fut terminée et chantée par le Tasse [1]. On y voit le tombeau de l'ambitieux pontife, approbateur du régicide, fondateur de ce gouvernement ecclésiastique des états romains, machine détraquée, que sans doute il réformerait lui-même aujourd'hui dans quelques parties, mais dont il conserverait l'esprit d'égalité et la constitution plébéienne, son premier, son plus ancien, son plus sage principe.

Les mosaïques du chœur, du frère Jacques da Turrita, quoique réellement du xiii<sup>e</sup> siècle et ordonnées par le pape Nicolas IV, ne paraissent point appartenir à une époque aussi barbare. Les mosaïques au-dessus de l'arc et des colonnes de la nef du milieu, représentant divers

[1] *V.* Rime, Part. III<sup>e</sup>, la Canz. IV. *Mira devotamente alma pentita.*

sujets de l'Ancien Testament, remontent au v⁰ siècle et furent commandées par S. Sixte III, l'ami de S. Augustin, simple pasteur de Rome, qui, malgré sa pauvreté évangélique, préludait déjà aux encouragemens que devaient un jour prodiguer aux arts tant de puissans pontifes ses magnifiques successeurs.

La chapelle Borghèse, d'une prodigieuse richesse, laisse à regretter que les détails ne soient pas aussi purs que son caractère est grandiose. Le Bernin et son école ont fait les tombeaux de Clément VIII et de Paul V le fondateur de la chapelle. Les peintures sont inférieures à celles de la chapelle de Sixte-Quint, les meilleures de la basilique.

On remarque les tombeaux des papes Nicolas IV, Clément IX, la pierre sépulcrale de Platina et le mausolée d'un cardinal Consalvi du XIII⁰ siècle, par Jean Cosmate, sculpteur du temps, qui porte dans l'inscription le noble titre de *civis romanus*.

Derrière la basilique, sur la place, est l'obélisque transporté à Rome, mis devant le mausolée d'Auguste comme celui de Monte-Cavallo, et relevé sous Sixte-Quint par Fontana.

Il n'y a véritablement que Rome pour allier à un tel point, dans le même édifice, la simplicité et la plus rare magnificence. Ainsi, à l'ancienne et petite église Ste.-Praxède l'on monte au maître-autel, que soutiennent quatre colonnes de porphyre, par un double escalier de rouge antique regardé comme le bloc le plus considérable de ce marbre précieux [1]. A la chapelle des martyrs S. Zénon et S. Valentinien, un gros fragment de colonne de jaspe oriental, rapporté de Jérusalem en 1223 par le

---

[1] Les carrières de rouge antique étaient situées entre le Nil et la Mer Rouge; ce marbre n'est devenu si rare que parce qu'elles ne sont plus exploitées depuis les anciens.

cardinal Jean Colonne, passe, comme d'autres fragmens d'une colonne de S.-Antoine-de-Padoue, pour provenir de celle à laquelle le Sauveur fut attaché et flagellé. L'*Ascension*, au plafond, est de la première et meilleure manière du Cav. d'Arpino. Quelques figures peintes à fresque par le Guerchin ne sont pas sans mérite. Une *Flagellation*, à la sacristie, est de Jules-Romain.

L'antique église S.-Martin *de' Monti*, avec son oratoire souterrain, ses catacombes, sa vieille Madone et ses embellissemens modernes, semble un poëme qui a sa marche et son action. Quoique endommagée par le temps, sa collection de paysages peints à fresque par Guaspre Poussin est admirable et unique dans les églises; les figures sont de l'illustre beau-frère de Guaspre, Nicolas, redoutable homonyme qui l'a trop éclipsé.

## CHAPITRE XX.

*S.-Pierre-in-Vincoli.* — *Moïse*, de Michel-Ange. — *Ste.-Marie-de-Lorette.* — Restaurations. — *Sts.-Apôtres.* — Mausolée de Clément XIV.

La montée qui conduit à *S.-Pierre-in-Vincoli* rappelle un des plus horribles attentats de l'ancienne Rome, puisqu'on prétend que c'est là qu'était la rue appelée *scélérate* après que l'ambitieuse et infâme Tullie eut fait passer son char sur le cadavre du roi son père.

L'église *S.-Pierre-in-Vincoli* fut élevée par l'impératrice Eudoxie, femme de Valentinien III, sous le pontificat de S. Léon-le-Grand, afin de conserver la chaîne qui avait lié l'apôtre dans la prison de Jérusalem. Cette chaîne vénérée se montre encore au peuple, qui la baise le jour de la S.-Pierre. Cette belle église de *S.-Pierre-in-Vincoli*, refaite par le pape Adrien Ier, restaurée sous Jules II, dont la nef a vingt colonnes antiques remarquables par leur caractère grec qui rappelle divers fragmens d'architecture de la Villa d'Adrien, fut mise dans son état actuel en 1705 par François Fontana.

Le tombeau de Jules II, quoique inachevé et bien éloigné des immenses proportions qu'il devait avoir, est le plus important qu'ait créé l'art moderne. Il faut convenir qu'il existait une analogie peu commune entre le génie de Michel-Ange et le caractère de Jules II, qui l'avait si activement employé. L'expression hardie, menaçante, la fierté de la pose du colossal *Moïse*, ne se rapportent pas moins au fougueux pontife qu'au législateur des Hébreux. Ce fameux Moïse a inspiré, parmi une multitude d'autres vers, deux sonnets superbes : le premier d'un poète médiocre, Jean-Baptiste Zappi; le second, d'Alfieri, inférieur toutefois au premier.[1]

[1] *Chi è costui che in sì gran pietra scolto*
*Siede gigante e le più illustri e conte*
*Opre dell' arte avanza, e ha vive e pronte*
*Le labbra sì che le parole ascolto?*

*Questi è Mosè, ben mel dimostra il folto*
*Onor del mento, e il doppio raggio in fronte;*
*Questi è Mosè quando scendea dal monte,*
*E gran parte del Nume avea nel volto.*

*Tal era allor che le sonanti e vaste*
*Acque ei sospese a se d' intorno, e tale*
*Quando il mar chiuse, e ne fe' tomba altrui.*

*E voi, sue turbe, un rio vitello alzaste?*
*Alzato aveste imago a questa eguale,*
*Ch' era men fallo l' adorar costui.*

―――

*Oh! chi se' tu, che maestoso tanto*
*Marmoreo siedi; ed hai scolpito in volto*

L'ajustement de la figure, quoique traité largement, pourrait être critiqué; le corps semble porter un gilet de flanelle, et l'espèce de pantalon à guêtres qui recouvre les cuisses et les jambes ne convient guère à un Moïse. Mais les bras, les mains, les pieds, admirables de science anatomique, sont à la hauteur du Laocoon. Les quatre médiocres statues des niches sont de Raphaël da Montelupo, l'élève de Michel-Ange. Le mausolée, d'une architecture tourmentée comme celle de ce grand maître, est couvert de masques, de satyres, exemple singulier de la prolongation du choquant usage de placer des emblêmes profanes sur les monumens sacrés.

La demi-figure de Ste. Marguerite, à la chapelle suivante, passe pour un des ouvrages les plus soignés du Guerchin. La célèbre *Libération de S. Pierre*, à la sacristie, est de la jeunesse du Dominiquin.

La restauration de Ste.-Marie-de-Lorette, qui menaçait de s'écrouler, est un des travaux qui ont le plus honoré Antoine San-Gallo : restaurer ainsi, dit Vasari, c'est créer et même faire quelque chose de plus. Il en est à peu près de même des restaurations d'États, beaucoup plus difficiles et plus rares que les fondations. Le

*Triplice onor, ch' uom nullo ha in se raccolto;*
*Legislator, guerrier, ministro santo?*

*Tu del popol d' Iddio, che in lungo pianto*
*Servo è sul Nilo, i ferrei lacci hai sciolto;*
*Il tiranno d' Egitto in mar sepolto;*
*Gl' idoli in un con gl' idolatri infranto.*

*Quant' eri in terra, in questo sasso or spiri;*
*Che il divin Michelangelo non tacque*
*Niuno in te de tuoi caldi alti desiri.*

*Michelangel, che a te minor non nacque;*
*E che, intricato in tuoi raminghi giri*
*Avria fatt' egli scaturir pur l'acque.*

principal mérite de ce dôme, de Julien San-Gallo, oncle d'Antoine, est d'avoir été la première coupole qui ait été construite à Rome dans le système de double voûte. Le style général n'est pas sans quelque lourdeur, défaut aggravé pour l'œil par l'énorme et vicieuse lanterne dont l'architecte Jacques del Duca a depuis couronné le monument. Le tableau du maître-autel passe pour des meilleurs du Perugin. Une statue de *Suzanne*, du Fiammingo, est d'une grâce un peu maniérée.

Les talens, la reconnaissance, les qualités du cœur de Canova brillent aux Sts.-Apôtres. On y voit le cénotaphe qu'il a consacré au graveur Volpato, son compatriote, son ami, son compagnon d'études, de jeunesse, d'espérance, et sur lequel se lit une ingénieuse inscription de M$^{gor}$ Gaetan Marini, qui indique que Canova n'avait que vingt-cinq ans lorsqu'il fit le mausolée du pape Clément XIV, placé dans cette même église. Afin d'honorer la cendre de son ami, Canova avait refusé la commande de la statue de l'empereur Alexandre, que lui proposait le sénat de Corfou. Les figures de la *Tempérance* et de la *Douceur* du mausolée de Clément XIV annoncèrent la fin de l'horrible goût qui régnait depuis un siècle entier, et la renaissance de la vraie sculpture. Le succès fut universel, et le malin Milizia écrivait que les ex-jésuites même louaient et bénissaient le Ganganelli de marbre. Une tablette monumentale et votive, avec inscription, rappelle un autre trait de la touchante reconnaissance de Canova envers le patricien de Venise Falier, le premier bienfaiteur de l'artiste, qui l'avait tiré de son village, et avait payé les premières leçons qu'il avait prises de son art.

Cette intéressante église des Sts.-Apôtres fut, jusque dans le xvi$^e$ siècle, le théâtre d'une de ces fêtes populaires, communes alors à d'autres églises d'Italie, espèces de jeux de Thespis, et qui semblent plus dignes de la rue ou de la place publique que d'un temple chrétien. Chaque année, le 1$^{er}$ mai, jour de S. Philippe patron de l'église, on suspendait, par une corde, un porc à la voûte ou on le mettait sur un socle, et l'on jetait d'en haut des potées d'eau à ceux qui essayaient de s'emparer de ce prix immonde, dont la conquête excitait les joyeux transports de la multitude.

Parmi les peintures des Sts.-Apôtres, on estime le *S. Antoine*, de Luti, à la chapelle de ce nom, dont la coupole, de Nasini, est véritablement étourdissante, selon l'expression de Redi (*faceva stordire il mondo*). Le *Martyre de S. Philippe et de S. Jacques*, au maître-autel, par Dominique Muratori, d'un coloris médiocre, est le plus grand tableau d'autel qu'il y ait à Rome.

Au couvent des frères mineurs de S.-François, qui desservent l'église, sont de nombreux tombeaux, parmi lesquels celui du cardinal Bessarion. Un cénotaphe paraît consacré à Michel-Ange, dont les funérailles avaient été célébrées aux Sts.-Apôtres, où il aurait dû reposer d'après l'ordre du pape, en attendant le monument qu'il voulait lui ériger à S.-Pierre, si Côme de Médicis n'avait pendant la nuit fait enlever et rendu à sa jalouse patrie l'illustre cadavre florentin.[1]

---

[1] *V.* Liv. ix, chap. xii.

## CHAPITRE XXI.

*S.-Sylvestre.* — Dominicaines. — *S.-Charles-aux-quatre-Fontaines.* — *S.-André.* — *Sepolte viventi.* — *Ste.-Marie-de-la-Victoire.* — Groupe de Ste.-Thérèse.

---

C'est dans l'église de S.-Sylvestre que se réunissent les cardinaux avant de se rendre processionnellement au conclave. Les peintures sont assez remarquables : à la belle chapelle de l'Assomption, le tableau sur ardoise, de Scipion Gaëtani, est bon de dessin, d'effet, et gracieux de coloris; les quatre petits tableaux de la coupole sont des bons du Dominiquin; l'*Evanouissement d'Esther* est le plus complet.

A l'église S.-Dominique et S.-Sixte est annexé le riche monastère des Dominicaines, comblé des bienfaits de la famille Doria. La mère supérieure (*la madre priora*) doit être toujours une princesse romaine ; et ce couvent aristocratique rappelle ce qu'était dans l'ancienne Rome cette chapelle de la chasteté patricienne, dont les dames romaines fermèrent la porte à la femme d'un consul, qui, patricienne, avait épousé un plébéien [1]. L'orgueil humain pénètre jusque dans les pratiques de la religion, et ne fait souvent que changer de forme. « Les haires, dit Nicole, les cilices et les disciplines sont quelquefois à son usage »[2]. Il y a douze mères au couvent des Dominicaines, et environ autant d'élèves appar-

---

[1] C'était la femme du consul Volumnius : irritée d'un pareil outrage, elle consacra une chapelle à la chasteté plébéienne. *Tite-Live*, Lib. X, 24.

[2] *Essais de Morale*, t. III, 177.

tenant aux meilleures maisons. L'éducation négligée comme dans les anciennes mœurs italiennes, est celle de personnes du monde. Les cellules charmantes ont des fleurs, des oiseaux et de petites fontaines. L'architecture passe pour une des belles constructions de cloître. Des terrasses du toit on ne voit que le côté le mieux conservé du Colysée, et il peut ainsi paraître tout-à-fait debout. Dans la cour est une haute tour de brique, que l'on a cru élevée par Auguste ou Trajan pour les soldats chargés de la garde des Forums voisins, mais qui paraît plus probablement avoir été bâtie vers 1300, par le pape Boniface VIII, avec d'anciens et d'excellens matériaux.

L'église Ste.-Catherine-de-Sienne, autre dépendance des Dominicaines, de l'architecture de Soria, offre à côté de médiocres peintures une bonne *Madeleine*, de Luti, et une belle *Résurrection du Sauveur*, des rares ouvrages de Genga, compatriote de Raphaël, et comme lui élève du Perugin.

La petite église de S.-Charles-aux-quatre-Fontaines, le bizarre chef-d'œuvre du Borromini, est une espèce de tour de force, puisqu'elle n'occupe que l'espace d'un des quatre pilastres de la coupole de S.-Pierre : la cour du couvent y attenant n'est pas moins extraordinaire, et dans son exiguité elle offre au-dessus l'une de l'autre un double portique de vingt-cinq colonnes.

L'église S.-André-du-Noviciat-des-Jésuites, de l'architecture du Bernin, est un petit monument qui, malgré ses licences, a de la richesse, de la variété et un certain charme. A la chapelle de S.-François-Xavier, ornée de trois tableaux du Baciccio, le *Saint mourant dans l'île chinoise de Sancian* est pathétique. La chapelle S.-Stanislas-Kostka, qui a au maître-autel un tableau vanté de Carle Maratte, offre quelques peintures latérales de notre David, qui alors n'avait point encore achevé de réformer sa manière[1]. Au Noviciat, la chambre de S.-Stanislas, devenue chapelle, a la statue du *Saint mourant*, de Legros, figure polychrome pleine de recherche, et d'une réalité du plus mauvais goût, dont la tête, les mains et les pieds sont de marbre blanc, l'habit et la couche de marbre noir et jaune.

Le couvent voisin des Capucines réformées, qui portent le nom terrible de *Sepolte viventi*, ce couvent, pauvre, rigide, forme un vrai contraste avec le monastère somptueux des superbes Dominicaines. Là, les vocations sont sincères, ardentes; les arrangemens du monde, les intérêts des familles n'y entrent pour rien, et le noviciat d'une année paraît lent à ces âmes impatientes. On peut au reste remarquer que si les couvens d'hommes étaient plus relâchés en Italie qu'en France, la règle des couvens de femmes y était plus sévère. Une femme distinguée par son rang et ses qualités, qui avait obtenu du pape la rare faveur de visiter les couvens de Rome, me parlait avec admiration du calme, de la piété, du contentement, et même de la joie des *Sepolte viventi*, qui font un carême perpétuel, qui ont une tête de mort sur la table du réfectoire et qui couchent dans leur bière; elles ne sont même ni jaunes, ni pâles, mais roses. Leur clôture est véritablement éternelle, car on les enterre dans le couvent, et leur cadavre même n'en sort point. Telle est leur familiarité avec la mort, que de jeunes religieuses ont quelquefois démoli de leurs mains le plâtre qui couvrait les cercueils, afin d'examiner le visage qu'avaient leurs compagnes dans cette dernière sépulture. Cette sorte de passion et de curiosité n'est point de la barbarie, avec les mœurs et le sen-

---

[1] *V*. Liv. VIII, chap. VIII.

sualisme des pays chauds. On se rappelle la jeune Sicilienne de la touchante Nouvelle de Boccace qui, ayant découvert dans une vision le lieu où gisait le corps de son amant, massacré par ses frères, alla secrètement le déterrer, lui coupa la tête, s'enferma avec elle, la couvrit de ses pleurs et de ses baisers, et après l'avoir mise dans un pot de basilic, qu'elle arrosait de ses larmes et d'eau de rose et de fleur d'orange, mourut de douleur, lorsque l'arbuste florissant et parfumé lui eut été enlevé[1]. Comme à la Trappe, lorsque l'une des sœurs a perdu son père ou sa mère, elle n'en est point informée; seulement la supérieure annonce aux religieuses assemblées que l'une d'elles a perdu son père ou sa mère, et les prières se font en commun. Affreuse incertitude, qui renouvelle sans cesse dans le cœur de ces religieuses la plus cruelle douleur qu'il nous soit donné de ressentir. Il faut toute la force religieuse pour résister à de telles épreuves; les sentimens humains n'iraient pas loin; ils succomberaient après quelques uns de ces vagues et menaçans avis. L'affreux mystère fut un jour révélé d'une manière bien pathétique : le père d'une des religieuses était dans l'usage de lui envoyer le jour de sa fête des fleurs et des fruits; il mourut à ce qu'il paraît quelques jours auparavant; la jeune religieuse n'ayant point reçu son présent accoutumé ne douta plus de la perte qu'elle avait faite, lorsque la supérieure vint déclarer cette mort, et elle s'évanouit au milieu de ses compagnes, délivrées, cette unique fois, de leur terreur filiale.

L'église Ste.-Marie-de-la-Victoire doit son titre à l'image d'une Madone dont l'intercession fit gagner en Allemagne plusieurs batailles sur les Turcs et les héré-

[1] Giorn. IV<sup>e</sup>, Nov. V.

tiques. Les drapeaux suspendus à la voûte ont la plus noble origine; ils furent pris à la levée du siége de Vienne, le 12 septembre 1683, dans l'octave de la Nativité. Le cardinal Fesch est titulaire de cette église : son surnom, ses souvenirs guerriers convenaient à l'oncle de Napoléon. La façade, de Soria, fut élevée aux frais du cardinal Scipion Borghèse, comme prix du bel Hermaphrodite encore à la Villa de ce nom, chef-d'œuvre trouvé dans le jardin voisin des Pères Carmélites qui, embarrassés sans doute d'une telle statue, la cédèrent au cardinal.

Le groupe de la Ste.-Thérèse, donné comme le chef-d'œuvre du Bernin, qui lui-même le regardait modestement comme son moins faible ouvrage, ce célèbre groupe, quoiqu'expressif, pittoresque, manque de goût, de naturel, de convenance et de la grâce décente que demandait le sujet. L'Ange prêt à lancer son dard symbolique n'est qu'une espèce de Cupidon dévot, assez embarrassé de ses nouvelles fonctions, et l'état, la pose renversée de la Sainte, semblent plutôt une pamoison des sens qu'une extase de l'âme.

Les meilleures peintures de l'église sont la *Trinité*, du Guerchin; un *Crucifix* et le *Portrait de Cardinal*, du Guide.

## CHAPITRE XXII.

*Ste.-Marie-des-Anges.* — Colonnes. — Méridienne. — Cloître. — *Porta Pia.* — *Ste.-Agnès.* — *Ste.-Constance.* — *Capucins.* — *Trinité du Mont.* — Escalier. — Obélisque. — *Descente de Croix.*

Ste.-Marie-des-Anges était la salle principale des vastes

Thermes de Dioclétien : on trouve encore de l'eau à cet endroit. Michel-Ange avait quatre-vingt-huit ans quand il fit le dessin de cette église. La croix grecque, aussi altérée et alongée dans le dernier siècle, montre quel n'eût point été l'effet immense de S.-Pierre si l'on eût suivi le plan de Michel-Ange. Quelques tombeaux d'hommes célèbres de nom, plutôt que grands, sont sous le vestibule; savoir : les tombeaux de Carle Maratte, de Salvator Rosa, dont l'épitaphe exagérée, attribuée au P. Paul Oliva, général des jésuites, le déclare égal aux premiers peintres de son temps et aux premiers poètes de tous les temps [1], et d'un cardinal François Alciat, bon jurisconsulte et littérateur, comme son oncle, le fameux André. Les huit colossales colonnes de granit, restées à la même place, et enfouies à leur base par Michel-Ange, à cause de l'humidité du sol, qu'il fut contraint d'exhausser, soutenaient cette vaste salle. Un *B. Nicolas Albergati*, sur l'autel de la grande chapelle, de Graziani, est détestable. Le *S. Jérôme*, avec d'autres Saints, de Muziano, quoique bien dessiné, est d'un effet et d'une couleur âpres, désagréables. Le *S. Sébastien*, du Dominiquin, a souffert du temps et ne passe point pour un de ses meilleurs ouvrages. La *Mort d'Ananie et de Saphire*, du Pomarancio, est une de ses moins fausses compositions, à Rome. La *Chute de Simon-le-Magicien*, de Pompée Batoni, a de très bonnes parties. L'auteur peut être regardé comme le Vien de l'école romaine moderne, mais il n'a point eu de David pour accomplir la révolution qu'il avait commencée. L'*Empereur Valens, partisan des hérétiques, s'évanouissant pendant que S. Basile célèbre la messe,* du languedocien Subleyras, est extraordinai-

---

[1] *Pictorum sui temporis nulli secundum, poetarum omnium temporum principibus parem.*

rement vanté pour l'ordonnance, la couleur, les draperies. La grande méridienne a été établie, en 1701, avec une extrême exactitude, par le docte François Bianchini, aidé de l'habile astronome Maraldi.

Le vaste cloître des Chartreux, bâti par Michel-Ange, sur les Thermes mêmes de Dioclétien, dont quelques salles font encore partie des bâtimens actuels, et dont cent colonnes de travertin soutiennent les portiques, respire une certaine majesté religieuse et mélancolique qui inspire l'oubli des choses de la terre et explique la vie pénitente, contemplative du petit nombre de religieux qui l'habitent. Au milieu, est une fontaine, autour de laquelle Michel-Ange a planté quatre cyprès, arbre sombre, immobile, monumental, et qui semble assez en rapport avec le silence et l'austère gravité du cloître. A l'entrée, la grande, sage, touchante et noble statue de *S. Bruno*, d'Houdon, l'idéal de l'humilité, et que l'on pourrait prendre pour une des figures de Lesueur sculptées, honore le ciseau français. « Elle parlerait, disait le pape Clément XIV, si la « règle de son ordre ne lui prescrivait pas le silence. »

En allant à l'église Ste.-Agnès, j'ai passé par la *Porta Pia*, ouvrage de la vieillesse de Michel-Ange, et je me suis rappelé *Othon*, *Agésilas* et *Attila*. « C'est par « la *Porta Pia*, dit un peu précieusement M. Quatre-« mère, qu'ont passé et que se sont introduites toutes les « bizarreries qui plus tard devaient ruiner l'architec-« ture. »

Ste.-Agnès a conservé mieux qu'aucune autre église la forme des anciennes basiliques romaines. Cette antique église, un des plus célèbres établissemens du christianisme, fut élevée par Constantin, à la prière de sa fille Constance, au lieu même où le corps de la chaste héroïne avait été retrouvé. Sa statue est formée d'un torse antique d'albâtre oriental, avec une tête, des mains, des pieds de bronze doré, modernes. A l'une des trois nefs, quatre superbes colonnes, deux de marbre de *porta santa* et deux de *pavonazzetto,* qui comptent jusqu'à cent quarante cannelures, sont uniques par cette bizarrerie [1]. Les quatre colonnes du baldaquin, au-dessus du tombeau, sont du plus beau porphyre. A la chapelle de la Madone est un candélabre antique, et sur l'autel une tête du *Christ* assez belle, attribuée à Michel-Ange, mais à laquelle il manque la moitié du crâne.

L'église ronde de Ste.-Constance n'a point été un temple de Bacchus, ainsi qu'on l'a cru, parce que les mosaïques de la voûte offraient des feuilles de vigne et des grappes de raisin, qui, malgré la différence du culte, étaient aussi les emblêmes des premiers chrétiens. L'église paraît bâtie par Constantin, à la même époque que Ste.-Agnès, et elle servit de mausolée aux deux Constances, sa sœur et sa fille.

La simple église des Capucins a quelques tableaux : le *S. Michel,* sur soie, du Guide, beaucoup trop célébré comme un de ses chefs-d'œuvre, et dont le dessin est mou, tourmenté, l'attitude forcée, l'ajustement du plus mauvais goût, qui ne ressemble guère au S. Michel de Raphaël, véritable archange, dont le S. Michel du Guide n'est qu'un maladroit Sosie : le peintre, pour se venger de quelques critiques du cardinal Pamfili, depuis Innocent X, l'a représenté sous les traits hideux de Lucifer [2]; le *S. François* en extase, présent du Do-

---

[1] *V.* ci-dessus, chap. I.

[2] Le Guide, afin de se justifier, dit que cette ressemblance était l'effet du hasard, et que ce n'était point sa faute à lui si le cardinal était si laid. Il écrivait au cardinal François Barberini, qui lui avait commandé le tableau : *Vorrei aver avuto pennello angelico,* c

miniquin aux Capucins; une *Piété*, de Camassei, habile élève de ce dernier grand maître; le *S. Paul guéri par Ananie*, un des ouvrages les moins incorrects de Pierre de Cortone.

Les peintures de l'église S.-Isidore appartiennent aux premiers maîtres de l'époque de la décadence, fort peu estimés aujourd'hui des artistes. Ces peintures sont: deux chapelles et une *Conception*, de Carle Maratte, et le *Saint*, au maître-autel, ouvrage vanté d'André Sacchi.

La coupole de S.-André *delle fratte*, et son extravagant clocher que le mouvement des cloches fait trembler, appartiennent au Borromini. La riche chapelle de S.-François de Paule a deux anges du Bernin. La *Mort de Ste. Anne* est une belle statue de M. Paccetti. Parmi plusieurs tombeaux, on distingue ceux d'Angelica Kaufmann et du savant danois Zoega, tombeaux du nord, qui prouvent l'invincible attrait de Rome et de l'Italie pour tous les amis des arts et de l'antiquité.

Le noble escalier de la Trinité-du-Mont, quoique pas très pur, fut élevé dans le siècle dernier par un legs d'Étienne Gueffier, ancien secrétaire de l'ambassade française à Rome, qui avait fini par s'y fixer.

L'obélisque provenant du cirque des jardins de Salluste montre la magnificence de Pie VI, qui le retira de la place de S.-Jean-de-Latran, où il gisait à terre, négligé, pour l'élever dans cette belle exposition. L'église fondée par Charles VIII à la prière de S. François de Paule fut consacrée par Sixte-Quint, et ornée de peintures exécutées aux frais du cardinal de Lorraine. Aban-

---

*forme di paradiso per formare l'Arcangelo, e vederlo in cielo. Ma io non ho potuto salir tanto alto, e in vano l'ho ricercato in terra. Sicchè ho riguardato in quella forma, che nell' idea mi sono stabilita.*

IV. 8

donnée en 1798, elle doit sa restauration à la munificence du roi Louis XVIII et aux talens de Mazois. La fresque de l'*Assomption*, par Daniel de Volterre, a beaucoup souffert; il ne reste rien des Apôtres, et l'on peut à peine juger de l'ensemble de la composition; le cercle des petits Anges qui environne la Vierge est d'un bon effet. Le *Massacre des Innocens*, dont le carton seul est de Daniel de Volterre, et qui fut colorié par son élève le florentin Michel-Ange Alberti, a de fort belles parties bien conservées. La célèbre *Descente de Croix*, du même, était citée par le Poussin comme un des trois premiers tableaux de Rome. Malgré les changemens fâcheux qu'elle a subis, il en reste encore assez pour reconnaître que le Poussin l'avait parfaitement classée. On y admire l'expression, la pantomime du groupe de la Vierge et des saintes femmes, l'élévation, le dessin de la figure du Christ, qui tombe véritablement *come corpo morto cade*[1], et cet homme vu de dos, monté sur une échelle, si plein de verve, si merveilleusement dessiné. L'église a été encore ornée de peintures des élèves de l'académie de France, devenus depuis d'habiles maîtres. On remarque: un *Daniel*, un *David*, un *S. Victor* sur les pilastres, de M. Dupré; le *S. Louis déposant sur l'autel la couronne d'épines rapportée de la terre sainte*, de M. Thévenin, sagement composé, mais d'une faible exécution; un *Repos en Égypte*, de M. Schnetz; une *Flagellation*, d'une grande facilité, de Léon Pallière, jeune homme de la plus haute espérance, mort deux ans après son retour de Rome; le *Christ donnant les clefs à S. Pierre*, un des bons ouvrages de M. Ingres, et dont les têtes ont un caractère remarquable.

[1] Dante. *Inf.* can. v, 142.

## CHAPITRE XXIII.

*Panthéon.* — *Minerve.* — Obélisque. — Inscription. — *Christ*, de Michel-Ange. — Tombeaux de Léon X ; — de Bembo. — Paganisme de mœurs de la renaissance. — Tombeaux du frère Angélique ; — de Paul Manuce. — Bibliothèque *Casanatense*. — Index. — *Pontifical*.

La place du Panthéon est un marché avec une fontaine abondante, surmontée d'un petit obélisque de granit égyptien couvert d'hiéroglyphes. Le Panthéon d'Agrippa, le plus élégant édifice de Rome ancienne et le mieux conservé des monumens antiques, est encore aujourd'hui le plus beau de Rome moderne. Le simple et noble portique, dont les superbes colonnes sont de marbre d'Égypte, ce chef-d'œuvre de l'architecture grecque et romaine, qui prouve des connaissances de statique prodigieuses, offre des festons, des candélabres, des patères et autres bas-reliefs sacrés, d'une parfaite exécution. La grande porte de bronze est antique ainsi que la grille placée au-dessus. De chaque côté, dans des niches, étaient les statues colossales d'Agrippa et d'Auguste ; car celui-ci n'avait point voulu être placé dans l'intérieur du temple dont il avait refusé la dédicace, qui fut alors consacré par son ami, son ministre et son gendre, à Jupiter vengeur. Le majestueux intérieur, qui conserve en grande partie ses revêtemens antiques de marbres précieux, par une disposition bien plus habile qu'à S.-Pierre, paraît beaucoup plus vaste qu'il ne l'est réellement. Le pavé de granit, de porphyre, le plus beau des pavés de temples et le seul qui nous soit resté, suffirait à donner l'idée de la magnificence romaine, et de la beauté, de la solidité des matières qui étaient alors employées. Cet admirable monument de dix-huit siècles n'a point été *vaincu du temps*, et il n'a souffert que des hommes, qui ont arraché de sa voûte ses brillans ornemens d'argent et de bronze doré, comme l'était toujours celui des anciens. Il est intéressant de monter à l'ouverture extérieure de la coupole, afin de juger complétement de son aspect. On lit dans une relation manuscrite du sac de Rome, conservée à la Vaticane, que Charles-Quint étant venu dans cette ville en 1536, voulut se faire conduire à l'ouverture de la coupole. Un jeune gentilhomme romain, Crescenzi, qui avait été chargé de l'accompagner, avouant à son père qu'il avait eu alors la pensée de le pousser dans l'intérieur afin de venger sa patrie du sac de 1527 : « Mon fils, dit le vieil Italien, ce sont « là de ces choses qu'on fait et qu'on ne dit point. » A l'exception de la belle statue de la *Madone del Sasso*, de Lorenzetto, placée près de la chapelle où son immortel ami Raphaël est enterré, le Panthéon n'a aucun ouvrage d'art vraiment remarquable; mais il est à lui seul une suffisante merveille. L'effet du clair de lune à travers la lanterne de la coupole, et des nuages légers qui fuient dans le ciel et passent devant la face argentée de l'astre, est un effet curieux et digne d'être observé.

Derrière le Panthéon sont des restes des splendides thermes d'Agrippa, les premiers qui aient été établis à Rome, et qu'à sa mort il légua, ainsi que ses jardins, au peuple romain.

Sur la place de la Minerve un petit obélisque, autrefois devant les temples voisins d'Isis et de Sérapis, ainsi que celui de la place du Panthéon, a été mis par le Bernin sur le dos d'un éléphant, ouvrage de

Ferrata son élève. L'inscription morale et un peu subtile, est assez dans le goût maniéré de cette école [1]. L'église de la Minerve doit son nom à un ancien temple de la déesse élevé par Pompée après ses victoires. Quoique cédée depuis plus de quatre siècles aux Dominicains, qui l'ont rebâtie, par les religieuses du Champ-de-Mars (alliance de mots que l'on ne trouve qu'à Rome), cette église gothique est digne encore de son poétique nom par les monumens de l'art et les souvenirs littéraires qu'elle rappelle.

Le *Christ* en pied, de Michel-Ange, et comme armé de sa croix, est le Christ irrité, pensée qui ne pouvait venir qu'à un tel artiste. Cette figure, un de ses ouvrages les plus savans, les plus achevés, manque toutefois de l'expression, de la noblesse, de la divinité, qui conviennent au Sauveur.

La *Cène*, d'une des premières chapelles, est le dernier ouvrage de Baroccio. Un *Crucifix*, d'une petite chapelle, passe pour de Giotto. La grande chapelle des Caraffa de Naples, dédiée à S. Thomas-d'Aquin, a la *Vie du Saint*, du florentin Philippin Lippi, dont la *Dispute* est le sujet le mieux traité; la voûte, de son élève Raffaellino del Garbo, qui l'a surpassé; l'excellent tableau de l'autel, du frère Angélique; le tombeau de Paul IV (Caraffa), de l'illustre Pirro Ligorio. A la chapelle suivante on remarque le tombeau orné de vieilles mosaïques, de Guillaume Durand, français, qui avait préféré son sauvage évêché de Mende à l'archevêché de Ravenne, et dont le beau *Rationale* (de 1459) est,

[1] *Sapientiæ Egypti insculptas obelisco figuras ab elephanto, belluarum fortissimo, gestari quisquis hic vides : documentium intellige robustæ mentis esse solidam sapientiam sustinere.* Le sujet avait été pris du bizarre roman donné par le frère François Colonna, moine du xve siècle, sous le titre de *Hypnerotomachia*, ou le *Songe de Poliphile*. Cap. III, lib. 1.

selon quelques bibliographes, le premier livre imprimé en caractères mobiles et de fonte, avec date et nom d'imprimeur. On estime la voûte de la chapelle du Rosaire, de Venusti, imitateur heureux de Michel-Ange : la *Madone* de l'autel est du frère Angélique. Derrière le maître-autel sont les tombeaux de Léon X et de son cousin Clément VII, par Baccio Bandinelli. La statue du premier pape a toujours son air commun qui surprend chez le restaurateur des lettres, et avec l'élégance de ses goûts. Sa pitoyable oraison funèbre avait été prononcée par un obscur camerier, et l'on ne sait en vérité ce que faisaient alors les Bembo, les Sadolet, les Jove, les Giraldi, et tant d'orateurs fleuris, diserts, ses anciens courtisans. Au pied du mausolée de Léon X, sur le pavé, est le tombeau du cardinal Bembo, qui lui a été consacré par son fils naturel Torquato Bembo, qu'il avait eu de la Morosina : l'inscription porte qu'il a été admis dans le sacré collége *ob singulares ejus virtutes*. Ces tombes de Léon X et de Bembo, le souvenir d'Imperia[1], montrent, dans les mœurs de la société lettrée de la renaissance, un reflet du paganisme produit par les nouvelles études, une sorte d'incrédulité et de corruption antiques que l'Arioste, l'ami de Bembo, a peints énergiquement dans la satire qu'il lui adresse au sujet des difficultés et même des périls de l'éducation de Virginio, le fils préféré de ses deux enfans naturels.[2]

Près de la porte sont les trois grands mausolées des cardinaux Alexandrin, Pimentelli et Benelli, par Jacques della Porta, le Bernin et Rainaldi. Une simple pierre est consacrée à un homme plus illustre, le moine dominicain, frère Angélique, qui a mérité son doux surnom

---

[1] *V.* ci-dessus, chap. XVII.
[2] *V.* sat. VI, et plus haut, liv. VII, chap. XII et XIII.

par l'exquise délicatesse, le charme de ses figures et la sainteté de ses mœurs. L'inscription exprime assez heureusement ses talens et ses vertus [1]. Dans une colonne de la nef, vis-à-vis la chapelle de la Confrérie du Sauveur, est le tombeau de Paul Manuce, le digne fils d'Alde l'ancien. Les quatre mots de l'inscription, qui rappellent une telle origine, paraissent suffisans et très beaux. [2]

La bibliothéque de la Minerve, dite *Casanatense*, du nom du cardinal bibliothécaire de la Vaticane qui l'a le plus augmentée, et dotée, en 1700, d'une rente de quatre cents piastres, compte aujourd'hui 85,000 volumes et 4,500 manuscrits ; elle est la plus considérable de Rome en livres imprimés, et peut être regardée comme sa première bibliothéque publique. La communication des livres est accordée avec obligeance et facilité par les dominicains ; je pénétrai même dans le cabinet trop nombreux des livres à l'index [3], et j'eus fort à me louer de la politesse du R. P. Magno, le bibliothécaire depuis plus de trente ans. Le manuscrit le

---

[1] *Non mihi sit laudi quod eram velut alter Apelles,*
   *Sed quod lucra tuis omnia, Christe, dabam.*
   *Altera nam terris opera extant, altera cœlo.*
   *Urbs me Joannem flos tulit Etruriæ.*

[2] *Paulo Manutio*
   *Aldi filio.*
   *Obiit* CIƆIƆLXXIV.

Cette inscription semble avoir échappé à l'érudite investigation de M. Renouard, qui dit dans ses *Annales de l'Imprimerie des Alde* (t. III, p. 166) que Paul Manuce fut inhumé à la Minerve sans aucune inscription funéraire.

[3] Le catalogue des livres à l'index, jusqu'à l'année 1826, offrait des ouvrages que l'on était surpris d'y trouver encore, tels que les *Méditations* et presque tous les ouvrages de Descartes, le *Catéchisme historique* de Fleury, plusieurs lettres et traités de Malebranche, et l'un des plus beaux et des plus forts ouvrages en faveur de la religion, *le Traité de la Vérité de la Religion chrétienne*, par Abbadie. On voit que les arrêts de l'index sont irrévocables, puis-

plus ancien est un *Pontifical* romain du ixe siècle, sur beau parchemin, avec de curieuses miniatures représentant les diverses sortes d'ordinations, et qui appartint à Landolphe, évêque de Capoue. Une édition très rare est le *Pentateuque* en caractères hébreux, imprimé, selon quelques uns, à Sora dans le royaume de Naples, selon d'autres à Soria en Espagne, et suivant M. de Rossi, à Soura en Portugal.

Deux théologiens, chargés de réfuter les erreurs ou de résoudre les difficultés en matière religieuse qu'on pourrait leur soumettre, sont attachés à la Casanatense. Ils forment un tribunal gratuit qui n'est pas, dit-on, fort consulté. On doit toutefois rendre hommage à l'esprit éclairé et tolérant des théologiens actuels, l'un, le R. P. Magno, l'autre, le R. P. Degola, aussi bibliothécaire de la Casanatense, excellent ecclésiastique, homme érudit, plein de candeur et de charité, l'idéal du savant chrétien.

## CHAPITRE XXIV.

Eglise *S.-Louis-des-Français*. — Fresques du Dominiquin. — D'Ossat. — Tombeaux. — Fête du Roi. — *S.-Augustin*. — *Isaïe*, de Raphaël. — Goritz. — Bibliothéque *Angelica*.

LA belle église de S.-Louis-des-Français fut fondée par Catherine de Médicis, comme la Trinité-du-Mont

que la plupart de ces excellens écrits sont regardés maintenant comme les meilleures apologies du christianisme. Les ouvrages de Descartes et le *Catéchisme* portaient la formule *donec corrigatur*, mise aussi à côté du *Decameron* et des ouvrages trop libres, et qui semble là beaucoup plus raisonnable.

l'avait été par le cardinal de Lorraine. On voit que le fanatisme catholique de France à cette époque, s'il avait trop imité les fureurs et la perfidie italiennes, était, comme le catholicisme italien, magnifique et ami des arts. L'église fut dédiée en 1589 à la Vierge, à Denis l'Aréopagite et à S. Louis, roi de France. Ses peintures, ses tombeaux, la rendent très intéressante. Les fresques, du Dominiquin, représentant la *Vie et la Mort de Ste. Cécile*, forment une belle décoration. La plus remarquable est celle de la Sainte distribuant ses effets aux pauvres, admirable par la vérité de l'expression, la pantomime de ceux qui reçoivent ou qui vendent les effets qu'ils ont reçus ; il y a un juif parlant. La *Sainte* au milieu des Saints est une copie du tableau de Raphaël faite par le Guide. La grande *Assomption*, du riche maître-autel, est de François Bassan. Le *Martyre de S. Mathieu*, par Michel-Ange de Caravage, paraît inférieur à la *Vocation du même Saint*, tableau dont plusieurs têtes sont saisissantes de vérité, et l'une des meilleures productions de l'auteur pour la finesse, l'énergie d'exécution et la beauté, la force du coloris. A la sacristie, un petit tableau de la *Vierge* passe pour du Corrège.

Les tombeaux français de S.-Louis ont un caractère différent, et offrent quelques touchans contrastes : le tombeau du cardinal d'Ossat, de ce fils de maréchal ferrant devenu ambassadeur d'Henri IV à Rome, montre le mérite parvenu aux honneurs, et l'un des premiers, des meilleurs et des plus élégans écrivains français[1] ; celui de M. d'Agincourt atteste une vie pure, philoso-

---

[1] Le style de d'Ossat paraît plus moderne que son temps, et il semble appartenir à une époque où la langue était beaucoup plus formée. Il est assez singulier de trouver parmi les voyageurs d'Italie trois des écrivains qui ont le plus influé sur notre langage : Rabe-

phique, coulée au sein de Rome, dans le culte des arts et de l'antiquité; le sarcophage d'un obscur cardinal, de la Grange d'Arquien, mort âgé de cent cinq ans onze jours, le plus vieux cardinal connu, a quelque chose de patriarchal; le mausolée qui contient le cœur et les entrailles du cardinal de Bernis rappelle la dignité et le goût après une jeunesse frivole et de petits vers, et vis-à-vis le cercueil consacré à Pauline de Montmorin par M. de Chateaubriand, et dont les malheurs sont les titres et composent à peu près toute l'épitaphe, cause un vif attendrissement.

J'assistai en 1828 à la fête du Roi, célébrée avec pompe à S.-Louis. Le patriarche d'Antioche, M$^{gr}$ Mattei, avait dit la messe, qui fut accompagnée de musique, et dont quelques parties du *Gloria* furent chantées par David, de sa voix usée et devenue presque factice. Le pape Léon XII se rendit à la cérémonie et fut reçu par M. de Chateaubriand, qui ouvrit respectueusement la portière du carrosse de sa Sainteté. Après avoir entendu une basse-messe, dite à l'une des chapelles latérales par un de ses chapelains, le pape vint vénérer au grand autel les reliques de S. Louis, et, au moment de partir, il serra affectueusement les mains de notre ambassadeur, près de ce même tombeau de femme, monument de regrets d'un autre âge et d'autres temps. Une pareille circonstance dut causer une émotion profonde à l'illustre écrivain, et elle fournira sans doute une belle page à ses Mémoires. Après avoir généreusement acquitté l'impôt des mendians qui assiégeaient la porte de l'église, M. de Chateaubriand retourna au palais de France; le cortége, les livrées étaient

---

lais, Montaigne, d'Ossat. Les deux premiers, malgré leur licence, traitent la cour de Rome avec ménagement, et ils sont infiniment plus circonspects que les auteurs italiens.

superbes : la pensée de Pascal sur la supériorité de l'homme aux quatre laquais était cette fois littéralement exacte, et des coureurs précédaient le carrosse de l'auteur du *Génie du Christianisme*.

L'église S.-Augustin, bâtie en 1483 par un ambassadeur de France, le cardinal d'Estouteville, a été refaite dans le dernier siècle par Vanvitelli : sa coupole ingénieuse, de Baccio Pintelli, architecte florentin, fait époque dans l'histoire des coupoles, puisqu'elle est la première élevée à Rome. Le célèbre *Isaïe*, de Raphaël, peint par lui afin de répondre à ceux qui trouvaient sa manière trop grêle, fut composé après qu'il eut examiné les Prophètes, de Michel-Ange, dont cette figure, malgré l'admirable correction du dessin, n'a point le grandiose, la fierté. Les cinquante écus demandés par Raphaël pour sa fresque parurent un prix trop élevé, et il ne fut point chargé des autres peintures de l'église. Elle fut restaurée par Daniel de Volterre, le sacristain l'ayant, sous Paul IV, dégradée et gâtée en voulant la nettoyer. Le *S. Augustin*, le *S. Jérôme* et *S. Jean*, et les deux tableaux latéraux, sont du Guerchin. La *Notre-Dame-de-Lorette*, de Michel-Ange de Caravage, est inférieure à ses peintures de S.-Louis. Le groupe de la *Vierge, de Ste. Anne et de l'Enfant Jésus*, simple, tendre, est un des ouvrages qui ont le plus honoré le ciseau de Contucci da Sansavino, malgré quelque imperfection de dessin. Il fut commandé, ainsi que la chapelle, par le riche allemand Goritz, membre de l'académie romaine sous Léon X, le Mécène des poètes latins modernes, qui les réunissait dans sa chapelle dont ils avaient chanté la dédicace [1], et les invitait là à de copieux et bachiques soupers, parmi lesquels on s'occupait encore de vers et de littérature.

[1] *V.* le recueil intitulé *Coryciana*. Rome, 1524.

La bibliothéque *Angelica,* au couvent des Ermites de S. Augustin attenant à l'église, compte environ 85,000 volumes et 3,000 manuscrits; elle peut être regardée comme la troisième de Rome. Fondée en 1605 par le P. Ange Rocca, augustin, depuis cardinal, qui lui a donné son nom, elle s'est accrue d'une partie des livres du docte Luc Holstenius, légués par lui à son protecteur le cardinal Barberini, et, vers la fin du dernier siècle, de la riche bibliothéque du cardinal Passionei, qu'il avait si soigneusement purgée d'ouvrages jésuitiques. On distingue : une traduction syrienne de l'*Évangile*, de l'an 616; trois *Platons*, des xv° et xvi° siècles; quatre *Boëces,* dont trois *Consolations,* du xv° siècle, et les *Commentaires sur la Logique*, beaucoup plus anciens; trois *Dantes,* dont un avec des miniatures, des xiv° et xv° siècles; un volume in-fol., manuscrit, du savant cardinal Noris, qui s'était fait augustin par enthousiasme pour le saint de ce nom, avec ce titre : *Index miscellaneus auctoritatum et opinionum SS. Patrum et Scholasticorum,* et divers manuscrits cophtes et chinois inédits du P. Bonjour, missionnaire français plein de zèle et d'érudition. Une édition de la *Bible* polyglotte, de Walton, offre le passage de la préface sur les encouragemens accordés par le *Sérénissime Protecteur* (Cromwell) à cette entreprise, passage supprimé et changé sous Charles II, auquel l'ouvrage fut depuis dédié, exemple qui n'est point le seul des variations de préface.

## CHAPITRE XXV.

*Sta.-Maria in Vallicella.* — S. Philippe de Néri. — Bibliothéque. — *Ste.-Marie della Pace.* — *Sibylles*, de Raphaël. — *Ste.-Marie dell'Anima.* — *Ste.-Agnès.* — *S.-André della Valle.* — Coupole.

---

La splendide église de *Sta.-Maria in Vallicella*, dite aussi *Chiesa nuova*, intéresse par quelques unes de ses peintures. Le *Crucifix*, de Scipion Gaetani, surnommé le Vandyck romain, est d'un goût exquis. Au maître-autel, les trois tableaux de la jeunesse de Rubens sont curieux : on y voit à quel point il tentait de forcer son talent, tout de couleur et d'expression, par l'étude malheureuse de Michel-Ange; ces tableaux n'offrent ni sa verve, ni l'éclat de sa palette. Mais son génie de coloriste ne tarda point à lui revenir aussitôt qu'il eut quitté Rome. On loue la grâce d'une *Présentation de la Vierge au Temple*, de Baroccio. J'ai visité le logement de S. Philippe de Néri, dans lequel se conservent quelques meubles à son usage : la voûte a été peinte avec facilité par Pierre de Cortone, et le tableau de la petite chapelle particulière, où il disait la messe, tant l'émotion qu'il éprouvait alors était profonde, et inondait son visage de larmes, est du Guide. S. Philippe de Néri semble presque un Vincent de Paule italien; il avait, comme lui, consacré le zèle de sa charité aux pauvres, à l'enfance et à la fondation de vastes hôpitaux. Mais le génie italien se mêle à ses vertus d'apôtre; il improvisait par piété, et il inventa les *Oratorio*, qui s'exécutent encore dans son église, afin de diriger vers la religion par ces espèces d'intermèdes sacrés, composés par les premiers maîtres, et exécutés par les meilleurs chanteurs, le goût effréné des habitans de Rome pour les représentations théâtrales. Comme Vincent, il avait aussi fait une éducation particulière, celle du fils d'un gentilhomme florentin, qui probablement aura moins mal tourné que l'éducation du cardinal de Retz. S. Philippe de Néri a exercé une grande influence sur le clergé romain relativement aux principes qui régissent la confession. Il s'y montrait d'une extrême indulgence, et plein de commisération pour nos fragilités. Ses maximes sont encore pratiquées par une partie du clergé séculier de Rome, beaucoup plus indulgent, et de son temps, qu'on ne l'imagine.

La bibliothéque de S. Philippe de Néri est riche en manuscrits ecclésiastiques et historiques. On doit regretter qu'elle ne soit pas plus accessible. Le P. Conca, le bibliothécaire, était à son confessionnal lorsque je la visitai; malgré l'obligeance de ce saint et excellent homme, il ne put que venir me montrer rapidement quelques articles, et le jeune prêtre qu'il me laissa était fort inexpérimenté. Le plus ancien manuscrit est l'*Explication des Psaumes*, par S. Augustin (*Enarrationes in Psalmos*), in-fol. parchemin, 116 pages, du VI$^e$ ou du VII$^e$ siècle, que Mabillon n'a point indiqué. Une *Bible* latine, du VIII$^e$ siècle, attribuée, d'après l'inscription, à Alcuin, mérite peut-être plus cet honneur que l'exemplaire promené et mis si bruyamment en vente à Paris il y a quelques années. Je remarquai encore des pièces nombreuses sur l'histoire de France pendant les règnes de Henri III, Henri IV et Louis XIV, précieux documens qui sont enfouis.

Les quatre *Sibylles*, de Raphaël, commandées par son protecteur et son ami le banquier Augustin Ghigi, font la gloire de l'église Ste.-Marie *della Pace :* la vieille sibylle à droite et celle qui est assise et tourne la tête à gauche, sont admirables, et suffisent pour donner une idée de la beauté de l'ouvrage, malgré toutes les dégradations et restaurations dont il a été victime. Les quatre tableaux de l'élégante coupole sont estimés. La *Mort de la Vierge,* variée, d'un bon effet, est le chef-d'œuvre de Morandi ; le premier de ces tableaux est la *Présentation de la Vierge,* de Balthazar Peruzzi, qui a fait aussi d'excellentes peintures prises de l'Ancien Testament, et de grandes figures en haut à la dernière chapelle. Les fresques gracieuses de la voûte du maître-autel sont de l'Albane. Le cloître est une élégante construction du Bramante.

Sur la façade remarquable de l'église de Ste.-Marie *dell' Anima,* de l'architecture de Julien San-Gallo, est cette juste inscription : *Speciosa facta est.* L'église a de bonnes peintures à la troisième chapelle, de Sermonetta, heureux imitateur de Raphaël ; une copie en marbre de la *Piété* de Michel-Ange, par Nanni di Baccio Bigio ; la belle *Madone,* de Jules Romain, endommagée par une inondation du Tibre et des restaurations ; le tombeau d'Adrien VI, du dessin de Balthazar Peruzzi, sculpté par Michel-Ange Senese et le Tribolo, et le tombeau de Luc Holstenius, célèbre préfet de la Vaticane.[1]

La façade, les deux clochers, la coupole de la riche église Ste.-Agnès, sont les moins bizarres ouvrages du

---

[1] Holstenius, qui avait abjuré le protestantisme, eut pour successeurs à la Vaticane Léon Allatius, originaire de l'île de Chio, et ensuite Evode Assemani, du mont Liban ; ce qui donna lieu au plaisant distique :

*Præfuit hæreticus ; post hunc schismaticus ; at nunc*
*Turca præest : Petri bibliotheca, vale.*

Borromini, quoique les clochers paraissent trop haut avec la largeur du frontispice. Tous les bas-reliefs de l'église sont du plus mauvais goût, y compris même le bas-relief du souterrain, si vanté, d'Algardi. Ce souterrain était, dit-on, le lieu de débauche dans lequel la sainte fut exposée, et où la crue subite de ses cheveux sauva sa pudeur des tentatives des habitués. Ce sujet, qui pouvait être d'un si grand effet, n'a été traité par Algardi qu'avec afféterie, et il a rendu pauvrement le nu. Un *S. Sébastien*, d'une chapelle de la croisée de l'église, est une statue antique, arrangée en saint par Paul Campi.

La vaste église S.-André *della Valle*, commencée par Pierre-Paul Olivieri, malgré les défauts du temps, est magnifique, et très remarquable par ses peintures. Le chœur est un des bons ouvrages de Lanfranc : les quatre pendentifs du Dominiquin, d'une exécution large, facile, pure, sont du plus grand style de ce maître. Le *Saint Jean* est admirable de grâce, de vigueur, de coloris. La chapelle Strozzi, du dessin de Michel-Ange, a sa *Piété* en bronze, dont la Vierge portait assez ridiculement un gros cœur d'argent suspendu à son col par un collier de corail.

Ste.-Catherine *de' Funari* a quelques ouvrages : une *Assomption*, de Scipion Gaëtani; une belle copie de la *Ste. Marguerite*, d'Annibal Carrache, par son élève Massari, qu'il a retouchée ; le dragon est refait.

## CHAPITRE XXVI.

*S.-Nérée et Achille. — S.-Sébastien. — Catacombes. — S.-Paul-hors-des-murs; — de sa reconstruction. — S.-Paul-aux-trois-Fontaines. — S.-Vincent et S.-Anastase. — Sta.-Maria-scala-Dei. — Ste.-Sabine. — Bocca della Verità.*

L'ancienne église de S.-George *in Velabro*, qui existait du temps de S. Grégoire-le-Grand, qui fut dans le moyen âge appelée par corruption *ad velum auri*, que plusieurs papes et cardinaux entretinrent et embellirent, dont les peintures de la tribune sont de Giotto, ce vénérable monument aurait péri de nos jours s'il n'eût été défendu par la piété de quelques uns de ses ouvriers.

La petite et ancienne église, de noms homériques, des saints Nérée et Achille, fut rebâtie par le cardinal Baronius, son titulaire, qui lui conserva sa vénérable forme, qu'il a, dans une inscription mise sur une pierre de marbre, prié ses successeurs de ne point lui ôter. Elle a ses deux *ambons* primitifs et la chaire en marbre, d'où S. Grégoire prononça une de ses plus belles homélies, la vingt-troisième, que l'on y a gravée en partie. La fresque représentant un *Concile*, qui décore la tribune, est un ouvrage de beaucoup de talent; plusieurs têtes sont parfaites.

L'illustre basilique S.-Sébastien a été refaite en 1611 par le cardinal Scipion Borghèse. Ses célèbres Catacombes, pratiquées dans les carrières de pouzzolane que creusaient les Romains pour cimenter leurs immenses constructions, s'étendent à environ six milles. Les auteurs ecclésiastiques racontent que quatorze papes et 170,000 martyrs furent ensevelis dans ces tortueuses galeries, cavernes de la foi. A l'entrée le *Saint* est un bel ouvrage du Bernin.

J'ai vu les travaux de la reconstruction de S.-Paul en pleine activité, et j'ai regretté cette énorme dépense, au milieu d'un désert infect[1], qui ne donnera qu'une substitution imparfaite de la vénérable basilique fondée par Constantin, rebâtie par Valentinien II et Théodose, et terminée sous Honorius. Sous le rapport de l'art et de l'effet pittoresque, je ne crois pas qu'une telle reconstruction fût très désirable. Il semble que cette forêt de colonnes, ravagée, calcinée par le feu, que ce pavé de marbre et détruit, que l'on prendrait pour les débris d'une voie antique, que cette voûte brisée, ces grands murs pantelans, que tout cela, revêtu de la parure que le temps et la nature ajoutent aux ruines, fût devenu admirable. Malgré sa prétention de tout rétablir, la restauration actuelle, si jamais elle s'opère, détruira l'air d'antiquité que le monument conservait encore, et j'ai vu démolir certaines parties qui n'entraient point dans son plan.

Parmi les objets échappés à l'incendie de 1823, on remarquait la façade avec sa mosaïque endommagée de 1280; les médiocres bas-reliefs antiques d'un tombeau sous le portique, offrant l'*Apothéose d'un Poète*, le *Supplice de Marsyas*, et de petits génies sur un navire qui entre dans le port, emblême de l'autre vie : le tombeau devint, dans le xiie siècle, la sépulture de Pier Léone, petit despote de Rome, au temps de ses séditions; quelques restes de la grande porte de bronze, exécutée en 1070 à Constantinople, aux frais du con-

---

[1] L'air de S.-Paul était autrefois très salubre ; les papes même allaient y passer l'été. Il paraît que la coupe d'un bois, sous Pie VI, à cause des brigands, a contribué à *la mal' aria* actuelle.

sul romain de cette époque, Pantaléon, contemporain d'Hildebrand; les quarante colonnes des deux petites nefs latérales, la superbe mosaïque de 440, faite par S. Léon, représentant le *Christ et les vingt-quatre Vieillards de l'Apocalypse,* et *S. Pierre* et *S. Paul,* le maître-autel de 1281, où sont une moitié des corps de ces deux apôtres.

S.-Paul-aux-trois-Fontaines, rebâti à la fin du xvi<sup>e</sup> siècle par le cardinal Aldobrandini, a une belle façade, de l'architecture de Jacques della Porta. On y voit les trois fontaines qui jaillirent à la place où bondit trois fois la tête de l'apôtre, décapité par faveur en sa qualité de citoyen romain.

S.-Vincent et S.-Anastase, de la moitié du vii<sup>e</sup> siècle, église simple, régulière, a sur ses pilastres les *douze Apôtres,* fresques dégradées de Raphaël.

La dernière des trois églises, voisines de S.-Paul, fondées au lieu dit les eaux Salviennes (*ad aquas salvias*), est *Sta.-Maria-scala-Dei,* de l'architecture de Vignole. On regarde la mosaïque de la tribune, du florentin François Zucca, comme le premier ouvrage moderne de ce genre qui soit de bon goût.

Ste.-Marie-du-Mont-Aventin, surchargée d'ornemens dans le dernier siècle, par Piranesi, a un sarcophage antique, devenu le tombeau d'un évêque Spinelli, dont le profane bas-relief représente Minerve et les Muses.

Ste.-Sabine, monastère de Dominicains, dans une ravissante situation, a sur la porte de l'église une inscription en mosaïque, qui la dit fondée en 425 par un prêtre illyrien, nommé Pierre, sur l'emplacement de la maison de la sainte, près du temple de Diane et de Junon. Le célèbre *Rosaire,* de Sasso Ferrato, passe pour l'un de ses plus gracieux ouvrages. Le tombeau d'un Donicain espagnol, de 1300, mosaïque composée de petites pierres noires et blanches, sur un fond de marbre blanc, est remarquable par la composition de la figure du religieux. C'est à Ste.-Sabine que l'on se donne rendez-vous, et que l'on s'explique à la sortie du carnaval; les intrigues commencées dans le Corso se dénouent dans cette église, non loin de l'ancien temple de la chaste Diane et de l'auguste Junon.

L'église de Ste.-Marie *in Cosmedin*, appelée *la Bocca della Verità*, bâtie sur les ruines encore visibles d'un temple antique, mais incertain, qui lui a fourni d'élégantes colonnes, tire son beau surnom du grand masque, mis sur le portique, de la bouche duquel on dit aux enfans que les menteurs ne peuvent retirer la main. La forme concave de ce rond de marbre indique qu'il a pu servir d'embouchure à quelque ancien cloaque.

## CHAPITRE XXVII.

*Ste.-Cécile.* — Statue de la sainte. — Hospice S.-Michel. — *Ste.-Marie in Trastevere.* — Transteverins. — Monastère de *S.-Calixte.* — Bible de S. Paul.

Ste.-Cécile a dans sa cour un vase antique de marbre d'une grande et belle forme. La statue couchée de la sainte, d'Etienne Maderne, quoique un peu entachée de la recherche du temps, est d'une expression de pose admirable. Cette figure attache et parle singulièrement à l'âme. Quelques personnes l'ont crue du Bernin, et l'on serait tenté de la lui attribuer. Une inspiration aussi heureuse n'a pu appartenir qu'à un homme de génie.

Le vaste hospice S.-Michel est un des plus splendides établissemens de charité. Il réunit au-delà de sept cents personnes. Indépendamment de ses vieillards infirmes des deux sexes, de son conservatoire de pauvres filles, de ses divers ateliers d'arts mécaniques, de sa grande filature, de sa fabrique de drap destiné à la troupe, l'on y enseigne libéralement à de pauvres enfans la peinture, la sculpture, l'architecture, la gravure : plusieurs de ces élèves de la charité sont devenus d'habiles artistes, et l'on voit, exposés dans une des salles, quelques uns de leurs ouvrages. A la vérité le précepte *Soyez plutôt maçon* est parfaitement mis en pratique à S.-Michel, et l'on renvoie sans pitié, au bout de quelques mois, à l'école des métiers, les élèves qui ne justifient point les espérances qu'ils avaient données. J'avais visité l'hospice S.-Michel avec un jeune Français de mérite, M. A\*\*\*\*\* de Ch\*\*\*\*\*, ancien auditeur au conseil d'état, appartenant à l'une de ces familles administratives de l'Empire et de la Restauration, si intègres, si éclairées, si zélées pour le bien public. Il parut très satisfait du régime de la maison, dont le visiteur apostolique nous fit les honneurs avec infiniment d'obligeance et de politesse. Peut-être y avait-il en France plus d'habileté dans la tenue des registres et les formes de la comptabilité, mais il était impossible de porter plus loin la surveillance et la sollicitude pour les individus.

S.-François a la gracieuse et joyeuse *Madone* du Baciccio, un de ses meilleurs ouvrages. Au-dessous, la statue de la B. Louise Albertoni mourante, du Bernin, est d'un beau caractère de tête, mais les mains ne valent rien, et les draperies sont excessivement recherchées.

La riche et belle église Ste.-Marie *in Trastevere* contraste avec la solitude et l'espèce de sauvagerie des habitans de cette partie de Rome. Les mosaïques de la façade extérieure, représentant la *Vierge, l'Enfant Jésus et les dix Vierges prudentes,* du XII$^e$ siècle, furent restaurées dans le XIV$^e$ par Pierre Cavallini. Les colonnes ioniques, en granit, de la nef doivent provenir d'un temple d'Isis et de Sérapis, puisqu'elles offrent les figures des deux divinités égyptiennes, ainsi que celle d'Harpocrate. L'*Assomption*, du Dominiquin, peut être regardée comme une des premières fresques de Rome pour le coloris. Près la sacristie le mausolée du cardinal Philippe d'Alençon, de la fin du XIV$^e$ siècle, est un monument de l'architecture, de la sculpture et de la peinture de cette époque : l'auteur paraît le sculpteur romain Paul, qui a fait aussi le mausolée voisin du cardinal Stefaneschi. Parmi les pierres sépulcrales, on distingue celles des peintres Lanfranc et Cyrus Ferri, et du docte Bottari, préfet de la Vaticane, mort à quatre-vingt-six ans.

Je me rappelle avoir vu exposée à Ste.-Marie *in Trastevere*, le visage découvert, comme il est d'usage en Italie, une jeune fille qui venait de mourir ; elle y avait été mise la veille, et devait y rester tout le jour ; des messes se célébraient aux divers autels : cette lenteur dans la dernière séparation, cette publicité de la mort, avaient quelque chose de touchant, et ne ressemblaient point à la barbare et clandestine précipitation de nos enterremens. La jeune morte était habillée en religieuse, et même avec une sorte de luxe, car son voile était bordé d'or. Il est vrai que cette publicité devient assez profane pour les grands et les riches. J'ai rencontré le convoi d'un ambassadeur d'Espagne, qui avait sur la tête son chapeau à plumes. Le corps du vieux Torlonia, dans le même costume, avec une longue épée au côté, fut étendu sur le plancher de la salle de bal de son palais, et presque foulé par le peuple attiré pour le contempler.

Les fiers Transteverins, dont il a été tant parlé, conservent encore à travers de leur dévotion et de leur fanatisme nouveau, des traces de l'énergie et de la hauteur de leurs ancêtres. Comme le peuple ancien, le peuple actuel de Rome est prompt encore à s'émouvoir par les spectacles. Son bruyant carnaval n'est qu'un renouvellement des saturnales. On me contait qu'un Suisse de la garde papale écartait à plusieurs reprises un de ces hommes curieux de voir de trop près la prière du pape à S.-Pierre : la dernière fois, le Transteverin reculant, apostropha ainsi en grondant le hallebardier : *Barbaro, son di sangue romano, anche trojano.* Castiglione cite le trait d'un paysan, qui, allant chez le podestat déclarer le vol de son âne, terminait sa plainte et l'éloge de cet âne, en disant que, lorsqu'il avait son bât, il semblait véritablement un Cicéron[1]. Ce mélange d'imagination et de souvenirs de l'antiquité se retrouve même dans le langage des femmes du peuple; et une jeune Romaine qui voyait passer un beau garçon, trouvait qu'il était *Console di beltà*. Les gens de la campagne répètent familièrement les mots de *via Appia*, de *via Flaminia*, en vous indiquant votre chemin. Nulle part la recommandation de la bonne mine n'a autant d'effet qu'à Rome, et les bossus ou les gens contrefaits y semblent à peine des hommes. Le cardinal Odescalchi, d'un visage agréable, prêchait quelquefois avant d'être cardinal; les commères romaines se réunissaient alors au-dessous de la chaire, et faisaient

---

[1] *Che quando aveva il suo basto addosso, parea propriamente un Tullio.* **Cortegiano**, Lib. II.

une véritable scène en exprimant leur admiration pour sa figure. Un cardinal Lante avait été surnommé le cardinal *Carino* (charmant), et il portait familièrement ce titre dans la société.

Près de Ste.-Marie *in Trastevere* est le vaste couvent de religieux bénédictins de S.-Calixte, qui semble un palais, mais dont le jardin, malgré ses orangers, n'est qu'une espèce de potager assez négligé. J'eus quelquefois le plaisir de visiter à ce couvent le R. P. Bini, procureur-général des Bénédictins, ancien professeur à l'université de Pérouse, dont il a commencé une histoire estimée, et homme d'un vrai mérite. S.-Calixte possède la superbe Bible latine de S. Paul, manuscrit de la fin du VIII$^e$ siècle ou du commencement du IX$^e$, que l'on a été jusqu'à regarder comme un présent de Charlemagne, célèbre manuscrit, remarquable par sa richesse, sa conservation, la beauté des caractères, la grandeur sans égale des majuscules, la multitude, la variété, l'élégance des ornemens, mais dont le dessin des miniatures, quelquefois assez ingénieuses, est horriblement incorrect, trivial et faux. L'énorme frontispice représente, d'un côté, l'empereur avec deux écuyers, et de l'autre, l'impératrice avec une de ses dames : on ne sait véritablement point si l'empereur est Charlemagne ou son triste petit-fils Charles-le-Chauve, quoique le front pelé et la vulgarité des traits de la figure semblent assez convenir à ce dernier ; l'impératrice alors serait peut-être sa seconde femme, l'impérieuse Richilde, pour laquelle il avait porté la condescendance maritale jusqu'à céder à sa fantaisie de présider un concile.

## CHAPITRE XXVIII.

*S.-Chrysogon.* — *S.-Pierre in Montorio.* — Petit temple du Bramante. — *Palazzina.* — *S.-Onuphre.* — Tombeau du Tasse. — Guidi. — Porte de *San-Spirito.* — *Trinité des Pélerins.* — *S.-Charles a' Catinari.* — Pendentifs du Dominiquin. — Annibal Caro. — *S.-Jean-des-Florentins.* — Zabaglia.

L'ANCIENNE église de S.-Chrysogon fut refaite avec magnificence par le cardinal Scipion Borghèse, sous la direction de Soria. Le *Saint transporté au ciel* n'est qu'une copie de l'excellent tableau de la seconde manière du Guerchin passé en Angleterre. La *Madone*, du Cav. d'Arpino, se recommande par un coloris moins faible qu'il ne lui appartient.

S.-Pierre *in Montorio*, que l'on croit remonter à Constantin, fut rebâti à la fin du xv$^e$ siècle par Baccio Pintelli. La chapelle Borgherini, la première à droite, peinte lentement en six années par Sébastien del Piombo sur les dessins vigoureux de Michel-Ange, est le résultat de la ligue de celui-ci avec Sébastien, son élève favori, contre Raphaël, qui avait été placé au-dessus de Michel-Ange pour l'invention et le coloris : à la voûte, se voit une *Transfiguration*; le Christ de la *Flagellation* ne vaut pas les bourreaux. C'est au maître-autel de S.-Pierre *in Montorio* que fut admirée pendant plus de deux siècles la *Transfiguration*, aujourd'hui remplacée par une image de la Madone, dite *della lettera*, plus vénérée, plus populaire que la merveille de Raphaël. Les statues de *S. Pierre* et de *S. Paul*, à la chapelle S.-Jean, sont de Daniel de Volterre et de son élève Léonard de Milan : la superbe balustrade de jaune antique a été formée de colonnes provenant des jardins de Salluste. On attribue, sans beaucoup de fondement, les peintures de la chapelle suivante à Vandyck, venu à Rome pour y faire un long séjour, mais qui fut obligé d'en partir promptement à cause de l'inimitié des nombreux artistes flamands, ses compatriotes, qui ne pouvaient lui pardonner de ne pas s'entasser dans leurs hôtelleries et de vivre plus honnêtement qu'eux. Quel que soit l'auteur de ces peintures fort endommagées, représentant le *Christ mort* et divers sujets de la *Passion*, elles rappellent la verve d'exécution de Michel-Ange de Caravage, mais le dessin est encore plus ignoble. Au milieu du cloître, le petit temple circulaire du Bramante, malgré quelques critiques, est un des plus élégans, des plus gracieux chefs-d'œuvre de l'architecture.

La *Palazzina*, hôpital des fous, comptait 397 individus, dont 235 hommes et 162 femmes ; ils n'étaient point tous exclusivement catholiques ; il y avait quelques Anglais protestans et deux Juifs. Les folies furieuses n'étaient guère que de cinq à six parmi les hommes et de huit parmi les femmes. Les rudes traitemens autrefois en usage étaient encore appliqués, en 1826, à ces infortunés ; ils étaient attachés, enchaînés, et les *aguzzini*, armés de nerfs de bœuf, les menaçaient et les frappaient. Parmi les simples aliénations, quelques unes étaient produites chez les femmes par les scrupules religieux, par la peur de l'enfer ou par les chagrins de l'amour, maladies communes de ces âmes fanatiques ou passionnées.

Le couvent et l'église de S.-Onuphre sont immortalisés par la mort et le tombeau du Tasse. Sous le portique, trois belles fresques attribuées au Dominiquin semblaient une noble décoration à l'humble sépulture du poète. Un monument s'élève lentement au chantre de la Jérusalem ; les rois et les empereurs y ont souscrit, mais je doute que ce pompeux et froid mausolée produise l'impression profonde de la petite pierre de marbre, mise provisoirement par les moines, et dont la courte inscription commençait par les mots *Torquati Tassi ossa*. Celle-ci vous reportait aux derniers momens de ce grand homme, et rappelait l'asile religieux que son ardente piété avait choisi [1]. Un autre tombeau de poète, que l'on remarque à peine à côté de la cendre du Tasse, est celui d'Alexandre Guidi, grand lyrique, surnommé le Pindare italien, et digne d'être plus connu [2]. Le tombeau de Jean Barclay, l'auteur de l'Argenis, allégorie satirique entremêlée de prose et de vers, célèbre sous Louis XIII, est un autre tombeau littéraire qu'efface la petite pierre du Tasse. Le maître-autel de S.-Onuphre a en bas de bonnes peintures de Balthasar Peruzzi, et en haut du Pinturricchio. Dans un corridor du monastère, une tête de *Vierge* à fresque, assez belle, est de Léonard de Vinci. L'on montre dans le jardin l'arbre du Tasse, parce que, dit-on, il se reposait sous son ombre. J'aime à croire à l'illustration de ce vieux

---

[1] *V.* ce passage de la lettre du Tasse à son cher Costantini : *Mi sono fatto condurre in questo monastero di Sant' Onofrio, non solo perchè l'aria è lodata da' medici, più che d'alcun' altra parte di Roma, ma quasi per cominciare da questo luogo eminente, e colla conversazione di questi divoti Padri, la mia conversazione in cielo.* Lett. CXCVI.

[2] La mort de Guidi eut une cause extraordinaire. Comme il se rendait à Castel-Gandolfo pour offrir à Clément XI le bel exemplaire avec figures de six homélies du pontife, qu'il avait mises en vers, il découvrit en chemin une faute d'impression, qui le pénétra d'une telle douleur, qu'arrivé à Frascati il fut frappé d'apoplexie, et expira quelques heures après. Le trépas bibliographique de Guidi montre qu'il était encore plus sensible aux fautes typographiques qu'Alfieri, qui s'en plaignait si vivement, et à qui elles faisaient faire *del sangue verde*, selon l'énergique expression italienne.

chêne; il est dans une vue magnifique, près d'une jolie fontaine, et il semble mériter l'honneur d'avoir offert au Tasse l'hospitalité de ses rameaux.

La porte de San-Spirito, que la mort d'Antoine San-Gallo a laissée inachevée, est un des meilleurs, des plus énergiques modèles de porte connus. Il paraît que la rivalité jalouse de Michel-Ange s'opposa à ce qu'elle fût terminée, car le plan de San-Gallo était arrêté, et sa porte eût été la plus belle de Rome.

L'église de la Trinité des pélerins a la *Trinité* et une figure du *Père éternel*, célèbres et médiocres ouvrages du Guide.

A l'église de S.-Charles *a' Catinari* sont : *la Procession commandée par S. Charles lors de la peste de Milan*, un des meilleurs ouvrages de Pierre de Cortone; la fresque, demi-figure du même *Saint*, du Guide; les quatre pendentifs des *Vertus cardinales*, ouvrage large, facile, savant, du Dominiquin, dont le pinceau n'est pas toujours aussi léger, aussi hardi; la *Mort de Ste. Anne*, le chef-d'œuvre d'André Sacchi. Un des plus instruits et des plus sages apologistes de la religion, le cardinal Gerdil, dont Rousseau même, son adversaire, a parlé avec ménagement, est enterré dans cette église.

L'antique église S.-Laurent *in Damaso*, refaite par le cardinal Riario, neveu de Sixte IV, en 1495, et restaurée en 1820, a deux illustres tombeaux littéraires, celui du pur, élégant et classique Annibal Caro, dont le buste est de Dosio, et celui de Sadolet, qui avait été chanoine de S.-Laurent, un des plus anciens chapitres de Rome.

Michel-Ange voulait faire de l'église S.-Jean de ses compatriotes « un temple tel que *les Grecs et les Romains*, leur disait-il, *n'en eurent jamais* », mais les fonds manquèrent : on ne sait ce que devint le beau modèle qu'il avait imaginé, et l'église actuelle n'a aucun rapport avec ce projet. Le *S. Côme* et le *S. Damien*, de Salvator Rosa, est un de ses tableaux les plus considérables, et sur lequel il avait le plus compté pour établir sa réputation ; il y a de la verve d'exécution et une certaine chaleur de coloris, mais il n'est qu'une preuve de plus que l'artiste manquait d'études et qu'il ne savait pas dessiner. A la chapelle du Crucifix, peinte par Lanfranc, on cite le raccourci du *Christ* qui monte au ciel.

L'église de Ste.-Marie *della Traspontina*, dont la *Ste. Barbe* est un des ouvrages les plus vantés du Cav. d'Arpino, a le tombeau de l'illustre mécanicien Nicolas Zabaglia, ouvrier de génie comme Ferracino [1], mort à quatre-vingt-six ans, architecte de S.-Pierre, sous Benoît XIV, qui aimait son naturel et ses saillies, et inventeur de l'échafaud roulant et des machines au moyen desquels on parvient aux parties les plus élevées de l'immense basilique.

## CHAPITRE XXIX.

Palais. — Du Palais Romain. — *Corso*. — Pavé. — Palais *Ruspoli*. — Escalier. — Cafés de Rome. — Épée de François Ier.

L'ASPECT du Palais Romain, imposant et sévère, a, si l'on peut le dire, quelque chose d'égoïste : ce n'est point là cette architecture publique des anciens Romains avec ses forum, ses thermes, ses amphithéâtres faits pour la multitude, mais c'est la vaste, la hautaine demeure de maîtres étrangers aux intérêts, aux

[1] *V.* Liv. v, chap. xxxvii.

affaires et à la vie de leur société. Cet aspect du Palais Romain offre les plus bizarres contrastes : ses fenêtres grillées lui donnent l'air d'une prison ; l'herbe croît dans la cour, au fond de laquelle on aperçoit un gros carrosse, seule trace de magnificence moderne parmi tout le reste. L'escalier de marbre est si mal lavé qu'il paraît gris ou noir, et ses colonnes sont garnies de toiles d'araignées. Au premier étage, toujours si élevé, l'on voit dans l'antichambre un haut baldaquin couvert des armoiries du maître, privilége particulier aux princes et à quatre marquis romains appelés, pour cela, marquis *baldaquinés,* et sur la balustrade de ce monument de vanité traînent les plus vulgaires instrumens du service. Mais au milieu de toutes ces horreurs, le plafond est souvent une vaste peinture, ouvrage de quelque grand maître. Les gens nombreux sont sales et lents : le *custode,* domestique renforcé, chargé de l'explication des tableaux, dont il s'acquitte quelquefois très bien, tant le goût des arts est naturel aux Italiens, vous conduit dans les autres appartemens, où les mêmes contrastes se prolongent : le pavé, s'il n'est pas de mosaïque, est un carreau de briques mal joint ; les chambranles des portes sont de marbre, et dans le salon, à côté des plus admirables peintures, de colonnes de vert antique ou de lapis lazuli, sont des meubles mesquins, une vieille et petite pendule, de gros fauteuils qui semblent comme fixés à leur place et n'avoir point été remués depuis des siècles, et un petit canapé étroit et dur. Ce n'est point là ce salon social de France, avec son ameublement simple, élégant, commode, arrangé pour la conversation, avec son piano, sa harpe, ses livres, ses fleurs et son album, et qu'il suffit de traverser pour sentir le charme de la vie que l'on y mène. Il n'y a jamais de fleurs dans ce salon, et la vue d'une rose dans les appartemens ferait tomber en syncope toutes les dames romaines. On montrait une belle anémone à l'une d'elles, qui répondait, charmée : *è tanto più bella che non puzza niente* [1]. Au lieu de la flamme joyeuse du foyer, on n'aperçoit qu'une sombre et malsaine brasière. Enfin cette majestueuse demeure, monument d'une gloire évanouie, assez en harmonie, d'ailleurs, avec la gravité du gouvernement pontifical, semble faite plutôt pour être parcourue que pour être habitée ; l'on n'y sent ni la douceur de la vie de famille, ni l'éclat et les plaisirs du monde, et le *transeuntibus* lui va, dans un sens différent, comme à la Chartreuse.

L'éternel *Corso*, bordé de palais et de boutiques, vieille réputation de rue peu méritée, réunit à la fois la petite industrie de Rome, et l'ennui et les vanités de ses grands, qui viennent chaque jour les y étaler en carrosse, à des heures différentes, selon les saisons. Le Corso est favorable à l'opinion qui regarde la population comme moyen de salubrité : l'air de cette rue marchande passe pour le meilleur de la ville, tandis que de belles et solitaires villa sont empestées. Les trottoirs du Corso, élevés et inégaux, au lieu d'être un abri, sont, le soir surtout, véritablement meurtriers. Au milieu de sa décadence, Rome conserve quelques traces de splendeur qui n'appartiennent qu'à elle. Le pavé de ses rues est encore aujourd'hui de basalte, noble pavé qui n'en est ni plus doux ni plus commode, et dont les chevaux surtout doivent fort peu goûter l'antique ma-

[1] « Elle est d'autant plus belle qu'elle ne pue point. » Ce vilain mot de *puzzare* est le terme ordinaire pour désigner le parfum des fleurs. Il paraît que le goût de cette dame pour les fleurs inodores n'a point été contagieux à Rome, car parmi les spéculations malheureuses d'un actif et estimable manufacturier romain, M. Vincent Nelli, telles que la fabrication du salpêtre, des cristaux, des papiers peints, était une opération sur la culture des renoncules.

jesté. Les bornes sont formées d'anciennes colonnes de temples et de portiques, et elles ont conservé leur noble nom de *colonnette*.

Le palais Ruspoli, de l'architecture de l'Ammanato, est d'une ordonnance sage, pure, bien entendue; son célèbre escalier, du jeune Martin Lunghi, dont les cent quinze marches en marbre blanc sont chacune d'un seul bloc, passe pour le plus beau de Rome. Un vaste café, le premier de la ville, occupe tout le rez-de-chaussée. Les salles, assez négligées, furent peintes par deux artistes français, MM. Léandre et François, noms peu illustrés. Dans chacune des embrasures des fenêtres est un *crocchio* (cercle) différent, celui des avocats, des négocians, etc.: le plus intéressant est celui du *Journal Arcadique,* revue littéraire de Rome, où je rencontrais avec plaisir quelques uns des rédacteurs de talent, le vieux et original Amati, savant helléniste; Betti, littérateur distingué, secrétaire de l'Académie de S.-Luc; le marquis Biondi, homme instruit et bon poète [1]. Les cafés de Rome, dans ce pays absolu, sont à peu près, comme soupirail, comme soupape de l'opinion, ce que sont nos journaux et notre opposition : ce qui s'imprime à Paris se dit là; l'énergie, l'âpreté du sarcasme des habitués, leur censure violente de la cour romaine, des actes du gouvernement, et cela même de la part de ses agens, font assez juger de ce que serait, chez un tel peuple, la liberté illimitée de

---

[1] Le Journal Arcadique est le champion outré, et quelquefois assez brutal, des doctrines classiques, comme la grave Anthologie de Florence cherche à propager les doctrines nouvelles. La Bibliothéque italienne de Milan exerce une espèce de neutralité ; mais cette feuille, dirigée principalement par M. l'abbé Gironi, bibliothécaire de Bréra, et à laquelle travaillent encore quelques hommes instruits, est bien déchue de ce qu'elle était au temps des Monti, des Perticari, des Giordani, et même de leur successeur Acerbi.

la presse. Je me rappelle qu'un de ces habitués prétendait plaisamment que la pauvre Italie était comme coupée en tartines dont la plus sèche était l'État du Pape. Chaque café a son caractère et, comme l'on dit d'un journal, sa *couleur.* Le café *Greco* ou de la *Barcaccia* est le rendez-vous des artistes français, italiens, allemands; on y fume, on y parle haut et avec franchise et conscience des nouveaux ouvrages et des diverses réputations. Le café du *Monte-Citorio*, dit *de' Babbioni*[1], est celui des professeurs et des savans. J'y ai connu quelques hommes d'un rare mérite, et il y a un président du *crocchio*. Le café de la fontaine Trevi est le siége de l'abbé Fea; c'est le café des antiquaires; il n'est pas le moins connu, et les paysans même y apportent les médailles ou les morceaux de brique qu'ils ont découverts au milieu des champs. Dans ces diverses réunions on s'occupe très vivement de la chronique du jour, car les Romains actuels ne sont ni moins curieux ni moins nouvellistes que ceux du temps d'Horace et de Juvénal.

L'ancien Palais Nunez, habité par M. Jérôme Bonaparte, n'a plus la belle collection de tableaux formée par son frère Lucien. L'Europe a admiré la noble conduite de la princesse, femme du premier, qui ne l'avait point recherché dans sa puissance et ne l'a point quitté depuis sa chute. On voit au palais Nunez l'épée de François I$^{er}$, rendue à Pavie, reprise en Espagne par nos armes, et donnée en 1815 par Napoléon à M. Jérôme Bonaparte. Le sang français n'avait point coulé pour qu'elle fût là. Bonaparte, après Charles-Quint, porta cette brillante épée, dont les ornemens sont exquis; il a fait ôter les armes de France, et les a remplacées par

---

[1] Des vieux papas, des vieilles ganaches : *Babbioni* est peut-être aussi un augmentatif de *Babbio*, qui signifie mine rébarbative.

un camée qui le représente à cheval devant les Pyramides. Le palais Nunez est aujourd'hui peu remarquable sous le rapport de l'art, et il n'a de monumens qu'une femme et une épée.

## CHAPITRE XXX.

Palais *Ghigi*. — Bibliothéque. — Ancienne musique française. — L'Antiquaire romain. — Place Colonne. — Colonne Antonine. — Obélisque, palais de *Monte-Citorio*. — Loterie. — Douane.

Le palais Ghigi, dont le maître actuel, le prince don Augustin Ghigi, se distingue par ses qualités, son instruction et ses talens littéraires, fut commencé par Jacques della Porta; la cour, le vestibule, sont magnifiques, la forme et la décoration des fenêtres d'assez mauvais goût. Le *Crâne* et l'*Enfant dormant*, du Bernin, emblème de la mort et de la vie, posés sur deux coussins, malgré quelque recherche, sont d'une habile exécution. Une *Vénus*, un *Apollon*, sont antiques; le dernier paraît du temps d'Adrien. Parmi les tableaux on distingue : le *S. Jean-Baptiste buvant à une source*, de Michel-Ange de Caravage; l'*Ascension*, le chef-d'œuvre du Garofolo; l'*Ange gardien*, de Pierre de Cortone; une superbe *Flagellation*, du Guerchin; un *Christ mort* en raccourci, d'Augustin Carrache; un *Poète assis devant un Satyre*, de Salvator Rosa, allusion probable à ses satires, puisque la tête du poète est son portrait; une *Madeleine*, de l'Espagnolet.

La bibliothéque Ghigi, riche de manuscrits et de belles éditions, doit sa fondation au pape Alexandre VII, homme d'un caractère assez pauvre, peint à la manière de Pascal et de Molière par le cardinal de Retz [1], mais poète élégant et qui mérite de justes éloges pour ses nombreux encouragemens aux lettres. « Maintenant que « l'on connaît les goûts du pape, écrivait un contempo- « rain, tous les prélats se disputent à qui découvrira « quelque manuscrit [2]. » Un de ces manuscrits, peut-être recherchés par l'envie de faire son chemin, est le *Daniel*, unique, de la version des Septante. Un *Denys d'Halicarnasse* paraît du IX<sup>e</sup> siècle. Les *Chroniques de S. Benoît et de S. André;* une collection des *Capitulaires*, une *Chronique* inédite du *Mont Soracte*, sont d'autres manuscrits historiques importans. Un *Missel*, de 1450, a de grandes miniatures représentant divers sujets de l'Histoire sainte, d'un goût exquis. Un beau volume in-folio en parchemin, orné de bizarres figures, daté de l'année 1490, et contenant des messes et motets (*motetti*) faits en France par des compositeurs français et par quelques Flamands, serait curieux à examiner sous le rapport de l'histoire musicale. Une note au commencement, de la main d'Alexandre VII, alors cardinal Ghigi, certifie que cette musique, destinée à l'Espagne, est très bonne (*stimata molto buona*). La musique française, déchue depuis Henri IV, écrasée sous les sarcasmes de Jean-Jacques, jouissait au XV<sup>e</sup> et au commencement du XVI<sup>e</sup> siècle d'une grande célébrité en Europe. Nos romances et nos chansons (*le canzonette alla francese*) étaient imitées, répétées même par les Italiens. Il est vraiment curieux aujourd'hui de voir l'Italie emprunter à notre musique ce qu'il y avait alors dans la sienne de *più molle*, de *più*

---

[1] *V.* liv. V de ses *Mémoires*, le récit comique de sa conférence avec ce pape.

[2] *Ora che il genio del papa è fatto pubblico, tutti i prelati fanno alle pugna qua per buscar manoscritti.* Lett. d'Octave Falconieri à Magalotti. 1665. *Lettere d' uom. ill.* T. I, p. 125.

*delicato*[1]. Mais il paraît, d'après le recueil de la Bibliothéque Ghigi, que ce n'était pas seulement de ces airs tendres ou gracieux qui s'exportaient de France, mais encore de la grave et peut-être de la savante musique, antérieure de plus de cinquante ans aux compositions de Palestrine, le chef de l'école italienne, élève d'un maître flamand, et d'où semble dater la musique moderne. Une lettre remarquable d'Henri VIII au comte Palatin l'invite à ne pas ménager Luther. Un grand nombre de lettres latines et allemandes de Mélancthon n'ont pas toutes été imprimées. Quelques esquisses de sonnets du Tasse ne sont pas moins corrigées que ses autres manuscrits. Un traité inédit de la *Primauté de S. Pierre*, par François de Sales, saint canonisé par Alexandre VII, m'a semblé, à le parcourir, un écrit ingénieux, éloquent. Un dessin autographe du Bernin concerne les embellissemens de S.-Pierre. Vingt volumes de pièces originales relatives à la paix de Westphalie serviraient à refaire en partie l'Histoire du P. Bougeant. Enfin, la Bibliothéque Ghigi est une de ces sources historiques fréquentes en Italie, et particulièrement à Rome, dont l'étude laborieuse pourrait être si utile au redressement des faits et à la découverte de la vérité. Parmi les imprimés est un *Rationale*, de Guillaume Durand. Une *Polyglotte* de Paris rappelle un singulier faux typographique : des imprimeurs hollandais vinrent à Rome, en 1666, et après avoir changé le frontispice et la dédicace du livre, qui porte cette dernière date, ils l'offrirent à Alexandre VII, comme sorti de leurs presses; mais la supercherie fut bientôt découverte.

---

[1] *V.* ce passage du discours de Louis Zoccolo *Sulle ragioni del numero del verso italiano : La musica più molle, più delicata, che non soleva costumarsi fra noi Italiani, fece gli anni addietro passaggio da Francia in Italia.*

Le bibliothécaire de la Ghigiana était le célèbre avocat Fea, l'idéal de l'Antiquaire, qui avait bien voulu me montrer la bibliothéque. L'antiquaire romain ne ressemble point au philosophe indépendant et moqueur peint par Walter Scott; il n'est pas au contraire d'homme plus sérieux, plus ardent, plus passionné; sa cupidité savante est extrême, et le doux Barthélemy, parmi ses imprécations contre les brocanteurs, va jusqu'à traiter de tigre un marchand d'antiquités trop cher. Je me rappelle encore l'intérieur du cabinet du docte antiquaire. Des piles de morceaux de brique, des corniches, des inscriptions, se trouvaient pêle-mêle à terre, à côté d'autres piles de livres, de cartes et de rouleaux couverts de poussière, instrumens de cette espèce d'alchymie. Je sortis très touché de l'obligeance, du zèle de cet honnête et excellent homme, mais accablé de brochures, de plans et de dissertations. L'antiquaire proprement dit, préoccupé de ses systèmes, n'est pas toujours le meilleur ni surtout le plus agréable des guides de Rome et de ses environs. Lorsque la grande-duchesse Hélène voulut visiter Ostie, elle ne fut conduite par son érudit Cicerone que dans une plaine aride, auprès d'une mare fort sale, qui avait dû être le port, et elle n'entendit parler du bois charmant de Castelfusano [1], sur le bord de la mer, que de retour chez elle, après sa triste expédition, dont le splendide dîner commandé à Fiumicino, petite ville nouvelle à l'une des deux embouchures du Tibre, avait seul donné une idée de la magnificence des anciens Romains.

La place Colonne paraît conserver sa forme antique. La Colonne Antonine, élevée par le sénat et le peuple romain à Marc-Aurèle, retrace sur ses bas-reliefs, imi-

[1] *V.* Liv. xv, chap. vi.

tés de ceux de la colonne Trajane, mais qui leur sont inférieurs, la victoire remportée, en 174, sur les Sarmates, les Quades et les Marcomans, et à laquelle la légion fulminante, composée en partie de chrétiens, avait principalement contribué. Cette colonne, dont la base actuelle est de Fontana, fut plusieurs fois frappée de la foudre, attirée, dit-on, par la pointe de l'épée du S. Paul, qui la surmonte, inconvénient que n'ont point les clefs du S. Pierre de la colonne Trajane.

L'obélisque de granit rouge de la place Monte-Citorio, élevé à Héliopolis par le roi Psammitichus I, que l'on y voit assez bizarrement représenté sous la forme d'un sphynx, à tête et à bras humains, faisant une offrande au dieu Phrè, fut transporté à Rome par Auguste, pour servir de gnomon à la méridienne du Champ-de-Mars; déterré sous Benoît XIV par l'habile Zabaglia[1], son élévation est due à Pie VI.

Le grand palais de Monte-Citorio passe pour un des édifices les plus sages du Bernin. C'est de son balcon que deux fois par mois se fait, sous la présidence d'un prélat, le tirage de la loterie, en présence de cette foule romaine si agitée, et dont les vives physionomies expriment l'espérance, la crainte, la joie ou le désespoir. L'usage des loteries, général en Italie, peut être regardé comme une des causes de la misère et des vices du peuple. A Rome, cette passion est extrême: le pauvre y mendie naïvement pour mettre à la loterie; l'escalier d'Araceli se monte dévotement afin d'obtenir de bons numéros, et il en est demandé avec confiance aux fous de la *Palazzina*, qui les jettent à travers les barreaux de leurs fenêtres.[2]

La douane, par un de ces hasards qui n'appartien-

[1] *V.* ci-dessus, chap. xxviii.
[2] *V.* ci-dessus, chap. xxviii.

nent qu'à l'Italie, est un ancien temple, peut-être celui que le sénat et le peuple décernèrent à Antonin-le-Pieux, et ce dépôt de marchandises a pour façade onze majestueuses colonnes cannelées de marbre, une des plus belles ruines antiques.

## CHAPITRE XXXI.

Palais *Sciarra*. — Porte. — *La Modestie et la Vanité*, de Léonard de Vinci. — Palais *Doria*. — Galerie. — Palais *Torlonia*. — Groupe *d'Hercule et de Lychas*, de Canova. — Bal. — Société. — Palais de Venise. — Villa *Mattei*.

Le palais Sciarra, de Flaminio Ponzio, habile architecte lombard, dont la fameuse porte dorique de marbre, une des meilleures de ce genre, a paru digne de Vignole, possède un choix ravissant de tableaux. On y admire : deux grands et énergiques ouvrages de Valentin, sa *Décollation de S. Jean*, bien composée, mais peinte sur des toiles trop noires qui ne laissent rien distinguer des parties dans l'ombre ; sa *Rome triomphante*, remarquable par le torse et la tête du Tibre ; la *Vestale Claudia tirant le vaisseau sur lequel était l'image sacrée de Pessinunte*; *Circé métamorphosant les compagnons d'Ulysse*, du Garofolo ; la *Cléopâtre*, de Lanfranc ; un *jeune Musicien*, de Raphaël ; les célèbres *Joueurs*, de Michel-Ange de Caravage ; la *Modestie et la Vanité*, de Léonard de Vinci, composition si simple, si ingénieuse, si spirituelle ; deux *Madeleines*, du Guide ; un *Portrait de femme*, du Bronzino ; la *Famille*, du Titien, et un portrait voisin ; un *Paysage*, de Guaspre Poussin.

L'immense palais de Doria, du dessin de Borromini, alors que peut-être il était encore contenu par le Bernin et Pierre de Cortone, qu'il devait tellement dépasser en mauvais goût, porte son nom inscrit sur les étranges profils de la façade. Presque tous les tableaux sont excellens. On distingue : plusieurs *Paysages,* en détrempe et à l'huile, de Guaspre Poussin, parmi lesquels le *Pont de Lucano,* sur la route de Tivoli; la *Maîtresse,* plusieurs *Portraits,* du Titien ; son *Hypocrisie,* non terminée; une *Déposition de Croix,* de Paul Véronèse; le *Portrait de Machiavel,* d'André del Sarto ; la *Mort d'Abel,* de Salvator Rosa, vantée, quoique maniérée de composition et de couleur; les portraits classiques de Bartolo et de Baldo; une *Ste. Famille,* de Raphaël; une gracieuse figure, de Pierin del Vaga ; une *Piété;* six lunettes demi-circulaires, paysages pris de sujets de l'Écriture, d'Annibal Carrache; *Agar et Ismaël,* du Caravage ou du Guerchin, dont l'Ismaël, mourant, est un chef-d'œuvre d'expression; *Diane et Endymion,* de Rubens; sa *Femme;* un *Franciscain,* son confesseur; un *Portrait de femme,* de Vandyck; la *Femme d'Holbein,* et lui-même tenant une bourse et un œillet; une bonne *Visitation,* des plus grands ouvrages, à Rome, du Garofolo; deux *Madones,* de Sasso Ferrato; les deux plus beaux paysages de Claude Lorrain, dont l'un le fameux paysage *du Moulin;* une *Fuite en Égypte,* du Poussin; deux *Paysages,* de Torreggiani; une *Ste. Agnès,* du Guerchin; une *Vierge,* du Guide; les célèbres *Avares,* d'Albert Durer; les *Noces champêtres,* de Teniers.

Le riche palais du banquier Torlonia, duc de Bracciano, qui a quelques sculptures antiques, doit sa principale décoration aux travaux d'artistes italiens contemporains, MM. Camuccini, Landi, Palagi. Le *Banquet des Dieux*, grand plafond de M. Camuccini, à la pièce voisine de la Galerie, passe pour une de ses meilleures peintures. Le groupe d'*Hercule et de Lychas*, de Canova, semble une malheureuse tentative d'énergie de ce sculpteur gracieux : son Hercule, que l'on a plaisamment comparé à un matelas piqué, est plutôt boursouflé que fort. Le groupe, placé dans un espace trop étroit, ne peut être vu de tous les côtés, et le spectateur n'a pas assez de reculée : la partie du jeune Lychas est de beaucoup la mieux composée et la plus pittoresque.

La maison de M. Torlonia, rendez-vous de la colonie voyageuse, était célèbre par ses bals, qui, avec les réceptions du corps diplomatique, formaient tous les plaisirs de Rome. La société indigène, fort peu hospitalière, était à peu près nulle. Si les anciens Romains avaient fait de l'histoire, les dames de la Rome moderne, par leurs aventures, leurs passions, leurs violences, semblaient s'être chargées du roman ; aujourd'hui l'histoire comme le roman sont finis, et quelques douairières soutenaient seules, et sans beaucoup d'honneur, le scandale des vieilles mœurs italiennes.

L'immense palais de Venise, de l'architecture de Julien da Majano, habité autrefois l'été par plusieurs papes, par le fastueux duc de Ferrare, Borso d'Este, suivi de plus de cinq cents gentilshommes vêtus de brocard d'or et d'argent, de soie et de velours, et, pendant un mois, par le roi de France Charles VIII, qui, en courant à Naples, semble presque y régner et gouverner la ville éternelle, cette espèce de forteresse crénelée, avec une belle église, et formée de pierres et de débris du Colysée, est d'un effet superbe, majestueux au clair de lune. Il fut donné par le pape Pie IV à la république de Venise, parce que, la première, elle avait admis le concile de Trente. Long-temps abandonné et dégradé, il fut en partie soigneusement réparé par M. le comte A*****, ambassadeur d'Autriche, qui, pendant plusieurs années, y déploya la plus noble et la plus cordiale représentation. M^me la comtesse A***** ajoutait un charme infini à l'éclat de ces fêtes, et la bonne grâce, l'attrait, les vertus de cette femme accomplie sont restés un des souvenirs de Rome.

La villa Mattei, sur le mont Cœlius, propriété du prince de la Paix, a quelques tableaux de l'école espagnole. Deux grands piédestaux, couverts d'inscriptions par la cinquième cohorte des *Vigiles,* prouvent que la caserne de ces espèces de pompiers de Rome était voisine. Un hermès a donné les bustes authentiques de *Socrate* et de *Sénèque,* sages bien divers, qui ne devaient pas être ainsi rapprochés : le premier, vrai, sublime ; le second, ingénieux et faux. Les jardins, long-temps négligés, ont été replantés, mais dans un petit goût. La vue de l'Aventin, toujours la même, est admirable.

## CHAPITRE XXXII.

Palais Colonne. — Galerie. — Place de Monte-Cavallo. — Colosses. — Palais *Rospigliosi*. — *Aurore,* du Guide. — Fontaine *de' Termini*. — Lions. — Maison de travail. — Villa *Ludovisi*. — *Aurore,* du Guerchin.

Le vaste et nu palais Colonne remonte à l'illustre Martin V (Colonne). La galerie est une des premières de Rome. On remarque : les superbes portraits de *Luther* et de *Calvin,* du Titien ; un *Portrait,* de Paul Véronèse, d'une merveilleuse vérité de couleur; quatre *Portraits* réunis, du Giorgione, non moins admirables; le *Sommeil des Bergers*, d'une finesse que n'offrent pas toujours les tableaux du Poussin; une bonne *Ste. Famille*, d'André del Sarto. Dans le jardin, deux superbes fragmens d'un frontispice antique bien travaillé, proviennent, avec une égale invraisemblance, d'un temple du Soleil ou d'un temple de la Santé. Quels puissans moyens de mécanique les anciens ne devaient-ils point connaître pour monter et mettre en place un tel entablement?

La place de Monte-Cavallo, sur le Quirinal, agréablement située, ornée de beaux édifices, d'une charmante fontaine, brille surtout par ses deux superbes colosses de *Castor* et *Pollux*, d'après l'opinion la plus probable, chefs-d'œuvre du ciseau grec, de l'âge d'or de la statuaire antique, mais qui, malgré l'inscription latine, ne sont ni de Phidias, ni de Praxitèles.

Le palais pontifical, commencé en 1574 par Grégoire XIII et continué jusque dans le dernier siècle, sert maintenant aux conclaves. Il ne paraît point offrir de tableaux de premier ordre. La chapelle, peinte à fresque par le Guide, a au maître-autel une *Annonciation*, aussi de lui, très vantée. Les stucs d'un lambris, représentant *Alexandre à Babylone*, sont de Thorwaldsen: l'habile sculpteur de Carrare, Finelli, avait représenté, sous l'administration française, le *Triomphe de Trajan*, devenu depuis celui de Constantin. Dans le jardin, le petit casin a deux *Vues de la place de Ste.-Marie-Majeure* et *de celle de Monte-Cavallo*, de Pannini, exécutées avec beaucoup de talent.

Le palais de la Consulta, de Fuga, un des derniers architectes célèbres de l'Italie pendant le XVIIIe siècle, offre une disposition extrêmement ingénieuse.

Le vaste palais Rospigliosi, commencé par le cardinal Scipion Borghèse, sur le dessin de Flaminio Ponzio, et élevé au-dessus des Thermes de Constantin, fut acheté de la famille Bentivoglio, par Mazarin, pour devenir le palais de France ; il le resta jusqu'en 1704, et l'obscur père du cardinal, Pierre, y mourut. A l'exception de la belle *Aurore*, l'ouvrage le plus célèbre du Guide, peut-être imité d'un bas-relief antique d'un cloître de S.-Paul, mais qui ne semble pas supérieur à sa chapelle de S.-Dominique à Bologne, dont il est beaucoup moins parlé [1], ce palais n'offre aucun tableau vraiment remarquable ; plusieurs tableaux même, tels que la plupart des Rubens, et une *Ste. Famille*, crue de Raphaël, ne sont que des copies. Le grand tableau d'*Adam et Ève dans le Paradis* est bien certainement de la première manière du Dominiquin.

La fontaine *de' Termini*, de l'architecture de Fontana, une des quatre plus considérables fontaines de Rome, mais sans effet, sans pittoresque, a inspiré quelques belles octaves au Tasse [2]. Sixte-Quint se servit le premier des anciens aqueducs pour amener cette eau, appelée de son nom *Acqua Felice*, qui est encore la même que l'eau Alexandrine, conduite à Rome par Alexandre-Sévère. Au milieu des décombres ou du renouvellement de la ville éternelle, l'eau seule est demeurée tout-à-fait antique. Le ridicule et colossal *Moïse* de la fontaine, donné à quelques voyageurs novices pour le Moïse de Michel-Ange, a l'air d'un Silène debout, en costume, et qui marcherait droit. Deux

---

[1] *V.* Liv. vii, chap. xxiii.

[2] *Acque, che per camin chiuso e profonde.* Rime. Part. II<sup>a</sup>. *Alle acque felici condotte in Roma da SS. Sixto V.* Avant Sixte-Quint, l'eau tirée des puits et mise dans des barils, était portée dans Rome par des bêtes de somme, et se vendait. Le tribun Rienzi était fils d'un de ces marchands d'eau.

des lions, de basalte et d'un beau travail égyptien, proviennent du Panthéon.

Le vaste dépôt de mendicité *de' Termini*, fondé par Pie VII, et devenu maison de travail sous Léon XII, semblait un établissement très bien tenu. Les arts et métiers y étaient montrés à plus de mille enfans, et pratiqués par les hommes plus âgés. Le dessin, la musique, l'imprimerie, la gravure, entraient dans l'enseignement. 500 hommes étaient occupés à fabriquer des étoffes de coton à l'usage du peuple, des couvertures de laine, des tapis; les enfans tressaient des corbeilles et faisaient de ces jolies chaises de paille *volantes*, destinées aux salons les plus élégans. Un nombre égal de femmes se livrait, dans un local séparé, aux mêmes travaux. Indépendamment de la vente des objets exécutés dans la maison, la dépense était de 35,000 écus romains (187,250 fr.) pour mille individus; et lorsque ce nombre était dépassé, le gouvernement ajoutait par tête onze baioques et demi (12 sous) pour chaque journée. La maison *de' Termini* et la commission de secours, instituée par le pape à la fin de 1826, paraissaient assez bien atteindre leur but, car le nombre des mendians n'est point très considérable à Rome.

La porte *Salaria*, qu'Honorius substitua à la porte Colline, par laquelle les Gaulois étaient entrés dans Rome, semble une porte funeste, et avoir été dans tous les temps le côté faible de Rome : Annibal voulait, sans l'obstacle des ouragans, l'attaquer de ce côté, et ce fut par là qu'Alaric et ses Goths firent leur irruption.

J'obtins, en 1828, la faveur de visiter l'impénétrable villa Ludovisi, composée de trois casins jetés au milieu d'un vaste jardin. Quelques unes de ses sculptures sont au premier rang des chefs-d'œuvre antiques. Tels sont : la statue d'*Apollon*, très bien conservée; la superbe tête de *Junon*, la plus belle Junon que l'on connaisse; le fameux *Mars en repos;* une prétendue *Agrippina*, parfaitement drapée; le groupe dit du jeune Papirius découvrant à sa mère le secret du sénat, et qui paraît plus probablement *Oreste reconnaissant Electre*, ouvrage grec de Ménélas, élève de Stephanus, selon l'inscription; le célèbre groupe d'*Arrie et de Petus*, que l'on croit représenter *Hémon se frappant et soutenant Antigone tuée par Créon.* Le *Pluton enlevant Proserpine* est un bon ouvrage du Bernin. Le plafond de *l'Aurore*, du Guerchin, passe pour son chef-d'œuvre : la fresque du Guide a peut-être plus de noblesse [1], mais celle-ci l'emporte pour le mouvement, le pittoresque, la couleur, quoique la figure principale semble trop grosse et trop forte pour une Aurore. Un autre plafond du Guerchin, la *Renommée*, est admirable.

## CHAPITRE XXXIII.

Fontaine *du Triton.* — Palais *Barberini.* — Bibliothèque. — Atelier de Thorwaldsen. — *Le Christ et les Apôtres.* — Fontaine Trevi. — Place d'Espagne. — Étrangers. — Villa *Medici.* — Académie de France. — *Monte-Pincio.*

La place Barberini occupe l'emplacement du Cirque de Flore, fameux par l'abomination des fêtes qu'on y célébrait la nuit aux flambeaux en l'honneur de cette courtisane divinisée, qui avait légué ses richesses im-

[1] *V.* ci-dessus, p. 156.

pudiques au peuple romain, indigne alors d'un tel héritage. Le rigide Caton, afin de ne pas interrompre les plaisirs publics, crut devoir se retirer de ces jeux, que l'on n'osait, par respect pour sa vertu, commencer devant lui; et les mauvais sujets de Rome dirent spirituellement, qu'il n'y était venu que pour s'en aller. La fontaine du Triton, une des meilleures de ce genre, est une composition poétique et habile du Bernin, puisqu'il ne pouvait disposer que d'un petit filet d'eau.

Le palais Barberini, en très grande partie de l'architecture du Bernin, qui l'a terminé, a un bel escalier de lui en limaçon, dont l'idée n'est pas moins ingénieuse que l'ensemble a de majesté. Ce palais est un des premiers de Rome pour quelques unes de ses sculptures et pour ses peintures. Le célèbre *Faune dormant* est passé à Munich. Un Lion, bas-relief antique qui orne l'escalier principal, est superbe. Le plafond de Pierre de Cortone, un des plus vastes plafonds connus, bizarre allégorie semi-païenne et semi-chrétienne à la gloire des Barberini, passe pour un des chefs-d'œuvre de ce maître peu estimé de nos jours, mais dont l'énorme composition prouve une sorte de fécondité. Les cinq portraits du Titien, à la salle des portraits, ne sont pas de ses meilleurs. L'authenticité d'une *Piété* de Michel-Ange ne paraît point prouvée. Le *Christ et Madeleine*, du Tintoret, comme tous ses autres tableaux de Rome, est peu remarquable. Le petit tableau de la *Vierge et de l'Enfant Jésus*, d'André del Sarto, a toutes les qualités de son talent doux et correct. L'*Arrestation du Christ*, de Gherardo delle Notti, fait illusion par la vérité merveilleuse du jeu de la lumière. Le *Sacrifice d'Abraham*, de Michel-Ange de Caravage, préférable à sa *Musicienne* et à son *Martyre de Ste. Catherine*, a toute son énergie. *Germanicus mourant faisant jurer à ses amis de le venger* (tant l'héroïsme antique ignorait certaines vertus commandées et rendues communes par le christianisme), est un ouvrage du Poussin bien composé, mais d'une faible exécution, fort au-dessous de la page de Tacite, et dont le dessin et l'ajustement des figures ne donnent guère l'idée de Romains du temps de Germanicus. La pathétique tête de la Cenci, coiffée avec élégance et coquetterie, ouvrage de la première jeunesse du Guide, a été faite de mémoire après avoir vu l'héroïne monter à l'échafaud, lorsqu'elle dit au bourreau qui lui liait les mains ces paroles si fortes, si romaines : *Tu leghi il corpo al supplicio, e sciogli l' anima all' immortalità*[1]. On distingue encore : *le Dédale et l'Icare*, du Guerchin; le célèbre *André Corsini*, du Guide; une *Fornarine*, copie crue de Jules Romain à la noirceur de l'ombre, tête peu séduisante au premier coup d'œil, dont il faut quelque attention pour comprendre toute la beauté, et qui, malgré la différence du costume et de la coiffure, doit être prise du même modèle que la Fornarine de la tribune de Florence, fort au-dessus pour la couleur. A l'antichambre, un grossier bas-relief ovale du moyen âge passe pour un *Portrait de Rienzi*; il est couronné d'olivier, cuirassé, et il a tout-à-fait l'air théâtral et pédant du héros.

La bibliothéque Barberini possède environ 50,000 volumes et de précieux manuscrits. Les manuscrits grecs, au nombre de 1000, passent pour les plus im-

---

[1] « Tu viens lier mon corps pour le supplice, et délier mon âme « pour l'immortalité. » La prison de la Cenci se montre encore à l'ancienne *Tor di Nona*, devenue le théâtre d'Apollon, appartenant à M. Torlonia, théâtre peut-être le mieux construit de Rome, et qui a remplacé celui dont l'incendie donna lieu au joli poëme en patois romain, *l'Incendio di Tor di Nona*, par l'abbé Carletti, prieur des femmes condamnées de S.-Michel.

portans. Les miniatures et les caractères d'un *Exultet*, manuscrit latin du xi<sup>e</sup> siècle, déconcertent par leur variété et leur bizarrerie les conjectures de la science paléographique. Le célèbre manuscrit en parchemin, de 1321, rempli de dessins d'anciens monumens, et sur lequel Julien San-Gallo avait commencé à travailler de sa main, dès 1465, prouve que les Italiens furent incontestablement les premiers à s'occuper de l'étude de l'antiquité. Les manuscrits du Dante sont au-delà de vingt : le manuscrit du xiv<sup>e</sup> siècle, peau de vélin, grand in-fol., doit être regardé, pour ses figures et ses jolies arabesques, comme un des plus magnifiques qui se puissent citer. Un beau manuscrit du xv<sup>e</sup> siècle, avec des miniatures dans le goût flamand, est la traduction française du livre bizarre de Pierre Comestor, la *Scolastica Historia*, par Gujart Desmoulins, prêtre, chanoine et doyen de S.-Pierre d'Aire, en 1297, monument peu connu et curieux de notre vieux langage, qui porte les armes des ducs de Ferrare, auxquels il a appartenu. La Bibliothèque Barberini est riche, surtout en manuscrits autographes des plus illustres lettrés, tels que Bembo, della Casa, Galilée, Benoît Castelli, Peiresc [1], les cardinaux Pallavicini et Bellarmin. La *Passion* de Jésus-Christ est le sujet de quarante discours originaux de Chiabrera. Une multitude de pièces, documens et rapports adressés à Urbain VIII, écrits la plus grande

[1] Les lettres originales de Peiresc sont au nombre de quatre cents. Elles montrent l'ardeur prodigieuse de l'érudit Français, l'ami du cardinal Barberini, depuis Urbain VIII, et le correspondant pendant plus de vingt années de Malherbe (*V.* le volume de *Lettres* à lui adressées par le poète, publiées à Paris en 1822, in-8°). La *Biographie universelle* a indiqué les lettres publiées de Peiresc. De nouvelles lettres, tirées de la bibliothèque de Carpentras, ancienne bibliothèque du président Mazaugues, dont le père avait épousé une petite-nièce de Peiresc, par M. Prosper Balbo, ont depuis paru à Turin en 1828 dans un recueil in-12 de Lettres inédites.

partie en français, offrent de nouveaux détails sur l'histoire des deux premiers Stuarts, et les tentatives du rétablissement du catholicisme en Angleterre. Un grand nombre de livres imprimés ont presque l'intérêt des autographes, par les notes marginales dont les ont couverts de célèbres écrivains, tels que Alde et Paul Manuce, Scaliger, Léon Allatius, le premier bibliothécaire de la Barberiana, Luc Holstenius, David Hœschel, Barbadori, et surtout le Tasse, dont plus de cinquante volumes portent des remarques, découverte précieuse due il y a quelques années à M. Rezzi, l'actif et intelligent bibliothécaire actuel. Un Platon, de la version latine de Marcille Ficin, est non seulement annoté de la main du Tasse, mais encore par son père Bernardo, et il montre à quel point le beau langage et les songes poétiques du philosophe grec étaient étudiés et médités dans cette famille. Les remarques sur la *Divina Commedia*, qui, malgré l'opinion de Serassi, paraissent authentiques[1], attestent l'étude profonde que, dès sa jeunesse, il avait faite du grand poète, et la vive admiration qu'il lui avait inspirée. Le volume des chants de la *Jérusalem délivrée* imprimés in-4° à Venise (1580), au grand déplaisir du poète, paraît une des copies qu'il adressait à ses amis pour avoir leur avis, ainsi qu'on le voit par quelques unes de ses lettres; il semble ne les avoir guère plus ménagés que l'Arioste, qui consultait perpétuellement tous ceux qui venaient le visiter[2]. Parmi les raretés, on distingue : un exemplaire de l'édition de la *Divina Commedia*, de Venise (1477), avec des notes autographes de Bembo, et l'un des douze

---

[1] *V.* la lettre de M. L.-M. Rezzi à M. Rosini, mise en tête des *Postille*, t. XXX, 1, de l'édition complète du Tasse, donnée par celui-ci.

[2] *V.* liv. vii, chap. xii.

exemplaires connus de la première édition complète, en papier, de la *Bible hébraïque* (Soncino, 1488).

J'ai visité, près du palais Barberini, l'atelier de Thorwaldsen, qui, à Rome, semble avoir succédé à Canova dans l'opinion européenne, et dont le talent, pur, sévère, poétique, lui est en quelques points supérieur, particulièrement dans les bas-reliefs. Ses treize statues colossales du *Christ et des Apôtres* sont une noble composition. Le Christ, surtout, figure originale empreinte du génie simple et sublime de l'Évangile, a la majesté sans terreur du Jupiter Olympien. Ces statues, destinées à la cathédrale de Copenhague, montrent l'embarras qu'éprouve le protestantisme de la nudité de son culte et la pompe nouvelle qu'il cherche aujourd'hui à lui donner. Thorwaldsen, malgré ses vingt années de séjour à Rome, est resté complétement homme du Nord, et son âpre aspect, qui n'ôte rien à sa politesse et à sa bienveillance, forme un vrai contraste avec ses ouvrages, imités, inspirés de l'art grec, et les physionomies italiennes qui peuplent son atelier.

L'*Acqua Vergine*, la meilleure eau de Rome, qu'une jeune fille découvrit aux soldats d'Agrippa, coule encore par torrens de la fontaine Trevi, et elle a conservé son doux nom. L'eau vient de huit milles, sur la route de Tivoli. Le grand Léon-Baptiste Alberti, dont la science des eaux était un des nombreux talens, avait travaillé à la réparation de l'ancien aquéduc, sous Nicolas V. La richesse architecturale de la nouvelle fontaine commandée par Clément XII, et de Nicolas Salvi, est du plus mauvais goût; mais l'effet est merveilleux par l'art avec lequel les eaux jaillissent et se répandent.

La place d'Espagne, sans la grande et noble construction de l'escalier de la Trinité-du-Mont, paraîtrait, avec ses nombreux hôtels, propres, neufs, sans caractère, une véritable place de ville de province. Tout ce qu'il y a de grand ou de distingué passe à Rome. M$^{me}$ de Staël avait spirituellement surnommé cette admirable ville le salon de l'Europe; et si ses monumens rappellent tous les temps [1], les étrangers qu'on y rencontre rassemblent tous les pays. La simple contemplation et le séjour prolongé de Rome peuvent tenir lieu de longues études et de beaucoup de voyages. On doit ajouter que ces étrangers viennent pour voir, connaître ou se reposer, et qu'ils sont pris et observés dans leur bon moment. Aussi Rome avec ses ruines, ses souvenirs, et les personnages importans qu'elle reçoit, est le lieu de la terre où l'on s'étonne le moins; il serait inutile et maladroit de chercher là à produire de l'effet, et bien des gens d'esprit, non prévenus, en ont été pour leurs frais de dissertations, de pensées et de bons mots.

La fontaine dite la *Barcaccia*, du Bernin, si elle fait peu d'honneur à son goût, prouve toutefois la fécondité et les ressources de son talent, puisque l'eau, assez abondante, ne pouvait jaillir en jet, ni dépasser ce niveau.

La belle Villa Médicis, élevée vers 1550 par le cardinal Jean Ricci de Montepulciano, sur le dessin d'Annibal Lippi, à l'exception de l'élégante façade intérieure attribuée sans preuve à Michel-Ange, est devenue l'Académie de France. Cette institution, fondée par Louis XIV en 1666, a été attaquée par des raisons assez spécieuses : Girodet fut un moment d'avis de laisser voyager les jeunes gens où ils voudraient [2]. Quoique

---

[1] *V.* ci-dessus, chap. XVIII.

[2] *V.* les lettres XLV et XLVII de sa Correspondance, t. II des *OEuvres posthumes*, publiées judicieusement et mises en ordre par M. P.-A. Coupin. Paris, 1829.

depuis sa spirituelle lettre, dictée par l'ennui qu'un élève si impatient et si plein d'ardeur éprouvait à l'Académie, où toutefois il a fait son plus bel ouvrage, le régime de l'établissement ait été très amélioré, il peut encore laisser à désirer ; c'est ainsi que les pensionnaires, animés d'ailleurs d'un si vif désir de célébrité, vivent trop à part et entre eux, qu'ils restent trop Parisiens et n'étudient point assez l'Italie. Mais si l'on peut réviser les réglemens de l'Académie, lui donner plus d'indépendance, et la mettre en harmonie avec la marche du temps, selon le vœu de son brillant directeur actuel [1], il serait à jamais déplorable de supprimer un moyen si puissant d'émulation pour les élèves, qui les fixe pendant plusieurs années à l'étude du beau, au lieu de les jeter dans le gain du métier, et de détruire l'un des plus magnifiques encouragemens qui aient été accordés aux arts. Que cette gloire de Louis XIV, exilée de la France, soit au moins respectée à Rome ; elle ne saurait trouver un asyle plus digne d'elle. Au lieu de renverser le monument du grand siècle, je voudrais qu'il reçût un accroissement convenable et nouveau. Le voyage d'Italie est singulièrement utile au développement des facultés littéraires ; pourquoi le gouvernement n'enverrait-il point dans cette terre classique les lauréats des prix de poésie et d'éloquence couronnés par l'Académie ? Le séjour de la Villa avec ses vastes jardins, son admirable vue offrant, d'un côté, l'aspect complet de Rome, S.-Pierre, le Vatican, et de l'autre, la solitude et les pins de la villa Borghèse, ce mélancolique séjour inspirerait nos poètes. Les artistes profiteraient à leur tour d'un tel voisinage, et l'on verrait se renouveler ces liaisons, ces amitiés entre eux et les

---

[1] *V.* la lettre de M. Horace Vernet, écrite de Rome le 3 novembre 1830.

écrivains, fréquentes aux xv° et xvi° siècles, qui contribuèrent réciproquement au goût et à la perfection de leurs ouvrages [1]. Les hommes de lettres, les érudits, les peintres, les sculpteurs, les architectes, les musiciens, tous les voyageurs de notre pays distingués par les travaux de l'esprit pourraient encore, à leur passage, être reçus à l'Académie, qui deviendrait ainsi comme l'hôtel de la France artiste et littéraire en Italie. La vacance des bâtimens du couvent de la Trinité-du-Mont, par l'extinction des Minimes français qui l'habitaient et desservaient l'église, était peut-être favorable à ce projet. Malgré tout le respect que méritent les dames du Sacré-Cœur, établies illégalement depuis quelques années dans ces bâtimens, j'avoue que je leur aurais préféré cette profane destination. [2]

Le Monte-Pincio, l'ancienne colline des jardins (*Collis hortorum*), ainsi appelée des jardins de Salluste, de Lucullus et de Domitien, est redevenu digne de son premier nom depuis sa promenade publique, l'unique de Rome, commencée et très avancée par l'administration française, et terminée sous Pie VII.

[1] *V.* liv. vi, chap. iii, et liv. vii, chap. xii.
[2] Le couvent de la Trinité-du-Mont, voisin de l'Académie de France, avait déjà subi en 1828 la barbarie du cadran italien, au lieu de l'heure à la française, que l'on y entendait du temps des Minimes. Le prieuré de Malte, bâtiment voisin de l'autre côté du couvent, avait été acheté par le roi de Bavière, qui voulait, disait-on, y établir une académie à l'instar de la nôtre : ce couvent de religieuses vouées à l'éducation de jeunes filles, aurait ainsi été bizarrement placé entre deux écoles d'artistes. Les dames du Sacré-Cœur, au nombre de treize, furent appelées de Paris par Léon XII pour s'occuper de l'éducation des enfans de qualité; parmi ces religieuses était la jeune princesse russe L*** G*******, qui donnait des leçons d'anglais et de dessin. Malgré la protection du pape et ses instances auprès des seigneurs de Rome pour les inviter à mettre leurs enfans dans cette maison, elle était fort peu florissante : les dames romaines ne voulant point, à ce qu'il paraissait, que leurs filles fussent mieux élevées qu'elles.

## CHAPITRE XXXIV.

Port de Ripetta. — Palais *Borghèse*. — Galerie. — Palais *Madama*. — Maison de Raphaël. — Place *Navone*. — Fontaine. — Inondation. — Palais *Pamfili*. — Dona Olimpia. — M. d'Italinski. — Palais *Braschi*. — *Pasquino*. — Palais *Massimi*. — Imprimerie à Rome. — Palais *Mattei*. — Fontaine *delle Tartarughe*. — Palais *Costaguti*.

Le petit port pittoresque de Ripetta reçoit les barques chargées de vin, d'huile, de blé, de bois et de charbon, venant de la Sabine et de l'Ombrie. Le travertin d'une arcade du Colysée tombée lors du tremblement de terre de 1703, fait partie de sa construction. Deux colonnes près d'une fontaine indiquent les diverses inondations du Tibre, dont la plus haute et la plus fatale est de l'année 1598.

Les façades réunies de l'immense palais Borghèse surpasseraient en étendue celle du palais Pitti de Florence. Sa forme est celle d'un clavecin, dont il porte le nom (*il cembalo di Borghese*). L'architecture est du vieux Martin Longhi : on estime la cour en portiques à deux étages et l'ordonnance sage et habile du plan, malgré la disposition irrégulière du terrain. La galerie est une des plus riches et la mieux tenue de Rome. Parmi un si grand nombre d'excellens ouvrages, on distingue : du Garofolo, la *Descente de Croix*, le plus capital de ses tableaux de Rome, dont plusieurs belles figures sont d'une puissance extraordinaire de modelé ; du Dominiquin : la *Chasse de Diane*, éternellement copiée, d'une exécution plus fine qu'il ne lui appartient :

quelques nymphes semblent dignes du Corrège pour la légèreté et la couleur; la *Sibylle de Cumes,* inférieure à la sibylle persique du Guerchin [1], quoique peut-être plus expressive et plus inspirée; de Paul Véronèse : *S. Antoine prêchant les Poissons,* auditoire muet, que l'on pourrait supposer peu intelligent, et qui paraît attentif, remué; le *S. Jean dans le désert :* le paysage n'est qu'ébauché, le Saint est de travers, mais les trois espèces de Turcs qui l'écoutent sont de la plus brillante couleur; de Raphaël : la *Déposition du Christ au tombeau,* chef-d'œuvre fait à vingt-quatre ans, rempli de grâce, de l'expression la plus touchante et d'une pureté de dessin admirable; le terrible *César Borgia* avec Machiavel; de Rubens : une *Visitation;* du Giorgione: un *David;* de Jules Romain : une nouvelle copie de la *Fornarine;* du Titien : le délicieux *Retour de l'Enfant prodigue;* l'*Amour divin et l'Amour profane,* composition si pure, si précise; ses *Trois Grâces,* d'une couleur si fine et si riche; d'André del Sarto : une *Ste. Famille;* de Jean Bellino : la *Vierge et l'Enfant Jésus;* du Corrège : une *Danaé.* La belle cuve de porphyre de la seconde salle, trouvée au château S.-Ange, n'a jamais pu servir, quoi qu'on ait dit, à contenir les cendres d'Adrien.

Le vaste palais *Madama,* aujourd'hui résidence du gouverneur de Rome, de l'architecture peut-être trop ornée de Marucelli, fut élevé sur l'emplacement des fameux thermes de Néron, par Catherine de Médicis à laquelle il doit son nom; il rappelle ainsi, à quinze siècles de distance, un double souvenir de crime et de sang.

Le palais Altemps fait honneur au vieux Martin

---

[1] *V.* ci-dessus, chap. XIII.

Longhi : les portiques de la cour sont de l'architecture solide et caractéristique de Balthazar Peruzzi.

La petite maison de Raphaël était rue *de' Coronari;* refaite en 1705, Carle Maratte a peint son portrait en clair-obscur sur la façade, mais ce portrait est à peu près effacé, et tout annonce, au dehors, l'indifférence pour la demeure de l'immortel artiste.

Le palais Cicciaporci, livré à des particuliers et occupé par des boutiques, est encore remarquable par sa bonne architecture de Jules Romain.

Presque vis-à-vis, le palais Niccolini, de Sansovino, est aussi d'une excellente architecture.

La place Navone, le plus vaste marché de Rome, donne assez l'idée, comme tous les marchés des grandes villes, de l'administration et de la police du pays. Ce marché a un obélisque de granit, des statues colossales, quatre fontaines et point d'abri, point de hangars, pour défendre les paysans du soleil ou de la pluie. Avec le goût de la magnificence, tout respire ici l'indifférence de l'utile. La place Navone occupe l'emplacement de l'ancien cirque, fait ou restauré par Alexandre Sévère, et elle en a conservé la forme. La scène de l'inauguration de la grande fontaine, une des plus heureuses compositions du Bernin, cette scène, tout italienne, montre quelle était l'adresse de l'artiste, véritablement né *pour vivre avec les princes*, comme le disait Innocent X. Ce pape, malgré ses préventions, ayant été obligé de lui confier les travaux après la vue, par surprise, du plan, vint les visiter lorsqu'ils furent terminés, et passa deux heures sous les tentes à les examiner. Les eaux cependant n'avaient pas encore joué, quoique tout fût préparé pour les recevoir. Au moment de se retirer, Innocent demanda au Bernin quand il comptait les faire arriver. « Cela ne peut être tout de suite, répondit l'ar-

« tiste, il faut du temps pour préparer la route (*strada*),
« mais je mettrai tout mon zèle à servir V. S. ». Le pape
après lui avoir donné sa bénédiction partit, mais il n'é-
tait pas à la porte de la première palissade que le fracas
des eaux jaillissantes l'avertit de se retourner. Transporté de joie à cette vue : « Bernin, lui dit-il, vous êtes
« toujours le même; le plaisir de la surprise que vous
« m'avez causée prolongera ma vie de dix ans »[1]. Aussitôt il envoya chercher cent pistoles, afin de les distribuer aux ouvriers. L'obélisque de la fontaine, importé
à Rome sous le règne de Caracalla, était resté enseveli
sous les ruines de son cirque : les quatre géans représentent les plus grands fleuves des quatre parties du
monde, le *Gange*, le *Nil*, le *Rio della Plata*, et le *Danube*. On a prétendu que le voile qui couvre la tête
du *Nil*, du sculpteur Fancelli, élève du Bernin, au lieu
d'être une allusion au mystère de la source du fleuve,
était une épigramme du Bernin contre son rival impla-
cable le Borromini, et que cette figure se cachait la tête
afin de ne point voir la façade de l'église Ste.-Agnès,
le moins bizarre toutefois des ouvrages du Borromini.
Le *Danube*, d'Antoine Raggi, dit le *Lombard*, autre
élève du Bernin, est le meilleur de ces géans, et la figure
de l'*Éthiopie*, de son autre élève François Baratta, n'est
pas non plus sans mérite.

Les samedis, les dimanches et les fêtes du mois
d'août, dans l'après-midi, la place Navone est inondée
de trois pieds d'eau, au moyen de la fermeture des
tuyaux qui reçoivent le trop plein des fontaines. C'est
une manière poétique d'arrosage et de nettoyage de marché tout-à-fait à l'italienne. Alors la place Navone est
parcourue par de nombreux équipages, au bruit du

[1] *Bernino, sempre la fate da quel che siete, e voi con darci questa improvvisa allegrezza, ci avete accresciuto dieci anni di vita.*

peuple qui couvre le bord et applaudit les cochers habiles, à la vue des spectateurs placés aux fenêtres, et au son des fanfares ; elle devient une sorte de naumachie de carrosses, divertissement assez analogue aux mœurs des nouveaux Romains.

Le vaste palais Pamfili, plutôt rapetassé que bâti par Jérôme Rainaldi, obligé d'obéir aux fantaisies d'Innocent X, pape bizarre qui avait excommunié les gens qui prenaient du tabac dans S.-Pierre [1], ce palais se recommanderait pour sa belle disposition, si la grandeur du style répondait à l'étendue de la masse. Cet ancien séjour de l'impérieuse, dissolue [2] et avide nièce d'Innocent, Donna Olimpia Maidalchini-Pamfili, dont la cupidité exposa plus d'une fois le palais à être pillé par le peuple romain, que quelques centaines d'écus jetés par les fenêtres apaisèrent [3], était, en 1826, la demeure d'un sage, M. le chevalier d'Italinski, ministre de Russie, alors vieillard de quatre-vingt-trois ans, homme possédant au plus haut degré cette simplicité supérieure et vraie si différente de la simplicité commune. M. d'Italinski, deux fois ministre à Constantinople, une fois à Naples, était depuis cinquante ans hors de la Russie, qu'il avait si bien servie. Ce patriarche des diplomates de l'Europe

---

[1] Cette excommunication fut levée par Benoît XIII. Urbain VIII ayant fait précédemment la même défense pour les églises de Séville, Pasquino cita heureusement le passage de Job : *Contra folium, quod vento rapitur, ostendis potentiam tuam, et stipulam siccam persequeris.*

[2] *V.* liv. XVI, chap. III.

[3] Le 5 octobre 1654, comme Olimpia s'apprêtait à recevoir la visite de son oncle, elle s'aperçut qu'il lui avait été fait un vol considérable de perles, d'or et de pierreries. Peu de temps après elle reçut une lettre du voleur, qui lui donnait les détails, prétendait qu'elle devait lui être fort obligée de ce qu'il n'avait pas tout pris, et l'invitait à mieux serrer ce qui lui restait ; il joignait à sa lettre la restitution de 2,000 écus. Le pape, pour consoler un peu sa nièce, eut la faiblesse de lui accorder 50,000 autres écus.

était doué d'une instruction immense. Il avait travaillé à la continuation du grand recueil des vases étrusques de d'Hancarville, et sa nombreuse bibliothéque était principalement riche en livres orientaux [1]. Je me rappelle encore la vaste galerie qu'il ne quittait point, et dont une extrémité était la salle à manger, le milieu le salon, et l'autre extrémité le cabinet : une certaine colonne, que les gens ne dépassaient point, servait de limite à ce dernier, quand M. d'Italinski étudiait ou travaillait. C'est là que chaque jour il lisait, par distraction, soit Homère, Xénophon, Thucydide, soit une grammaire arabe, soit Térence, Virgile, Horace, soit quelque journal de science. Ce ministre de Russie ne ressemblait guère à son prédécesseur l'ambassadeur moscovite que Montaigne avait rencontré à Rome, « qui « ne savoit parler nulle langue que la sienne, et qui « pensoit que Venise étoit de la dition du pape. » [2]

Le palais Braschi, de la fin du dernier siècle, avec la richesse de ses marbres et son pompeux escalier, est un monument du népotisme depuis long-temps cessé à Rome, et qui ne s'est point renouvelé. Malgré la beauté de son colossal *Antinoüs*, ces formes énormes ne paraissent point convenir au jeune et efféminé favori d'Adrien.

Le célèbre torse mutilé dit de *Pasquino*, un des ouvrages grecs les plus énergiques et les plus achevés, qui paraît un Ménélas défendant le corps de Patrocle, doit son nom au tailleur facétieux de Rome, près de la boutique duquel il fut trouvé. Le génie satirique est par-

---

[1] M. d'Italinski, né à Kiew, et mort le 27 juin 1827, a légué cette bibliothèque à l'empereur de Russie, qui a fait remettre à ses héritiers, comme prix de sa valeur, la somme de 45,000 roubles.

[2] *Voyage*, t. II, p. 143.

ticulier au peuple romain. *Pasquino* et son compère *Marforio* sont l'opposition du pays, opposition dont tout le monde se mêle, que le gouvernement ne poursuit point, et qu'il fait même quelquefois parler pour amuser l'opinion, qui n'affiche plus rien, comme jadis, au pied de la statue, mais qui s'exerce toujours aussi violemment sur les personnes, et n'a que trop conservé le caractère des plaisanteries de *Pasquino* et de ses garçons, ses premiers orateurs.[1]

Le palais Massimi, dont les maîtres prétendent descendre des Fabius de l'ancienne Rome, bâti par Balthazar Peruzzi, dans un espace étroit, irrégulier, passe pour le chef-d'œuvre de l'artiste dont il fut le dernier ouvrage, et il est au premier rang des palais modernes. Avec sa cour et sa jolie fontaine, il donne encore l'idée de ce que pouvaient être les habitations de l'ancienne Rome. Le superbe *Discobole* grec, une des plus belles et des mieux conservées des statues de Rome, paraît une copie de la célèbre statue en bronze de Myron. Les peintures en clair-obscur de la façade du côté de la place Navone sont de Daniel de Volterre.

C'est dans la maison voisine du palais Massimi, aujourd'hui reconstruite par Balthazar Peruzzi, et de bon style, que s'établit, en 1467, la deuxième imprimerie de l'Italie (*in domo Petri de Maximis*), alors que les imprimeurs allemands Sweynheim et Pannartz, ne s'entendant point, à ce qu'il paraît, avec leurs compatriotes les moines de Subiaco, vinrent s'établir à Rome, et y imprimèrent l'*Orateur* de Cicéron, sans date, et la *Cité de Dieu*, de cette même année 1467, livres déjà d'une

---

[1] L'état de tailleur devait être au reste fort distingué en Italie, si l'on en juge par le titre suivant d'un ouvrage in-4° de Jean Pennachini : *Nobiltà ed antichità de' Sartori cavata da molti autori approvati. Ven.* 1650.

très bonne exécution[1]. L'imprimerie romaine, après s'être illustrée dans le XVI° siècle par quelques belles éditions, telles que l'*Homère* d'Eustathe, de Bladus (1542-50), la *Bible* latine d'Alde Manuce (1590), alors directeur de l'imprimerie du Vatican, et même dans le XVII° siècle, époque de décadence typographique, par la fondation de l'imprimerie de la Propagande, due au pape Urbain VIII, paraît aujourd'hui peu active et assez médiocre.

Le palais Vidoni, inachevé, est à Rome l'ouvrage le plus authentique et le plus considérable de Raphaël, comme architecte. La façade, le soubassement servant de rez-de-chaussée, sont du meilleur effet, et allient la variété, l'harmonie à la force. On conserve à ce palais les fragmens du calendrier de Verrius Flaccus, trouvés à Préneste, dans le dernier siècle, et suppléés savamment par M. Nibby.

Le palais Mattei, ouvrage noble et pur de Charles Maderne, artiste qui, depuis, a commencé la décadence de l'art (singularité que présente aussi l'histoire des lettres), est orné de belles statues, de bas-reliefs antiques et de peintures de bons maîtres; sur l'escalier, sont attentivement disposés des siéges, espèces de tabourets, et ils sont antiques. Un bas-relief représente un *Consul faisant punir un coupable;* une tête d'*Alexandre* est remarquable; un plafond a été peint par le Dominiquin.

Sur la place, la fontaine *delle Tartarughe,* du dessin

---

[1] Tiraboschi et ceux qui l'ont suivi ont été dans l'erreur lorsqu'ils ont cru que le *Donatus pro puerulis*, dont il n'existe plus un seul exemplaire, avait été imprimé à Subiaco, sur la foi de la requête présentée à Sixte IV en 1472, qui n'en parle point; il dut être plus probablement imprimé à Rome vers 1468. *V.* p. 44, la *Lettre de l'abbé de Rozan au bibliothécaire de Naples*, déjà citée, liv. XIII, chap. VI.

de Jacques della Porta, a quatre jeunes gens de bronze, fort élégans, de Thadée Landino, sculpteur florentin de la fin du dernier siècle.

Les plafonds du palais Costaguti ont une juste célébrité : *le Temps qui découvre la Vérité*, du Dominiquin, est digne de ce grand maître; il y a une forte expression dans l'*Armide sur un char tiré par deux dragons*, de la première manière du Guerchin. La galerie a quelques ouvrages qui méritent d'être vus : un grand tableau du Poussin, deux Têtes du Dominiquin.

## CHAPITRE XXXV.

*Monte Testaccio.* — Fête. — Peuple de Rome. — *Minenti.* — Vue.

Le mois d'octobre est le plus agréable temps de Rome. Le sol, rafraîchi par les pluies de septembre, est verdoyant et paré; des troupes joyeuses vêtues de couleurs éclatantes, coiffées de chapeaux garnis de fleurs, de plumes et de rubans, dansant le tendre *Salterello* au bruit du tambour de basque et de la mandoline, parcourent les champs; de légères carretelles, calèches de louage, emportent le peuple au Monte-Testaccio, tandis que les équipages de la bourgeoisie et de la noblesse défilent à la *porta Pia*. Les carretelles sont couvertes, sont chargées d'un double étage d'hommes, et surtout de femmes et de filles, appelés *Minenti* (pour *eminenti*), qui tous ont conservé leurs costumes populaires, au lieu de se mettre en dames et en messieurs. Quelques unes des filles sont des espèces de grisettes de Rome, mais grisettes robustes, énergiques, passionnées, qui s'enivrent, et sont même capables de la *coltellata*. Les *Osterie* (auberges et cabarets) du Testaccio sont remplies de monde; toutes ces physionomies, tous ces costumes, sont caractéristiques, pittoresques : s'il n'y a plus de peuple romain, il y a encore le peuple de Rome. Le Monte-Testaccio, dont les caves sont renommées par leur extrême fraîcheur [1], est formé, comme on sait, des débris de cruches antiques (*testa*) que l'on y a déposés. Quand on se rappelle la population de Rome, il paraît surprenant que tant de débris n'aient pas produit un plus fort exhaussement : la forme des pots les exposait fréquemment à se casser, et comme l'a remarqué Courrier [2], il faut encore entendre, par le mot latin, nos tonneaux que les anciens ne connaissaient point, malgré la célébrité du tonneau de Diogène, qui n'était peut-être qu'une grande cruche de terre. On doit ajouter que l'usage de ces vases était très commun; qu'indépendamment du vin, ils servaient à conserver l'eau, l'huile, la cendre des morts, ainsi qu'à une multitude d'autres usages. Les tonneaux et les bouteilles d'une ville suisse ou allemande formeraient, je crois, en peu de temps, une butte plus élevée que le Monte-Testaccio. Cette colline semble d'ailleurs un emblême assez juste de la Rome moderne, si l'on considère toutes les grandeurs brisées qui viennent s'y réfugier; et elle-même n'est qu'une autre sorte de Testaccio où se rassemblent et s'entassent tous les pots cassés de l'univers.

De cette hauteur, la vue du soleil couchant était admirable. Le Poussin s'en est, dit-on, souvent inspiré,

---

[1] Elle est telle que tandis que le thermomètre s'élève quelquefois au-dehors jusqu'à 28 degrés, il y descend à 8 ou 9.

[2] *Correspondance*, t. I, p. 117.

et il était impossible, en la contemplant, de ne pas éprouver le charme rêveur de ses tableaux.

## CHAPITRE XXXVI.

*Ghetto.* — Pont des *Quattro Capi.* — Le Tibre. — Fontaine Paolina.

Le Ghetto, quartier des juifs, le plus triste, le plus infâme de ces repaires, présente comme une multitude de parias en boutiques, entassés les uns sur les autres. Le nombre des habitans, que la terreur du choléra a fait dernièrement recenser pour la première fois, est de trois mille cinq cents, et l'on a calculé que si le reste de Rome était à proportion aussi peuplé, elle ne contiendrait pas moins de cinq cent mille âmes. Tel est cependant l'effet de la population comme moyen de salubrité, que ce quartier, sale, étroit, infect, voisin du Tibre, n'est point du tout malsain, tandis que la *malaria* règne dans les parties désertes de Rome et au sein des plus belles villa. La barbare clôture des juifs, si opposée à l'esprit charitable du christianisme, n'a même point le précieux mérite de l'ancienneté, car elle ne remonte qu'au pontificat de Paul IV, vers le milieu du XVI$^e$ siècle [1]. Le Ghetto forme une espèce de commune, dite *Università*, dont les recteurs ont le titre de *cacam*; un somme de sept mille écus, dépense supportée par les cent neuf familles de marchands les plus à leur aise,

[1] Il leur avait aussi imposé de porter par-devant le morceau d'étoffe jaune, dit *lo Sciamanno*, qui les distingue encore dans l'État romain. A sa mort un juif couvrit la tête de la statue brisée de ce pape, du même *Sciamanno*.

est consacrée aux frais du culte, des écoles, des médecins, et surtout à secourir les pauvres, afin de pratiquer le précepte du Deutéronome qui interdit la mendicité, *et mendicus non erit inter vos.*

Le pont dit des *Quattro Capi* de ses quatre hermès de Janus, qui conduit à l'île Tibérine, fut bâti par L. Fabricius, directeur des chaussées, l'an de Rome 690, et il est aujourd'hui le plus ancien pont de la ville.

Le Tibre, bordé de palais, couvert de vaisseaux dans l'antiquité, n'a même point aujourd'hui de quais; il coule obscurément dans un coin de Rome, et il n'a conservé que sa couleur blonde (*flavus Tiberinus*). Un méchant bateau à vapeur qui, à la mécanique près, doit assez ressembler au navire d'Énée, le parcourt jusqu'à Fiumicino; mais telle est la décadence du fleuve qu'il n'a même point assez d'eau pour la machine moderne, qui met cinq heures à faire ce voyage, et qui, sans les buffles auxquels on l'attèle, risquerait souvent d'être engravée. Le Tibre, ce fleuve sacré de l'ancienne Rome, qu'un magistrat créé par Auguste devait entretenir toujours pur, est devenu comme l'égout de la Rome nouvelle, dans lequel se jettent toutes les immondices. Clélie et ses compagnes, qui le passèrent au port de *Ripa grande,* auraient maintenant plus de courage à le traverser, pourvu qu'elles eussent le goût de la propreté. Son eau, qui n'est bue que dans les maisons de quelques religieux du quartier, avait long-temps conservé la réputation d'être suave et salubre : Paul III en emportait dans ses plus longs voyages, et Clément VII, par ordonnance du médecin, en fit autant lorsqu'il vint à Marseille marier sa nièce, Catherine de Médicis, au frère du Dauphin, depuis Henri II. Le projet de fouiller le Tibre afin d'en retirer des statues antiques et même les prétendus trésors cachés dans son lit, richesses dont parle Montfaucon, qui a quelquefois revêtu de son grave latin les contes des *Ciceroni*, ce projet avait déjà été conçu par le cardinal de Polignac. L'expérience faite en 1823 a prouvé combien il était chimérique. Quant à l'autre plan de détourner le Tibre, dans le même but, sans trop songer à l'endroit par où il pourrait passer, il est encore plus ridicule.

La fontaine *Paolina*, supérieurement située, qui de loin paraît un arc de triomphe jetant de l'eau, est la plus abondante de Rome; mais son eau tartreuse, amenée par un aquéduc que Trajan avait construit et qui fut restauré par le pape Paul V, n'est guère bonne qu'à faire aller les usines et les moulins placés au-dessous d'elle, et à tomber dans le Tibre. Elle fut construite avec les marbres provenant du temple de Pallas, élevé par Nerva et démoli par Paul V, nouveau et déplorable exemple de la destruction des monumens antiques à une époque civilisée !

## CHAPITRE XXXVII.

Palais *Corsini*. — Christine. — *Ecce Homo*, du Guerchin. — Bibliothéque. — La *Farnésine*. — *Histoire de Psyché*. — *Galatée*. — *Tête*, de Michel-Ange. — *Villa Lante*.

Le palais *Corsini*, autrefois de la famille Riario, habité par Christine, et dans lequel on montre encore la chambre où elle mourut¹, fut refait par Fuga. Mal-

---

¹ Des détails curieux sur cette mort se trouvent dans une lettre de Menzini, témoin oculaire et ami de Christine, à Redi, publiée à la suite des *Lettere di Lorenzo il magnifico e d'altri Toscani* (Florence, 1830, in-8°). Ces détails historiques auraient pu four-

gré ses incorrections, il est un des plus vantés de Rome pour son habile disposition, la magnificence de l'escalier, et la distribution de l'intérieur. La galerie a quelques ouvrages remarquables : l'*Ecce Homo*, du Guerchin, admirable par l'expression de sa douleur divine; une *Vierge*, du Caravage, très bonne; une *Ste. Famille*, de Fra Bartolommeo, peut-être la plus gracieuse qu'il ait faite; le *Portrait de Jules II*, de Raphaël, qui n'est point inférieur à celui de la Tribune; le *Philippe II*, du Titien, qui pourrait bien être une copie; un *Lapin*, parfait, d'Albert Durer; la *Vie du Soldat*, de Callot, en douze petits tableaux, d'une faible exécution et sans couleur, auxquels on doit infiniment préférer les gravures; la célèbre *Hérodiade portant sur un plat la tête de S. Jean-Baptiste*, du Guide, gracieuse, mais dont la tête d'Hérodiade n'a point le caractère qui lui convient, et l'ajustement est de mauvais goût et maniéré; une *Chasse de Tigres*, de Rubens, d'un beau coloris, mais dont l'authenticité peut être contestée; un *Paysage*, des meilleurs de Guaspre Poussin; une

---

nir quelques effets nouveaux à l'auteur français de la trilogie de *Christine*. La lecture de son testament immédiatement après la scène de désespoir causée par les derniers momens de Christine, et le mécompte qu'il produit sur ses gens, est rendu avec assez de vérité pour un poète courtisan tel que Menzini. *Dopo un' ora incirca passammo dalla camera, ove giaceva, in altra stanza contigua, dove si aperse e si lesse il di lei testamento. Qui io non posso dirle tutte le particolarità di esso,* ec. *Lo aver lasciato particolarmente la sua povera famiglia senza verun conforto, con non farle niente di più di quel che qui in Roma costumi di fare ogni altro benchè mediocre signore, ha fatto credere che questo non sia stato il puro sentimento di così alta regina, ma che vi si sia adoprata manifattura di persone, che per vestire se stesse hanno volentieri e barbaramente fatto che tutti gli altri restino ignudi,* ec. *Mi creda, che questo ha seccato le lagrime sugli occhi di molti, ed ha fatto sì che la regina non sia pianta, dove che con ogni piccola amorevole recognizione saria stata pianta eternamente.*

*Vierge*, de Murillo, molle d'exécution, d'une extrême fraîcheur de coloris, et l'un des plus grands tableaux de l'école espagnole qu'il y ait à Rome.

La bibliothèque Corsini, créée par Benoît XIII, est riche de manuscrits et d'éditions du xv$^e$ siècle, mais la communication paraît n'en avoir jamais été très facile. On y trouve aussi quelques lettres de Christine.

Une villa charmante tient au palais, et s'étend sur la pente rapide du Janicule. Du casin la vue de Rome est complète.

La Farnésine, monument dégradé de la splendeur de l'art au xvi$^e$ siècle, orné des peintures de Raphaël et de son école, de l'architecture de Balthazar Peruzzi, fut bâtie par le banquier de Rome, Augustin Ghigi, qui voulut y traiter Léon X et perpétuer sa réputation méritée d'homme de goût. Ghigi avait déjà fait imprimer dans sa propre maison, par Calliergi, le beau *Pindare*, petit in-4°, de 1515, le premier livre grec imprimé à Rome : ce banquier doit être regardé comme un des plus magnifiques Mécènes des temps modernes. Le triangle si frais, si vigoureux des trois Grâces de la *Fable de Psyché* passe pour être de la main de Raphaël. Ghigi informé qu'il interrompait fréquemment ses travaux pour courir chez la Fornarine, eut l'attention de la faire venir chez lui, afin d'épargner le temps de l'artiste et d'avancer l'ouvrage. Le *Mercure*, vu de face, qui s'envole, est vivant, aérien; le groupe de l'*Apothéose de Psyché*, plein de grâce, et le *Jupiter* embrassant le fils de Vénus, offre un mélange de majesté à la fois naïve, familière et sublime. Le *Conseil*, le *Banquet des Dieux*, sont de magnifiques inspirations d'Homère. Malgré les éloges prodigués à la restauration par Carle Maratte, de cette riche décoration, il est probable que, depuis, l'effet général a plutôt perdu que gagné, et le fond actuel paraît d'un bleu trop foncé. La poétique fresque de *Galatée*, si maltraitée par le temps, que l'on croirait inspirée par le génie de la peinture antique, est de Raphaël [1]. Les tableaux de la voûte, représentant *Diane sur un char* et l'*Histoire de Méduse*, de Daniel de Volterre, de Sébastien del Piombo et de Balthazar Peruzzi, ce dernier encore grand peintre et créateur des décorations théâtrales, font une telle illusion que Titien lui-même les prit pour des ornemens en relief, et qu'il voulut qu'on lui apportât une échelle afin de les toucher ; effet merveilleux que ces tableaux produisent encore. La superbe tête colossale dessinée au charbon par Michel-Ange n'est point une prétendue leçon qu'il aurait donnée à Raphaël sur la petitesse de ses têtes ; mais il la fit en attendant son élève Daniel, et pour prévenir qu'il était venu : c'était sa carte de visite. Il faudrait, s'il était possible, commencer la visite de la Farnésine par les deux pièces du premier étage, dont les fresques, de l'école de Raphaël, avec de très bonnes parties, perdent trop à être vues après les chefs-d'œuvre du rez-de-chaussée

La Villa Lante, joli *casino* sur le Janicule, est une des merveilles du talent de Jules Romain comme peintre et architecte. Les huit têtes de femme à fresque, de la salle de bain, passent pour les portraits des maîtresses de Raphaël, figures naïves, gracieuses, ex-

[1] Ce passage curieux d'une lettre de Raphaël à Balthasar Castiglione, au sujet de la *Galatée*, explique avec modestie quelques uns de ses procédés dans la recherche du beau : *Della Galatea mi terrei un gran maestro, se vi fossero la meta delle tante cose che V. S. mi scrive : ma nelle sue parole riconosco l' amore che mi porta, e le dico che per dipingere una bella mi bisognería veder più belle, con questa condizione che V. S. si trovasse meco a fare scelta del meglio. Ma essendo carestia e de' buoni giudici e di belle donne, io mi servo di certa idea che mi viene alla mente. Se questa ha in se alcuna eccellenza di arte, non so, ben m' affatico d' averla.*

pressives, italiennes, que l'on retrouve dans ses divers chefs-d'œuvre, et qui semblent véritablement l'avoir inspiré. Elles furent, ainsi que la Villa, commandées à Jules Romain par Balthazar Turini, dataire de Léon X et de Clément VII, ami intime et exécuteur testamentaire de Raphaël, prélat voluptueux qui cherchait par ces douces images à retrouver les traces et le souvenir de l'homme qu'il regrettait.

## CHAPITRE XXXVIII.

Palais de la *Chancellerie*. — Palais *Farnèse*. — Cour. — Galerie. — Palais *Spada*. — *Didon*, du Guerchin. — Bas-reliefs. — Statue de *Pompée*. — Palais *Falconieri*. — Pont S.-Ange. — Château.

Le palais de la Chancellerie, une des plus vastes constructions de Rome, un des chefs-d'œuvre du Bramante, et le premier auquel il ait appliqué le résultat de ses recherches sur les monumens antiques, offre encore quelques traces de la maigreur du goût précédent, et de l'enfance de l'art. Il fut bâti avec le travertin du Colysée et le marbre de l'arc supposé de Gordien. La porte vers S.-Laurent *in damaso*, de Vignole, malgré tout son mérite, ne paraît point en harmonie avec le style du premier architecte, exemple coupable d'indépendance, si l'on peut le dire, suivi avec moins de droit par Dominique Fontana, auteur de la grande porte. Vasari, qui a peint dans le salon l'*Histoire de la vie de Paul III*, avoue, qu'obligé de finir promptement, il se servit d'apprentis qui ne firent point trop ce qu'il voulait.

Le palais Farnèse, avec sa place disposée pour lui et ornée de deux abondantes fontaines, dont les cuves de granit sont les plus larges que l'on connaisse, avec ses rues latérales et régulières, est le plus beau palais de Rome, et le véritable type de l'architecture romaine, différente par son goût pur et fier de la rudesse florentine et de l'architecture d'apparat des palais de Naples et de Gênes. Trois architectes de premier ordre travaillèrent à ce chef-d'œuvre : Antoine San-Gallo en fit le plan, et éleva les façades extérieures; le premier étage de la cour est de Vignole, et Michel-Ange vint couronner l'édifice de son majestueux entablement. Le travertin de la cour provient des pierres tombées du Colysée, qui ne fut point démoli par Paul III, comme on l'a injustement prétendu, pour bâtir le palais, puisque ce pontife se montra toujours très zélé pour la conservation des anciens monumens, et qu'un des premiers actes de son gouvernement fut de créer le savant Juvénal Mannetto commissaire des antiquités avec des pouvoirs très étendus. Le choix, le travail de ce travertin, la précision et l'excellence de son appareil, n'ont été portés plus loin dans aucun autre édifice. Depuis les ouvrages des Romains, il n'a rien été construit de plus parfait que cette cour, et elle peut même rivaliser avec les premiers monumens du peuple-roi. Sous le portique, est le grand sarcophage de marbre de Cecilia-Metella, illustre romaine, femme de Crassus, dont la tombe, quoique négligée, paraît en harmonie avec une telle architecture. Un vaste escalier conduit à la galerie peinte par Annibal Carrache, aidé d'Augustin, son frère, et de plusieurs de ses élèves, le modèle de toutes les galeries exécutées dans le même genre, magnifique décoration, peut-être trop surchargée d'ornemens, d'après le goût du siècle, qui coûta à l'artiste huit années de travail, et ne lui valut que cinq cents écus d'or (3,000 fr.). Les plus remarquables de ces poétiques peintures si mal payées sont : le *Triomphe de Bacchus*, dont le Silène à cheval est parfait ; la *Galatée*, qu'on croit du Guide ; l'*Aurore enlevant Céphale*, et l'*Andromède*. Une salle, quoique peinte par Salviati, Thadée Zuccari et Vasari, mérite d'être examinée : on y voit la *Paix conclue entre François I$^{er}$ et Charles-Quint ; Luther argumentant contre le nonce Cajetan*, et quelques traits de l'histoire de la maison Farnèse.

Le palais Spada fut restauré, enjolivé par le Borromini, qui a construit dans un petit jardin une colonnade formant une perspective imitée par le Bernin dans l'escalier du Vatican, genre d'illusion qui semble tout-à-fait un contre-sens au milieu des brillantes réalités d'un tel pays. La galerie, sans être du premier rang, a quelques tableaux remarquables : le *David avec la tête de Goliath*, du Guerchin, ajusté d'une manière très pittoresque ; un *Portrait*, du Titien ; une *Charité romaine*, d'Annibal Carrache, originale de composition, vigoureuse d'exécution ; le *Marché de Naples et Mazaniello haranguant l'armée des Lazzaroni*, un des bons ouvrages de Michel-Ange des Bamboches ; une mère apprenant à travailler à sa fille, dite *Ste. Anne et la Vierge*, de Michel-Ange de Caravage, vulgaire et vraie ; la *Didon*, du Guerchin, le meilleur tableau de la galerie ; le *Portrait du cardinal Spada*, du Guide, un des beaux portraits de Rome. Les salles basses offrent de célèbres sculptures antiques : une statue méditant, dite d'Aristide, mais qui paraît plutôt un *Aristote* : la vertu n'a pas besoin de tant songer ; les huit bas-reliefs provenant de l'escalier de Ste.-Agnès hors des murs, où ils formaient, la face sculptée tournée contre terre, autant de marches, les plus beaux bas-reliefs et les mieux conservés peut-être que nous possédions de l'antiquité romaine ; la colossale statue de *Pompée*, au pied de laquelle César serait tombé, que les républicains de 1798 transportèrent dans le Colysée, lorsqu'ils y jouèrent la pièce de Voltaire, et qui n'est qu'une statue d'empereur sur laquelle on a collé la tête de Pompée ( tête sans génie et sans bonté ): les bandelettes impériales pendent encore sur le col, et ce Pompée a les deux pommes d'Adam des deux statues.[1]

La nombreuse galerie du palais Falconieri, la plus riche en tableaux des écoles flamande, hollandaise, allemande et française, a été formée avec zèle et avec goût par M. le cardinal Fesch. On remarque : une belle *Ste.-Famille avec S. François adorant l'enfant Jésus*, de Rubens ; un *S. Jérôme*, plein d'expression, de l'Espagnolet ; deux *Batailles*, du Bourguignon ; une *Cène*, de l'Albane ; une *Ste. Cécile*, du Guerchin ; un *Conseil*, tableau du Titien, admirable par la couleur et la simplicité des moyens dont il s'est servi pour obtenir un tel effet ; quelques fragmens de fresques, de Sébastien del Piombo, du style le plus élevé, le plus grandiose ; un Teniers, et un *S. Jean prêchant*, de Rembrandt, des chefs-d'œuvre de ces maîtres.

Le pont Ælien, devenu pont S.-Ange, à l'exception des parapets et de quelques légères réparations, est antique. La décoration des dix figures colossales d'Anges tenant les instrumens de la Passion, fut exécutée par le Bernin et ses élèves. Il est difficile d'imaginer rien de plus ridicule que l'effet du vent dans les vêtemens des Anges, ainsi que la conformation des ailes de ceux-ci. L'Ange portant la croix est de la propre main du Bernin, et passe pour un de ses ouvrages les plus maniérés.

[1] *V*. liv. iv, chap. ii, l'opinion du comte Cicognara sur une autre prétendue statue colossale de Pompée, qui n'est qu'un Tibère.

Le mausolée d'Adrien, monument des talents du César architecte, fut bâti pour lui et ses successeurs, lorsqu'il abandonna le tombeau qu'Auguste s'était aussi élevé ainsi qu'aux empereurs qui devaient le suivre. Il y a quelque chose de noble dans cette émulation des maîtres du monde à s'occuper autant de la mort : de pareils tombeaux n'ont pas moins immortalisé la mémoire des deux empereurs que leurs palais. Les mausolées d'Auguste et d'Adrien ont eu depuis un triste sort : le tombeau d'Auguste est une arène pour des combats de bœufs, un théâtre d'artificier, et le môle d'Adrien sert de bagne et de prison. Malgré l'autorité de Procope et l'opinion commune, l'armée gréco-romaine de Bélisaire n'a peut-être pas jeté à la tête des Goths les belles statues antiques qui ornaient ce dernier mausolée, et le *Faune Barberini*, trouvé dans les fossés du château S.-Ange, y sera probablement tombé par quelque autre révolution ou accident. Il ne devait guère rester de statues au môle d'Adrien lorsque Bélisaire s'empara de Rome: depuis soixante ans, elle était au pouvoir des barbares, et plus de deux siècles auparavant Constantin avait employé les colonnes du mausolée à l'érection de S. Paul; on peut croire qu'il aura dû alors également enlever les statues placées au-dessus de ces colonnes. Chose singulière, les fortifications du château S.-Ange furent commencées par Boniface IX, avec l'argent qu'il reçut des Romains pour revenir à Rome célébrer le jubilé; ce peuple, toujours passionné pour les spectacles, sacrifiait à sa folie les derniers restes de sa liberté. Un long corridor couvert, dont la grosse maçonnerie est d'un assez bel effet à travers les colonnes de la place S.-Pierre, communique du Vatican au château, afin que celui-ci, en cas d'émeute ou de révolte, puisse servir d'asile aux maîtres de Rome ; monument de crainte et de menace digne d'Alexandre VI, son fondateur. J'avais une permission pour visiter le château S.-Ange, que je parcourus du haut en bas. Ma descente aux flambeaux, dans les souterrains, avec des soldats et des geôliers, après avoir traversé la population de prisonniers et de forçats qui remplissent le château, donnait à notre expédition un air de roman. Tous ces forçats ne sont cependant ni des brigands, ni des criminels, car la peine des galères s'applique, à Rome, aux simples délits correctionnels, comme rixes, voies de fait, et même pour avoir sifflé ou fait du bruit au spectacle. Les fouilles qui se faisaient alors ont conduit jusqu'à l'ancienne porte du tombeau, qui était précisément en face du pont, ainsi qu'au chemin en spirale pavé en mosaïque à fond blanc qui conduisait aux diverses chambres sépulcrales. De la plate-forme, à laquelle il est indispensable de monter, on jouit d'une admirable vue.

## CHAPITRE XXXIX.

Université. — Professeurs. — Enseignement primaire.

L'Université de Rome, qui remonte à la fin du XIII<sup>e</sup> siècle, doit son titre de la *Sapience* à l'inscription mise sur l'entrée : *Initium sapientiæ timor Domini*. Le bâtiment, commencé sous Léon X par Michel-Ange, ne fut achevé que sous Grégoire XIII par Jacques della Porta, qui a fait l'intérieur de la cour, remarquable par sa simple ordonnance tout-à-fait convenable à la studieuse et paisible destination de l'édifice. L'église et sa coupole en spirale sont citées comme des ouvrages les plus bizarres du Borromini. L'organisation actuelle de la Sapience, due à Léon XII, qui a augmenté le traitement des professeurs, se compose d'un cardinal archichancelier, d'un recteur, et de cinq colléges, savoir : les colléges de théologie, de droit, de médecine, de philosophie, et de philologie, division qui répond à nos cinq facultés. Le collége théologique a cinq chaires : l'écriture sainte, la théologie dogmatique, la théologie scholastique, l'éloquence sacrée, la physique sacrée; le collége de droit a sept chaires : les institutions du droit naturel et des gens, les institutions du droit public ecclésiastique, les institutions canoniques, le texte canonique, les institutions civiles, le texte civil, les institutions criminelles; le collége de médecine treize chaires : l'anatomie, la physiologie, la chimie, la botanique, la pathologie et séméiotique, l'hygiène, la médecine théorico-pratique, la médecine clinique, l'histoire naturelle, la chirurgie, les accouchemens, la chirurgie clinique, la pharmaceutique; le collége de philosophie onze chaires : la logique et métaphysique, l'éthique, l'algèbre et la géométrie, la physique, l'introduction au calcul, le calcul sublime, la mécanique et l'hydraulique, l'optique et l'astronomie, l'architecture statique et hydraulique, la géométrie graphique, la minéralogie; le collége philologique six chaires : l'archéologie, l'éloquence, les langues grecque, hébraïque, arabe, et syro-chaldéenne. Plusieurs professeurs sont très distingués; tels sont : M. Morichini, professeur de chimie, peut-être le meilleur médecin de Rome; M. Trasmondi, le moins faible chirurgien, professeur de chirurgie théorique; M. De Matteis, de clinique; le docteur Folchi, de matière médicale; le bizarre et bibliomane Bomba, qui mêle quelquefois, d'une manière étrange, la théologie aux leçons de sa physiologie, tant soit peu arriérée; M. Carpi, professeur de minéralogie; M. Metaxa, de zoologie et d'anatomie comparée et vétérinaire, dont les spirituelles leçons n'ont guère l'ordre et la suite d'un véritable cours; M. Nibby, d'archéologie, dont je n'ai pu entendre qu'une leçon de rentrée, qui me parut remarquable par l'ordre, la précision et la solidité; M. Sarti, d'hébreu; M. Lanci, célèbre par l'indépendance de sa critique biblique, d'arabe; M. Scarpellini, de physique sacrée; M. Pieri, mathématicien qui a la foi de Pascal, de mathématiques sublimes. Les cours de la Sapience paraissent faits exactement et en conscience, et les cours de chimie, de physique, de médecine et de droit étaient très fréquentés.

Malgré l'interdiction de l'enseignement mutuel, l'enseignement primaire a fait récemment quelques progrès à Rome. Soixante écoles, dites de quartier (*regionarie*), dirigées par des laïcs, et dont le prix est par mois de cinq à dix *paoli* (de cinquante-cinq à cent dix sous), reçoivent environ deux mille élèves. Le nombre de ces écoles serait plus considérable si elles ne devaient être éloignées l'une de l'autre au moins de cent cannes [1]. Les sept écoles paroissiales, tout-à-fait gratuites, comptent cinq cents élèves, et les sept autres, de prêtres réguliers, deux mille. Le nombre des enfans instruits se trouve ainsi à peu près des trois quarts. Un véritable modèle d'école populaire est celle de S.-Nicolas, *a strada Giulia* : là, quatre-vingts enfans d'artisans trouvent le soir, en revenant du travail, des prêtres zélés qui leur donnent gratis des leçons de lecture et d'écriture, et leur fournissent l'encre et le

---

[1] Selon M. Quatremère (dernière édition du *Dictionnaire historique de l'Architecture*) la canne romaine de dix palmes, équivaut à six pieds onze pouces de roi.

papier. Les élémens du dessin font partie de l'enseignement des trois écoles paroissiales de frères dits ignorantins. Plusieurs articles du réglement sont fort sages : les châtimens doivent être infligés avec modération [1], et par une disposition tout-à-fait italienne, les gens contrefaits ne peuvent être maîtres d'école, afin de ne point paraître ridicules aux élèves. [2]

## CHAPITRE XL.

Théâtre *Valle*. — Censure dramatique. — *Burattini*.

La salle du théâtre *Valle*, un des deux principaux théâtres de Rome ( l'*Argentina* est le théâtre d'été ), quoique restaurée, ne paraît guère qu'une suite d'échoppes mal peintes et garnies de tentures passées ; elle est mal fermée, mal chauffée, et il y fait à peu près aussi froid que dans la rue. Malgré tant d'imperfections, elle a, comme la plupart des salles d'Italie, le premier des mérites, on y entend très bien la musique de toutes les places. L'orchestre se compose d'espèce d'amateurs, exerçant un métier le matin ( la basse était un rempailleur de chaises ), et payés à 3 paoli ( 33 sous ) par soirée. Les acteurs sont en général mal habillés. L'Osiris, du *Mosé*, avait un pantalon de basin blanc, et sur la tête, une plume d'oiseau de paradis, au-dessus d'un turban fort peu égyptien ; Pharaon était vêtu à la

---

[1] *Magistri cum judicaverint aliquem discipulorum pœna afficiendum esse, id faciant admodum moderate, et omnis animadversio et castigatio iracundia verborumque contumelia prorsus vacet.* Tit. IV, art. 34.

[2] *Nullo in pretio discipuli habituri sint.* Tit. I, art. 7.

grecque; Moïse portait une longue perruque grise, pendant sur ses épaules, assez semblable de loin à celle d'un conseiller au parlement, et il n'était guère mieux chaussé que dans la statue de Michel-Ange [1]. Combien il y avait loin de ces travestissemens aux costumes fidèles, savans même, et peut-être trop savans, du *Moïse* de notre grand Opéra? La plupart des acteurs et des pièces que j'ai suivis au théâtre Valle, en 1826 et 1828, ont depuis paru sur notre scène italienne ou sont passés à son répertoire, à l'exception de Cosselli, bonne basse taille, et de l'opéra de Pacini, les *Arabes dans les Gaules*, dont le titre, en 1815, eût pu sembler un opéra seria sur l'emprunt. La censure dramatique du *Libretto* est fort sévère : on retranche de Sémiramis le superbe trait de son entrée, *Eccomi alfin in Babilonia*, sans doute à cause des sonnets de Pétrarque sur Rome, et particulièrement du fameux sonnet l'*Avara Babilonia ha colmo 'l sacco*, et dans le Barbier de Séville il est défendu à Figaro, par égard pour les Monsignors, de donner du monseigneur à Almaviva; il n'est que *signor conte*. Les *docteurs moines*, le maître du sacré palais, et son compagnon, *personnes cardinalables*, qui laissèrent Montaigne à peu près libre de conserver dans ses Essais tout ce qu'il voudrait, étaient beaucoup moins rigoureux.

Les *Burattini*, les *Fantoccini* de Rome [2], sont un spectacle populaire fort divertissant. Un des plus laborieux savans et théologiens du xviie siècle, Léon Allatius, bibliothécaire de la Vaticane, y assistait, dit-on, presque tous les jours, comme Bayle allait aux Marionnettes, et j'y fus conduit le soir par un des habitués les plus lettrés du café Ruspoli, qui en est voisin. C'était pen-

---

[1] *V.* ci-dessus, chap. xx.
[2] *V.* liv. iii, chap. xx.

dant le mois d'octobre; les scènes du Monte-Testaccio y étaient représentées avec beaucoup de gaîté[1], et le mécanisme des personnages et de la carretelle qui les avait conduits était parfait. Le personnage principal de ces pièces, Cassandrino, ne ressemble ni au grossier Girolamo de Milan, ni au docteur de Bologne, c'est un petit vieillard vert et fat, quelquefois maître de chapelle et beau chanteur, s'exprimant d'une voix perçante, dont les travers sont une allusion satirique aux ridicules du temps. Les *Burattini* représentent aussi de grandes pièces sérieuses, inférieures, il est vrai, à leurs jolies et spirituelles comédies de mœurs, mais qui ne manquent ni d'intérêt, ni de pathétique.

## CHAPITRE XLI.

Temple de la Fortune des Femmes. — Amphithéâtre *Castrense*. — *Minerva Medica*. — Arc de Gallien. — Thermes de Titus. — Esquilin. — Forum, temple de Nerva. — Forum de Trajan. — Colonne. — Camp des Prétoriens. — Mont Sacré. — *Serpentara*. — Pont *Salario*. — Topographie de Tite-Live. — Jardins de Salluste.

Près de tombeaux antiques, dont un à deux étages et bien conservé, est le temple dit de la Fortune des Femmes, élevé en mémoire de la rencontre de Coriolan et de sa mère, édifice majestueux dans sa simplicité et sa petitesse, mais dont la tradition paraît fort incertaine, puisque Coriolan était campé sur la voie latine, à quatre milles de l'ancienne porte Capène, et que ce fut là qu'il dut être désarmé par Véturie.

[1] *V.* ci-dessus, chap. xxxv.

L'amphithéâtre *Castrense* paraît, à ses débris et à ses colonnes en brique, du premier siècle. Les soldats romains s'y exerçaient à des jeux militaires, et combattaient les bêtes féroces; car dans leur passion du danger, ils semblent véritablement avoir fait la guerre à toute la nature. Il faut sortir des portes pour saisir l'effet complet de ces ruines à demi circulaires.

La belle ruine, mêlée de végétation, dite de *Minerva Medica*, de la célèbre Minerve avec un serpent que l'on y a trouvée, et qui n'est point le théâtre anatomique imaginé par quelques antiquaires, n'était peut-être qu'un pavillon des jardins de Licinius, situés de ce côté. Cette construction du siècle de Dioclétien a perdu sa voûte qui s'est écroulée en 1828, ainsi que l'échafaud placé pour la soutenir, et elle n'est elle-même aujourd'hui qu'une ruine de ruine prête à périr.

Le monument dit des Trophées de Marius, d'où proviennent les trophées placés au-devant du Capitole[1], paraît avoir été une superbe fontaine qui recevait les eaux de plusieurs aqueducs, afin de les distribuer dans les divers quartiers de Rome.

L'arc de Gallien, d'une dimension médiocre, en gros blocs de travertin, fut érigé à cet empereur et à sa femme Saloniné par un obscur Marcus-Aurelius Victor. A la chaîne suspendue au milieu était encore attachée, il y a peu d'années, la clef de la porte Salcicchia de la ville de Viterbe, qui s'était révoltée contre le sénat romain du XIII<sup>e</sup> siècle, et qu'il y fit placer comme monument de sa victoire.

Les Romains, qui aux premiers temps de la république descendaient se laver dans les flots du Tibre, firent de leurs bains sous les empereurs, et lorsque les vieilles

---

[1] *V.* ci-dessus, chap. x.

mœurs se furent altérées, de vastes édifices, de véritables monumens, ornés de statues et de peintures, assez uniformes par leurs dispositions, dans lesquels ils passaient leur vie, et qui réunissaient tout ce qui peut satisfaire aux jouissances du corps, ou aux plaisirs de l'esprit. C'est ainsi qu'à côté des parties destinées aux diverses sortes de bains, à la promenade et aux exercices gymnastiques, se trouvaient des galeries, de vastes bibliothèques consacrées aux entretiens littéraires et philosophiques. Titus éleva rapidement ses thermes près de sa demeure, sur le mont Esquilin, et sur l'emplacement des jardins du palais détruit de Néron; mais il ne reste rien que le nom des thermes du premier empereur. Quelques corridors et chambres ornées de fraîches arabesques suffisent pour juger du luxe et du genre de décoration des anciens. Un architecte français de la plus haute distinction, qui a fait sur les lieux une étude approfondie des monumens de la Grèce et de l'Italie, ne pense point que, malgré l'opinion des antiquaires, ces chambres puissent dépendre des constructions de Néron ou de quelque autre palais : peut-être avaient-elles fait partie de la maison de Mécènes qui était sur le mont Esquilin, et dont les jardins furent depuis possédés par le rhéteur Fronton [1]. Les artistes de la fin du xve siècle, et Raphaël lui-même dans les Loges du Vatican, imitèrent ces élégantes arabesques; mais le grand artiste ne fit point boucher ensuite, comme on l'a calomnieusement prétendu, les galeries souterraines, afin de dérober la trace de son plagiat, puisque long-temps après sa mort elles restèrent accessibles. Une telle barbarie était également indigne soit de son généreux caractère, soit de son talent, qui

---

[1] *V.* ses *Lettres,* Liv. I, 1.

n'avait point à rougir de ses ingénieuses imitations. Le déblaiement de sept à huit galeries fait en 1812 et 1813, et dans lesquelles on peut maintenant circuler au jour, est un des plus utiles travaux de l'administration française. Du haut des thermes de Titus l'on a une vue remarquable du Colysée, qui, de côté, paraît tout-à-fait intact.

La solide et curieuse construction dite des Sept salles, quoiqu'il y en ait neuf, paraît avoir servi de réservoir aux thermes.

C'est sur le mont Esquilin qu'était la maison d'Horace, devenue depuis propriété de Juvénal; Virgile et Properce, poètes plus doux et plus tendres que les deux satiriques, habitèrent aussi cette colline encore aujourd'hui une des parties les plus salubres de Rome :

*Nunc licet Esquiliis habitare salubribus.* [1]

Le forum commencé par Domitien et terminé par Nerva, dont il a gardé le nom, fut témoin du cruel exemple fait par Alexandre Sévère sur un de ses favoris, Vetronius Turinus, qui promettait les grâces du prince pour recevoir des cadeaux, ainsi qu'il se pratique toujours chez les serviteurs des grands de Rome; il le fit périr suffoqué par une fumée de paille et de bois humide, tandis que le crieur public répétait : *fumo punitur qui vendidit fumum.* Les deux colonnes, avec des bas-reliefs d'une bonne exécution sans être très purs, appartiennent à l'intérieur du forum. La corniche qu'elles soutiennent est riche d'ornemens d'un excellent travail, ainsi que le bas-relief de la frise représentant les attributs de Pallas, à laquelle le forum était dédié.

Il ne reste du temple de Nerva, un des plus élégans édifices de l'ancienne Rome, que trois superbes co-

---

[1] Horat., *Sat. VIII*, 14.

lonnes et un pilastre du portique, et une partie de la *Cella*. L'architrave et le soffite du portique sont magnifiquement ornés, et rappellent tout-à-fait les trois superbes colonnes, dites du temple de Jupiter-Stator. Le mur d'enceinte, de péperin, merveilleuse construction pour la hauteur et la solidité, doit être antérieur de plusieurs siècles à Domitien et à ses successeurs, qui s'en seront servi.

Le forum de Trajan, ouvrage d'Apollodore, le plus splendide, le plus régulier des forum antiques, fut taillé dans le Quirinal à la hauteur de sa colonne, ainsi que l'atteste encore l'inscription de celle-ci. Déblayé par l'administration française, il présente aujourd'hui l'aspect peu imposant d'une espèce de cirque creux entouré d'une balustrade en fer, couvert de colonnes brisées, remises, dit-on, à leur ancienne place. Ces colonnes sont de granit, de brèche violette et autres riches matières. On peut ainsi juger de la disposition de l'ancienne basilique Ulpienne, exemple unique du plan des basiliques antiques. Au milieu s'élève la colonne dédiée à Trajan par le sénat et le peuple romain, pour ses victoires sur les Germains et les Daces. Cette admirable colonne, dont les bas-reliefs variés comptent jusqu'à deux mille cinq cents figures, et qu'imitèrent les premiers artistes de la renaissance, est maintenant surmontée de la statue en bronze de S. Pierre, placée par Sixte-Quint, qui a voulu qu'elle regardât le Vatican. Le piédestal, orné de trophées, d'aigles, de guirlandes de chêne, est le plus beau qui existe : les uniformes sculptés du piédestal de la place Vendôme n'y ressemblent guère; car si l'exploit français est plus grand, la copie du monument romain lui est très inférieur.

Le camp des prétoriens (*Castra prætoria*), construit par Séjan et détruit par Constantin, parce que cette redoutable milice s'était déclarée pour Maxence, offre encore quelques restes, qui servent de murs à la ville et de caserne à de pacifiques soldats pontificaux.

Le mont Sacré, jolie colline, rappelle les deux célèbres et paisibles retraites du peuple romain, et son admirable bon sens dans la formation de sa liberté. A un mille, à la pittoresque *serpentara*, sont les ruines de la villa de l'affranchi de Néron, Phaon, chez lequel il courut se cacher lâchement et se tuer.

Le pont *Salario*, sur l'Anio, détruit par Totila, fut refait au vi⁰ siècle par Narsès, après sa victoire sur les Goths. Il avait été témoin du combat de Manlius et du soldat gaulois qui l'avait orgueilleusement provoqué. Sur la rive gauche était la ville des Antemnates, une des plus anciennes du Latium, dont les habitants s'étaient rendus aux jeux annoncés par Romulus, et qui devint sa première conquête lorsqu'elle tenta de venger le rapt de ses filles. Tout ce bord de l'Anio jusqu'à Fidènes fut le théâtre des guerres continuelles de Rome naissante avec ses voisins, et atteste l'exactitude topographique de Tite-Live. L'historien latin est encore aujourd'hui un très bon guide, et qui ne satisfait pas moins la raison que ses admirables récits n'enchantent l'imagination. Quoi qu'ait prétendu le docte Niebuhr, il paraîtra toujours impossible d'admettre que la critique moderne en sait plus long sur l'histoire romaine que Tite-Live et son siècle si éclairé, si lettré, si savant. L'esprit d'un peuple, la suite de ses actions, malgré quelques faits merveilleux qui se mêlent à son origine, l'aspect des lieux et des monumens sont de plus sûrs témoignages que les fragmens incertains de quelques palimpsestes. Ces premiers événemens sont conformes au génie et à toute l'histoire du peuple romain; ils offrent ainsi un degré suffisant de certitude, et ils paraissent plus dignes de confiance que la préoccupation germanique, que cette divination hautaine, fantasque, si peu d'accord avec elle-même dans ses conjectures, qui a transporté les clans et les mœurs de l'Écosse à la nature italique, et transformé les personnages si divers, si héroïques des premiers temps de Rome, en froids et philosophiques emblêmes.

Les jardins de Salluste, vaste marais cultivé, furent construits par l'historien latin au retour de son proconsulat de Numidie, où il avait refait sa fortune dissipée dans les plaisirs, et amassé d'immenses richesses par ses dilapidations. C'est dans cette superbe retraite, qui depuis fit partie du domaine impérial, et qu'habitèrent Néron, Vespasien, Nerva, Aurélien, qu'il écrivait éloquemment contre le luxe et vantait la simplicité des vieilles mœurs républicaines. Ces jardins furent incendiés par Alaric à son entrée à Rome. On retrouve encore la forme d'un cirque, les restes de la maison de Salluste, un temple que l'on croit dédié à Vénus, et même, dit-on, le fameux champ du crime (*Campus sceleratus*), où l'on enterrait vivantes les vestales trop sensibles.

## CHAPITRE XLII.

Portique d'Octavie. — Théâtre de Marcellus. — *Velabrum.* — Arc de Janus; — de Septime Sévère. — *Cloaca Maxima.* — Le grand Cirque. — Vallée d'Égérie. — Temple *del Dio Redicolo.* — Thermes de Caracalla. — Tombeau des Scipions. — Arc de Drusus. — Temple. — Cirque de Romulus. — Tombeau de Cecilia Metella. — Temple de Bacchus. — Pyramide de Cestius. — Pont *Sublicio.* — Des histoires de ponts. — Aventin. — Sol volcanique de Rome. — Temple de Vesta. — Temple de la Fortune virile. — Maison de Rienzi. — *Ponte Rotto.*

Le portique d'Octavie élevé par Auguste à sa sœur infortunée, ce chef-d'œuvre d'architecture qui comprenait dans son enceinte deux temples dont les ruines existent encore; ce portique, que décorèrent les plus belles statues, et dont les ruines ont donné la Vénus de Médicis, placé aujourd'hui dans un carrefour infect, sert de hangar aux marchands de poisson de Rome, car il n'y a point là de poissardes. J'ai vu incrustés dans les misérables constructions de la rue de la *Pescaria* de superbes fragmens de colonnes de marbre cipollin, comme on reconnaît encore des débris de l'antique grandeur de ce peuple à travers sa dégradation actuelle.

Le théâtre de Marcellus, qui pouvait contenir jusqu'à trente mille spectateurs, fut consacré par Auguste au jeune fils d'Octavie, dix ans après sa mort, à jamais illustre par l'horoscope du poète et le trait si profondément pathétique qu'il lui inspira. Telle était l'heureuse distribution du théâtre que les sénateurs, les chevaliers ou le peuple, dont les places étaient distinctes, pouvaient s'y rendre et en sortir sans se rencontrer. Ses élégantes colonnes ont servi de modèle pour les ordres dorique et ionique, et l'on imite encore l'habile disposition des deux ordres placés au-dessus l'un de l'autre. Devenu dans le moyen âge forteresse des Pierleoni et des Savelli, la famille Massimi le fit arranger pour l'habiter par Balthasar Peruzzi, qui, de l'aveu de Serlio son élève, profita beaucoup de l'étude des substructions qu'il découvrit pendant les travaux [1]; il passa depuis à la famille Orsini, et ce superbe monument romain, dont les portiques sont garnis de boutiques, est aussi le palais d'un prince romain moderne. Une longue montée qui conduit à la cour est formée des propres ruines du théâtre.

La vallée du *Velabrum*, ancien marais desséché par les rois, au moyen de la *cloaca maxima* et du *pulchrum littus*, véritable quai pour contenir le Tibre, conserve de grandes voûtes souterraines, autre preuve que la Rome de cette époque était déjà la capitale d'un état puissant.

L'arc de Janus *quadrifrons*, majestueux, mais du siècle de la décadence, paraît avoir été consacré par Septime Sévère aux banquiers et marchands du quartier.

Le petit arc de marbre de Septime Sévère, remarquable par la richesse de sa sculpture et par la forme de son ouverture en platebande, lui fut consacré, selon l'inscription, ainsi qu'à Julie sa femme, et à Caracalla et Géta ses fils, par les orfèvres (*argentarii*) et les marchands de bœufs. Le nom et la figure de Géta ont disparu, comme ailleurs, par l'inimitié de son frère. [2]

Le *forum boarium*, le marché aux bœufs, tirait aussi son nom de la fameuse vache en bronze de Miron que

[1] Lib. III.
[2] *V.* le chapitre précédent.

l'on y voyait. C'est là que Romulus avait commencé à tracer avec sa charrue l'enceinte de la ville éternelle.

La *Cloaca maxima*, dont il ne reste plus que la moitié, un quart de mille, dans laquelle, selon Pline et Strabon, un chariot chargé de foin, qui peut-être était moins élevé que nos charrettes, pouvait passer, ce plus beau des égouts atteste encore la grandeur de Tarquin et de la Rome des rois, plus puissante, plus civilisée, plus magnifique que la Rome des premiers siècles de la république. Ces superbes travaux, imposés au peuple romain, étaient un des griefs allégués énergiquement par Brutus contre Tarquin, quoiqu'il y eût employé aussi des ouvriers étrusques [1]. Si ce dernier roi n'eût point commis d'autres excès, il serait digne plutôt d'admiration que de haine; car il est impossible d'imaginer un plus noble monument d'utilité publique que cette construction formée de grands blocs de péperin sans ciment, qui, après plus de vingt-trois siècles, sert encore. Un joli ruisseau d'une eau pure et salubre, dont le peuple va boire le matin pendant l'été, tombe dans la *Cloaca*. On croit, mais sans beaucoup de raison, qu'il formait la célèbre et sacrée fontaine Juturne près du Forum.

Le grand cirque dominé par le Palatin, et qui conserve encore la loge d'où l'empereur donnait le signal des jeux, le premier et le plus magnifique des cirques de Rome, fut construit par Tarquin l'ancien dans la vallée même où Romulus avait célébré ses perfides jeux, brutale entrevue terminée par le mariage forcé et heureux des Sabines. C'est dans ce cirque, dont les rares et informes débris occupent le fond d'un marais, qu'avait lieu les fameuses courses de chars. Agrandi par Jules

---

[1] Tit.-Liv., *Lib. I*, 55, 59.

César, embelli par Auguste, restauré et agrandi de nouveau par Vespasien, il pouvait, sous ce dernier empereur, contenir jusqu'à deux cent soixante mille spectateurs.

L'emplacement de la vallée d'Égérie paraît authentique; mais si le nom est doux, si la mystérieuse tradition est touchante, le lieu est assez laid. Une statue mutilée de jeune homme couché comme un fleuve est au fond de l'ancien Nymphée, que l'on a voulu mettre à la place même de la fontaine sacrée, et qui n'est qu'une construction du temps de Vespasien. La statue de marbre rappelle le vers de Juvénal, qui regrettait de ne plus voir la fontaine Égérie dans son état naturel :

*Nec ingenuum violarent marmora tophum.*

L'élégant et petit temple du dieu *Redicolo* (*Campus Rediculi*) fut élevé à la place où Annibal leva son camp, *a diis injecto metu recessit*, dit le grammairien Festus Pompeius. Malgré quelques contradictions, j'ai foi à ce dieu qui fit reculer Annibal. Il semble qu'un pareil monument est bien dans les mœurs et la religion des Romains, dont la patrie était la première divinité.

Les thermes de Caracalla, vaste assemblage de murs pantelans, à travers lesquels on a de merveilleuses vues, donnent une haute idée de la magnificence romaine et du luxe de ces constructions. Trois mille personnes pouvaient s'y baigner à la fois, et ils comptaient jusqu'à seize cents siéges de marbre et de porphyre[1]. La superficie de ces ruines de bains dépasse d'un tiers l'emplacement de l'Hôtel des Invalides. Malgré les importans travaux et les restaurations opiniâtres de notre compatriote M. Blouet, la destination d'une grande partie des pièces doit être fort incertaine; mais l'architecture se

---

[1] *V.* le chapitre précédent.

rapporte assez à celle des thermes postérieurs de Dioclétien, et le style n'a point échappé à quelques impuretés du temps.

Le tombeau des Scipions, le plus ancien, et l'un des plus glorieux mausolées de la Rome républicaine, était sur la voie Appienne. Quelle ne devait pas être la moralité constante de pareils monumens exposés sur les grands chemins, et l'émulation excitée par cet exemple perpétuel, héroïque, du sacrifice d'une même famille au service de la patrie? La découverte du tombeau des Scipions, en 1780, fut un événement dans l'histoire archéologique ; mais l'illustre monument ne paraît point avoir été inconnu aux savans de la renaissance, puisqu'une des inscriptions qui s'y trouvèrent était consignée depuis cent cinquante ans dans un manuscrit du palais Barberini, et publiée depuis un demi-siècle dans le recueil de Doni. On a peine à s'expliquer comment, depuis cette époque, il a pu ainsi disparaître. Ennius, dont la pierre ne s'est point retrouvée, était enterré dans cet hypogée romain, tant le noble patronage des familles de Rome s'étendait même au-delà du tombeau.

L'arc de Drusus, le père de l'empereur Claude, lui fut érigé, après sa mort, par le sénat et le peuple pour ses victoires en Germanie. Il est de travertin, avec deux colonnes de marbre africain, qui faisaient partie de sa décoration renouvelée par Caracalla, indigne de mettre la main à un tel monument. On voit encore le conduit pratiqué par ce dernier au-dessus de l'arc, ainsi qu'une partie de l'aqueduc destiné à ses bains.

Il ne reste que le souterrain du temple de Romulus, le fils de Maxence. Derrière le mur, vers le cirque de cet obscur Romulus, est un élégant tombeau, en forme de croix grecque, environné d'un corridor circulaire. Le cirque, le mieux conservé qui nous reste, avait été attribué à Caracalla, jusqu'aux fouilles exécutées aux frais de M. Torlonia en 1825. Chacun des nombreux gradins pouvait recevoir jusqu'à dix-huit mille spectateurs, et l'on voit encore les traces des piédestaux des belles statues qui décoraient la *Spina*.

Le tombeau de Cecilia Metella, chef-d'œuvre d'élégance, de solidité, de grandeur, le plus beau tombeau de femme connu, qui servit de modèle aux mausolées des empereurs, lui fut élevé par son époux Crassus, ainsi qu'on le voit par l'inscription, et il pourrait témoigner contre sa réputation d'avarice. Un bas-relief représente un trophée et partie d'une figure de la Victoire qui écrit sur un bouclier les exploits de Metellus, le vainqueur de la Crète, père de Cecilia Metella, et les exploits moins brillans de Crassus. L'ornement de la frise, formé de festons et de têtes de bœufs, fit donner au monument la grossière dénomination de *Capo di bove*: il servit de forteresse au pape Boniface VIII, dont les armes s'y voient encore, et un château détruit par Sixte Quint, comme repaire de brigands, y avait été ajouté.

Les ruines du tombeau de Marcus Servilius, aussi sur la voie Appienne, furent découvertes en 1808 par Canova, et ont été par lui généreusement conservées et laissées en place.

A deux milles de là, M. Torlonia possède le grand domaine dit de *Roma Vecchia*, qui offre encore la vaste disposition d'un palais impérial, et qui a valu à son possesseur le titre un peu bizarre de marquis de la Vieille Rome.

Le temple incertain de Bacchus, bien situé, bien conservé et très ancien, offre à la voûte quelques ornemens et un bas-relief du meilleur temps. Il devint église dans le moyen âge : ses peintures de l'année 1011 sont fort curieuses pour l'histoire de l'art. La vue est une des plus belles de la campagne de Rome, et l'effet des arcades brisées des aqueducs singulièrement pittoresque.

L'obscur Cestius, qui ne doit sa réputation qu'à sa belle pyramide, était un de ces épulons dont le nombre avait été porté de trois à sept sous Auguste, dignité bizarre, qui consistait à faire les honneurs du banquet (*lectisternium*) offert aux dieux pour se les rendre propices dans les temps de calamités, ou les remercier des victoires accordées aux armes de la république. Les épulons dressaient dans les temples, autour d'une table somptueusement servie, des siéges et des lits couverts de tapis et de coussins. On y plaçait les statues des dieux et des déesses invités, et Valère-Maxime nous apprend qu'ils voulaient bien s'assujettir aux usages humains, et que, dans cette cérémonie, Jupiter était couché sur un lit, et Junon et Minerve étaient assises sur des siéges [1]. La pyramide de Cestius fut élevée en trois cent trente jours, selon l'inscription, par testament de cette espèce de maître-d'hôtel de l'Olympe, instrument de la superstition patriotique de Rome. L'ancien cimetière protestant, couvert de brillans mausolées en marbre, est tellement encombré qu'un nouveau a été construit récemment. La publicité de cette double sépulture honore la tolérance de l'administration pontificale.

Le pont Sublicius, le premier pont bâti par les Romains, fut témoin de l'exploit d'Horatius Coclès, exploit assez suspect, comme toutes ces défenses de pont par un seul homme, imaginées chez les anciens et chez les modernes pour consoler l'amour-propre des armées en retraite, et que Tite-Live ne paraît point admettre

---

[1] *V.* Liv. II, chap. I, 2.

lorsqu'il remarque spirituellement que le héros *rem ausus, plus famæ habituram apud posteros, quam fidei,* observation applicable à plusieurs autres faits primitifs de son histoire, et qui prouve qu'il n'était pas si crédule que la critique moderne l'a supposé. Le pont Sublicius fut plus d'une fois emporté par les crues du Tibre, sous Auguste et sous le pontificat d'Adrien I⁰ʳ. En 1454, ses ruines furent démolies jusqu'à fleur d'eau pour servir de boulets de canon, dont plusieurs se voient encore au château S.-Ange. Surchargé de baraques de pêcheurs, il est aujourd'hui redevenu de bois comme sous le roi de Rome Ancus Martius, lorsqu'il devait son nom de *Sublicius* aux poutres dont il était formé.

Le mont Aventin, la moins haute des sept collines, autrefois orné de temples et de palais, est maintenant désert et n'a qu'un petit nombre d'édifices religieux. L'Aventin reçut sous l'administration française des plantations de coton qui réussirent assez bien. Les cinq chemins par lesquels on y monte sont dans la même direction, et peut-être les mêmes que les anciens. Ses pauvres et rares habitans, son ermite si admirablement peint par M. Schnetz, sont singulièrement pittoresques.

Sur la pente de l'Aventin, du côté du Tibre, était la caverne de Cacus, le premier, le plus illustre ancêtre des brigands romains. Les tourbillons de flamme et de fumée que vomissait le fils de Vulcain indiquent l'existence de volcans très actifs, dont l'époque ne peut être assignée, mais dont les traces sont encore aujourd'hui très visibles : la fable est sur ce point plus instruite que l'histoire. Virgile rapporte, que selon la croyance des vieux âges, le fondateur de Preneste eut un foyer pour berceau, ce qui le faisait croire fils de Vulcain :

*Vulcano genitum..............*
*Inventumque focis omnis quem credidit ætas.*

Il est surprenant que les anciens n'aient point été frappés de l'aspect de ce sol, qui semble en ébullition : faibles observateurs, ces Romains, si puissans, n'ont point soupçonné cette force de la nature, plus ancienne, plus terrible que leurs propres fureurs.

Le temple de Vesta, modèle de grâce et de goût, si grec de travail, d'arrangement, devint, par une de ces analogies fréquentes entre les temples antiques et les églises, la Madone-du-Soleil, titre qu'il a conservé, ainsi que l'autre titre bizarre de S.-Étienne *des Carrosses*. Ce célèbre petit temple paraît avoir été refait vers la fin du 11e siècle, sous les Antonins.

Le temple de la Fortune virile, un des plus anciens de Rome, fut consacré à l'inconstante déesse par Servius Tullius, qu'elle avait délivré des fers de l'esclavage pour les chaînes de la royauté. Il fut restauré au temps de la république, et dédié à la Madone vers la fin du ixe siècle. L'ordre ionique qui le décore est le principal des deux seuls exemples de cet ordre qui existent à Rome.

La maison dite de Pilate et de Rienzi ne reçut probablement ni l'un ni l'autre de ces hôtes fameux. Cette espèce de petit fort offre à l'extérieur un placage confus d'inscriptions et de fragmens antiques assez analogue à l'éloquence et au caractère bizarres du dernier personnage. On remarque ce vers, que l'on attribue à son ami Pétrarque :

*Adsum Romanis grandis honor populis.*

Le tribunat de Rienzi était contemporain de la conspiration démocratique du doge vénitien Marino Faliero et des massacres de la Jacquerie de France. L'on était à l'une de ces époques d'éruptions des passions populaires causées par l'inégalité et l'oppression.

Le pont Palatin, aujourd'hui *ponte Rotto,* fut le premier pont en pierre bâti à Rome. Il avait été terminé sous la censure de Scipion l'Africain et de L. Mummius. Refait par les papes Honorius III, Jules III et Grégoire XIII, il croula une troisième fois et n'a point été rétabli. L'aspect de ce quartier et de ses pauvres habitans, la vue de l'Aventin, du Janicule et du Tibre, surtout lorsque l'on avance sur le pont, sont très pittoresques, et semblent véritablement une apparition de la Rome primitive.

FIN DU LIVRE QUATORZIÈME.

# LIVRE QUINZIÈME.

### ENVIRONS DE ROME.[1]

### CHAPITRE PREMIER.

Des Villa. — Villa *Pamfili*. — Pins. — Stucs. — Mont Mario. — Villa *Madama*. — *Loggia*. — Casin du pape Jules. — Villa *Borghèse*. — Nouveau Musée. — Casin de Raphaël. — Villa *Albani*. — L'*Antinoüs*.

Les Villa, ces splendides demeures, sont le lien qui unit, si l'on peut le dire, les anciens Romains aux Romains modernes. Le palais actuel de Rome diffère du palais antique; la villa de nos jours se rapproche beaucoup de l'antique villa, et dans ses parties principales elle en rappelle presque la majestueuse disposition. Le goût national d'une même magnificence s'est perpétué malgré le contraste des sociétés. Ces maisons de plaisance sont ordinairement tournées vers Rome, horizon superbe, en harmonie avec la pompe de leur architecture, et le marbre, les statues, les colonnes, les vases, les fontaines qui les décorent. Les jardins, plantés avec une noble régularité, et si au-dessus des zigzags de la manière anglaise, n'offrent point cette prétention bizarre de créer des sites que l'on trouve en dehors tout faits par la nature, mais ils sont destinés à la promenade d'amis puissans des arts qui cherchent, dans leur repos, à en contempler les chefs-d'œuvre. Trop souvent dé-

[1] *V.* Liv. xiii, chap. xv.

serte, dégradée, la villa romaine n'a point perdu son premier caractère, et sa tristesse même semble ajouter à sa grandeur.

La villa Pamfili-Doria ou de *Belrespiro* (un de ces surnoms poétiques de l'Italie, comme celui de ses nombreux belvéders), avec son bois de pins en parasol (arbre charmant, si en harmonie avec le ciel du pays, puisqu'il donne de l'ombre et laisse la lumière), son lac, sa vue qui s'étend jusqu'à la mer, ses frais gazons émaillés d'anémones, ses grottes, ses bassins, ses cascades, ses fragmens antiques, est la plus variée, la plus délicieuse des villa romaines. Le dessin n'est point de Le Nôtre, comme on l'a cru, mais de l'Algardi [1]; la nature semble avoir forcé le talent recherché de cet artiste à être simple, grand et vrai. Plusieurs plafonds du casin sont ornés de stucs exécutés de la propre main de l'Algardi, d'une extrême élégance, et qui ont encore toute leur fraîcheur. Il a fait aussi le buste de la trop célèbre Olimpia Maidalchini Pamfili, dont les richesses mal acquises contribuèrent à la création de cette merveille. [2]

Depuis quelques années, des fouilles heureuses ont eu lieu à la villa Pamfili; elles ont produit la découverte de plusieurs *Colombarium* bien conservés, d'un grand nombre de curieuses inscriptions, débris intéressans pour l'histoire des usages et des monumens funèbres chez les anciens, et qui forment un petit cimetière antique très pittoresquement disposé au milieu d'un bois.

---

[1] Le Nôtre n'était guère connu avant 1650, qu'il planta pour Fouquet les jardins de Vaux; il ne vint à Rome qu'en 1678, et l'Algardi avait commencé la villa Pamfili vers 1644. *V.* l'excellent et bel ouvrage de MM. Percier et Fontaine, *Choix des plus célèbres maisons de plaisance de Rome et de ses environs*, seconde édition, 1824, in-fol., p. 13.

[2] *V.* liv. xiv, chap. xxxiv, et liv. xvi, chap. iii.

Le mont Mario, à l'extrémité du Janicule, planté d'un joli bouquet de cyprès, offre un des sites les plus agréables des environs de Rome, qui de là présente son plus imposant aspect. On ignore le nom antique du mont Mario, et il ne doit son nom actuel qu'à un Mario Mellini, qui fit bâtir au sommet une belle villa. Sur la pente est la villa *Madama,* ainsi appelée de Marguerite d'Autriche, fille naturelle de Charles-Quint, veuve d'Alexandre de Médicis, mariée depuis à Octave Farnèse, duc de Parme, qui l'avait habitée. Ce célèbre casin, commencé pour le cardinal Jules de Médicis, sur le dessin de Raphaël, et terminé par Jules Romain, est devenu, dans sa dégradation actuelle, une sorte d'antiquité moderne que les artistes ne cessent d'étudier et d'admirer. La superbe *Loggia,* le lambris d'une salle et une voûte, sont l'ouvrage de Jules Romain et de Jean d'Udine, petites, gracieuses et exquises peintures placées à côté des loges du Vatican et de la même école.

La villa ou le casin du pape Jules III, d'excellente architecture et de la plus agréable disposition, mais dégradée, dont Vasari se vante d'avoir donné les premiers dessins, paraît devoir être attribuée principalement à Michel-Ange. Vignole, à son retour de France, fut chargé de plusieurs embellissemens, et l'on reconnaît ce grand architecte à l'élégance de la disposition et à la pureté des profils du *Palazzino.* Le beau Nymphée, orné des marbres les plus précieux, les fontaines, sont de Barthélemi Ammanato, et Thadée Zuccari a peint les fresques de la galerie circulaire. Un maître du sacré palais de ce temps-là, Pier' Antoine Aliotti, favori du pape, avait, par ses tracasseries, sa fausse science et ses fantaisies, fait le tourment des artistes habiles qui successivement travaillèrent à la villa, ce qui lui valut, de l'irrévérent Michel-Ange, le sobriquet ironique de *Monsignore tante cause* (monsignor qui veut tout faire et fait tout de travers), applicable depuis à plus d'un directeur des beaux-arts.

La villa Borghèse, un de ces lieux chers au peuple de Rome, atteste la magnificence héréditaire de cette famille. Créée par le cardinal Scipion, sur les dessins de Jean Vansanzio, dit le Flamand, elle fut considérablement accrue vers la fin du dernier siècle par le prince Marc-Antoine, et récemment elle a été fort embellie par le dernier prince Camille. On connaît et l'on admire son lac, son temple, son hippodrome, beau modèle d'hippodrome moderne, ses berceaux de lauriers. Le célèbre Musée acquis sous l'Empire pour notre Musée, moyennant treize millions et non quatorze comme l'avait dit Napoléon à Canova [1], a depuis été presque remplacé en trois ans, tant l'Italie semble inépuisable de chefs-d'œuvre. Sous le portique, un torse semi-colossal d'*Apollon* tendant l'arc, et un autre torse de statue impériale assise, furent trouvés près de Frascati. Le salon a : une tête de *Vespasien*; la colossale tête d'*Isis*, avec la fleur de lotus, dont le pendant est une tête colossale de *Diane* d'un travail exquis; le bas-relief du *Cavalier se précipitant*, restauré pour un Curtius, malgré la vulgarité du cheval et du cavalier; une *Prêtresse* bien drapée, au-dessus d'un autel sépulcral, dont l'épitaphe curieuse est celle de la cantatrice Musa; deux têtes colossales d'*Adrien* et d'*Antonin*, d'une parfaite conservation; une statue de *Diane*. A la salle de Cérès sont : une statue de la déesse, de grandeur naturelle, la plus belle Cérès que l'on connaisse; un hermès d'*Apollon;* un autre de *Mercure;* un por-

---

[1] Missirini. *Della Vita di A. Canova*, p. 245.

trait d'*Alcibiade*, plus fort que nature; une statue de *Léda*; le fameux bas-relief de l'*Éducation de Télèphe*, ouvrage du temps d'Adrien, qui semble un camée. La belle statue d'*Hercule*, de la salle qui porte son nom, est ajustée comme l'Hercule Farnèse : au-dessus d'un sarcophage orné de Tritons et de Néréides, est un admirable fragment d'architecture. La salle d'Apollon et de Daphné est composée d'ouvrages modernes. Le groupe du Bernin, fait à dix-huit ans, étonnant à la fois pour le mécanisme de l'art et la recherche, est plein de charme dans l'ensemble et les détails : l'Apollon paraît bien plutôt le *jeune dieu toujours beau, toujours frais,* de Fontenelle, que l'Apollon savant des Métamorphoses. On lit sur un côté du piédestal les vers d'Ovide, et de l'autre ce singulier distique du cardinal Maffeo Barberini, depuis Urbain VIII :

*Quisquis amans sequitur fugitivæ gaudia formæ*
*Fronde manus implet, baccas seu carpit amaras.*

Le groupe d'*Énée et d'Anchise* fut exécuté par le Bernin à l'âge de quinze ans, s'il n'est pas de son père. Le *David tuant Goliath*, autre ouvrage de sa jeunesse, le représente sous les traits du héros dont il avait la petite stature; ce David, qui n'est pas à la vérité très noble, n'a point l'exagération de sa manière, et peut être regardé comme une des choses les plus naturelles qu'il ait faites. La riche galerie décorée de bas-reliefs de sculpteurs vivans conduit au cabinet de l'*Hermaphrodite*, statue moins bien conservée que la nôtre, mais qui n'a pas moins de grâce et de vérité. La salle de l'Apollon a la belle statue du dieu, grecque et importante pour l'histoire de l'art. A la salle Égyptienne sont : une *Isis*; un groupe de *Faune à cheval sur un Dauphin*; un superbe hermès de *Bacchus* couronné de lierre, et un vase unique de marbre ophite¹. La salle du Bacchus doit son nom au groupe grec du dieu et de Proserpine, monument précieux de la théogonie antique.

La petite et très simple villa Nelli, voisine de la villa Borghèse, fut possédée par Raphaël : quelques fresques d'un goût exquis, quoique fort altérées par le temps, la décorent : les *Noces d'Alexandre et de Roxane*, la mieux conservée, fut exécutée par l'ancien maître de la maison, d'après la gracieuse description de la peinture de l'artiste grec Ætion donnée par Lucien, dont le texte peut encore servir d'explication à la charmante fresque de Raphaël.²

La villa Albani, magnifique création du cardinal Alexandre, amateur passionné des beaux-arts et de l'antiquité, surnommé un peu trop pompeusement l'Adrien de son temps, fut disposée par lui et par ses architectes à la manière des habitations antiques. La décoration des façades et les détails ne sont pas toutefois très purs. Winckelmann, ami du cardinal, et les plus habiles interprètes de l'antiquité figurée, ont successivement illustré ce véritable Musée, le troisième de Rome après le Vatican et le Capitole. Un prétendu Brutus, cru quelque temps un Harmodius et ensuite un acteur, ne paraît plus aujourd'hui qu'un esclave. Les premiers chefs-d'œuvre sont : *les Fils de Niobé percés de flèches*; *l'Apollon Sauroctone* (tueur de lézards) en bronze; le bas-relief du *Repos d'Hercule*;

---

¹ Cette roche verte, très recherchée des anciens, tire son nom des taches dont elle est marquetée comme les serpens (ὄφις). C'est à tort qu'on a cru jusqu'ici qu'elle se tirait des montagnes qui bordent la mer Rouge du côté de l'Égypte, les travaux de notre commission scientifique de Morée ont prouvé qu'on l'exploitait dans le Péloponèse : le Taygète en est en grande partie formé.

² *V*. Lucian. *Herodotus sive Ætion*.

le délicieux bas-relief d'*Antinoüs* couronné d'une légère guirlande (la couronne qu'il tient est moderne), la plus admirable des sculptures de la villa ; la statue de *Pallas* ; le curieux hermès du *Mercure*, avec des inscriptions grecques et latines ; la *Faustine* assise ; le sarcophage des *Noces de Thétis et de Pélée* ; le bas-relief de *Diogène dans son prétendu tonneau devant Alexandre*[1] ; l'autre bas-relief de rouge antique, de *Dédale fabriquant ses ailes* ; un *Cupidon*, copie de celui de Praxitèle ; le bas-relief du *Combat d'Achille et de Memnon* ; celui de *Bérénice offrant sa chevelure pour le retour de son mari Ptolémée Évergètes*. Le *Parnasse* du plafond de la galerie, de Raphaël Mengs, vanté autrefois comme supérieur au Parnasse de Raphaël, est aujourd'hui, ainsi que les autres ouvrages de Mengs, mis à sa véritable place : il y a quelques muses posées avec grâce et ajustées d'un bon style ; mais l'Apollon, espèce de statue, est mal posé, mal dessiné, et l'exécution, quoique roide, pénible, manque de force.

[1] *V.* liv, xiv, chap. xxxv.

## CHAPITRE II.

Route de Tivoli. — Pont *Mammolo*. — Lac *de' Tartari*. — Tombeau de la famille Plautia. — Villa *Adriana*. — Fleur. — Théâtre. — Pœcile. — Bibliothéque. — Palais. — Quartier des Prétoriens. — Thermes. — Canope. — *Tivoli*. — Filles. — Temple de Vesta; — de la Sibylle. — Cascatelles. — Grotte de Neptune; — des Sirènes. — Maison d'Horace. — Villa de Mécènes. — Temple *de la Toux*. — Villa d'*Este*. — Fontaine *dell' Ovato*.

La route de Tivoli suit en plusieurs endroits l'ancienne voie tiburtine. Après le dixième mille, on retrouve encore son rude pavé formé de grosses pierres polygones de basalte volcanique, ainsi que les marche-pieds dont elle était bordée. Au quatrième mille, on passe l'Anio, dit vulgairement le Teverone, sur le pont Mammolo, peut-être ainsi nommé de Julia Mammea, la mère d'Alexandre Sévère : détruit par Totila, il fut reconstruit par Narsès, avec les mêmes matériaux. La verte végétation des hêtres du rivage forme un agréable coup d'œil. Les eaux du lac *de' Tartari*, imprégnées de matières calcaires, couvrent de brillantes cristallisations les branches et les racines qu'elles touchent. Le canal et le lac de la Solfatarre exhalent une forte odeur de soufre : l'écume de ce dernier lac, mêlée à la poussière, aux feuilles et aux branches, forme à sa superficie de légères agglomérations qui lui ont valu le surnom trop poétique de lac *aux îles nageantes (lago delle isole natanti)*. Près de là sont les ruines des bains d'Agrippa, qui avaient été salutaires à Auguste. Le pont de Lucano est le modèle d'un des plus beaux paysages de Guaspre Poussin [1]. Le noble mausolée de la famille Plautia, qui conserve deux inscriptions antiques, servit de forteresse dans le moyen âge, comme la tour sépulcrale de Cecilia Metella, dont il rappelle l'élégance et la grandeur.

Malgré l'admiration commune, l'idée de l'empereur Adrien d'entasser dans sa villa des copies des monumens de l'art ou des merveilles de la nature qu'il avait vus dans ses voyages, n'était peut-être pas très heureuse. Toutes ces diverses répétitions, qui à l'extérieur conservent toutefois des dispositions romaines, devaient se nuire et faire de la villa une espèce de grand jardin anglais antique, indigne du génie des arts d'Adrien, qui eut aussi le tort d'être ennemi d'Homère. La villa Adriana passe pour avoir été dépouillée de ses premiers chefs-d'œuvre par Caracalla, afin d'en orner ses Thermes; elle fut plus probablement saccagée par Totila. Aujourd'hui propriété du duc Braschi, elle n'offre qu'une espèce de marais insalubre et productif, ravagé par la culture; et une forte végétation de cyprès, de figuiers, de chênes-verts, de lierres et de légères clématites, serre et détruit ses ruines. Une fleur odorante, sorte de seringa, apportée par Adrien, ne vient, dit-on, que là. Singulière puissance de la nature! les monumens exotiques du maître de Rome disparaissent; ils jonchent la terre de leurs vastes débris : cette simple fleur étrangère les domine et ne cesse point de répandre son parfum. Le théâtre grec conserve sa forme antique, ses gradins et quelques parties de la scène. Une maison de paysan a de superbes stucs qui décoraient la voûte d'un ancien Nymphée avec lequel on l'a bâtie. Le Pœcile, imitation du glorieux portique d'Athènes, n'est plus qu'un haut

---

[1] *V.* liv. xiv, chap. xxxi.

et long mur. Une sorte de cirque, lieu de natation, selon les antiquaires, est dit assez ridiculement le théâtre maritime, à cause des monstres marins représentés sur la mosaïque du pavé. La Bibliothéque était divisée en bibliothéque grecque et latine, mais formait un seul édifice, dont il subsiste quelques substructions. Le côté de la bibliothéque latine, précédée, comme la bibliothéque grecque, d'une pièce pour les lecteurs, est le mieux conservé. Le palais impérial était sur la hauteur. Parmi ses magnifiques ruines, se voient dans la partie inférieure des restes de peinture d'excellent goût. Le quartier des Prétoriens, dit *Cento Camerelle*, d'une surprenante conservation, est authentique, malgré l'opinion de l'abbé Chaupy, qui n'y voit que des substructions. La communication entre les chambres est moderne. L'amas de débris des Thermes n'est pas tellement informe que l'on ne puisse en reconnaître les diverses parties; il est difficile toutefois de distinguer le *côté* des hommes ou celui des femmes, quoique l'on sache de Spartien, l'historien d'Adrien, que le scandaleux empereur, qui fit un dieu d'Antinoüs, tenait beaucoup à ce que les deux sexes ne se baignassent point ensemble. La vallée appelée de Canope offre une répétition du temple égyptien qui donne l'idée de son caractère extraordinaire; on y voit encore les chambres des prêtres adroits de Sérapis, ainsi que les arabesques d'un corridor par lequel passaient les conduits qui amenaient l'eau à la façade extérieure, pour tomber dans le fameux canal, théâtre des danses joyeuses et de la licence des fêtes Canopiennes. Au-dessus de la colline méridionale de la vallée, d'autres ruines considérables appartiennent à l'Académie et à l'Odéon. Près de ce dernier, quatre grands corridors dépendaient des Enfers, et les Champs-Élysées n'étaient pas loin.

# TIVOLI.

Tivoli, l'ancien, le poétique Tibur, d'origine grecque, remonte à 462 ans avant la fondation de Rome :

*Tibur Argæo positum colono.* [1]

Tibur s'unit deux fois aux Gaulois, lorsqu'ils firent irruption en Italie : peut-être ses habitans croyaient-ils que nos ancêtres aideraient à leur liberté; soumis par les Romains, Tibur fut constamment ville municipale. Illustre par le séjour d'Horace, de Catulle, de Properce, d'Auguste, de Mécènes [2], et l'asyle captif et obscur de Zénobie, il fut détruit par Totila, et trois ans après, rétabli par lui comme poste militaire; il perdit son antique nom, devint Tivoli vers le VIII$^e$ siècle, et subit les divers malheurs de l'Italie, pendant le moyen âge, parmi lesquels le trait le plus marquant est son alliance avec Rienzi, comme tribun pour la seconde fois du peuple romain. Le Tivoli actuel est une ville d'environ cinq mille âmes, bien située, sale et mal percée, qui a son évêque, sa *locanda*, des voyageurs, des artistes, de nombreuses usines, des tanneries, des forges, des papeteries, des moulins à huile et une poudrière. Malgré son aspect industriel et moderne, il est difficile de n'être point frappé de la beauté forte et noble, des airs de tête et de la tournure antique des filles du peuple.

Le temple d'Hercule, le patron grec de Tibur, était le principal de la ville ; il est remplacé par la cathédrale

---

[1] Horat. *Od. VI*, lib. II.

[2] *V.* ci-après, p. 223. La plupart des voyageurs enthousiastes, dupes des livrets et des Ciceroni de Tivoli, mettent aussi à Tibur la villa de Marcus Brutus; le Brutus dont la villa offre une considérable substruction n'était point le meurtrier de César, mais son ancêtre, opulent et paisible jurisconsulte, dont il n'y avait véritablement rien à faire pour la déclamation. Son fils l'orateur, l'adroit et véhément accusateur *in dicendo vehementi et callido*, selon Cicéron, avait vendu l'ancienne propriété du jurisconsulte, qui lui était échue en héritage. (*Pro Cluentio*, §. LI.)

S.-Laurent, qui offre derrière le chœur un reste de la *Cella*. C'était sous les portiques de ce temple qu'Auguste rendait familièrement la justice, souvenir qui, malgré la magnificence de l'édifice, sera toujours bien loin de notre chêne de Vincennes.

Le temple dit de la Sibylle, puis de Vesta, sur la pointe d'un rocher, au-dessus de la chute de l'Anio, qui s'abîme avec bien plus de fracas dans la vallée qu'au temps d'Horace (*præceps Anio*), offre à la fois un des débris les plus exquis de l'art, et l'une des belles scènes de la nature. L'éclat des colonnes corinthiennes et de l'écume des ondes devient encore plus resplendissant au clair de lune. Le temple de la Sibylle Tiburtine paraît, comme celui de Vesta, du dernier siècle de la république. Les Cascatelles variées, mêlées d'une abondante végétation, mais qui semblent presque arrangées, composées [1], brillent au soleil, dont les rayons y forment d'élégans arcs-en-ciel. L'impression de ces sites fameux, mille fois peints, décrits, chantés, doit varier selon les individus et la disposition de l'âme; ils ne plairont guère aux amis du silence, car ils sont horriblement retentissans, et le bruit des marteaux et des machines s'y joint au fracas des eaux. La grotte de Neptune et celle des Sirènes sont les plus pittoresques de ces gouffres, de ces antres dans lesquels l'Anio se précipite : l'horreur de cette dernière grotte, véritable caverne inondée, et son affreux vacarme, contrastent assez avec son doux nom.

Les rares arcades de la villa de Manlius Vopiscus, chantée par Stace, ne donnent guère l'idée de sa ma-

---

[1] Le gros mur qui retenait l'Anio et formait la grande Cascatelle, ayant été renversé au mois de novembre 1826, les Cascatelles furent quelque temps à sec. Des travaux considérables ont depuis à peu près réparé le dommage, et paraissent devoir prévenir de pareils désastres.

gnificence; mais la description du site des bords de l'Anio et de l'espèce de pont naturel qu'il s'est creusé est encore très fidèle :

> *Ipse Anien, miranda fides! infraque, superque*
> *Saxeus; hic tumidam rabiem spumosaque ponit*
> *Murmura, ceu placidi veritus turbare Vopisci*
> *Pieriosque dies et habentes carmina somnos;*
> *Littus utrumque domi; nec te mitissimus amnis*
> *Dividit, alternas servant prætoria ripas,*
> *Non externa sibi, fluviumve obstare queruntur.* [1]

Le prétendu emplacement de la maison de Catulle, près l'ancien couvent de S.-Ange *in Piavola*, n'est pas du tout exact. Cette maison devait être moins éloignée de Rome.

Malgré l'opiniâtre contradiction de l'abbé Chaupy, qui ne veut accorder qu'une seule maison à Horace :

> *Satis beatus* UNICIS SABINIS,

le Nymphée de la maison du poète au couvent de S.-Antoine paraît authentique. La terre dont les revenus faisaient son indépendance aura toujours été à Licenza, dans le pays des Sabins :

> ............... *Nihil supra*
> *Deos lacesso, nec potentem amicum,*
> *Largiora flagito,*

et la villa de Tibur aura été sa maison d'agrément.

Quelques restes de la splendide villa de Quinctilius Varus subsistent encore; ils sont près de l'église de la Madone de *Quintiliolo*, qui a pris son surnom au général d'Auguste défait par Arminius.

La villa dite de Mécènes, devenue manufacture de fer que fait mouvoir un bras de l'Anio, était peut-être

[1] *Sylv.* I, §. 3.

un édifice public; elle offre un corridor dont la voûte est surprenante, des portiques et de vastes galeries.

Le temple de la Toux, imposant quoique de la décadence, était, selon de doctes antiquaires, soit un temple du soleil, soit un tombeau de la famille Tossia. Mais sa forme, ses restes de peintures, semblent indiquer un édifice chrétien. Sa dénomination vulgaire, selon la tradition du lieu, provient de la manière bizarre dont l'antique image de la Vierge ouvre la bouche, madone vénérée, à laquelle les bonnes femmes de Tivoli offrent un cierge afin d'être délivrées de leur catarrhe, comme elles recourent, pour se guérir de la fièvre, à une autre vieille madone dite *della febbre*.

La villa d'Este, fondée par le cardinal Hippolyte, second fils d'Alphonse, duc de Ferrare, nommé gouverneur de Tivoli par le pape Jules III, et qui n'est point le cardinal Hippolyte premier, l'exigeant Mécènes de l'Arioste [1], lui coûta plus d'un million d'écus romains; elle fut encore embellie par le cardinal Louis d'Este [2], qui ne l'avait point construite, ainsi que l'a cru Ginguené [3]. Elle est l'unique monument de la magnificence moderne à Tivoli. Située sur une colline, à l'extrémité d'une longue avenue de pins et de cyprès séculaires, elle conserve toujours, malgré sa dégradation, son caractère primitif; ses vastes jardins, ses terrasses, ses arcades de verdure taillées, sont encore de l'architecture, et ses parterres, de la mosaïque. La nature immobile y semble façonnée comme le marbre et la

---

[1] *V.* liv. vii, chap. xii. Cette erreur de Vasi a aussi échappé à M. de Chateaubriand dans sa lettre à M. de Fontanes, la plus belle des descriptions de Rome. L'Arioste n'a jamais pu habiter avec le cardinal Hippolyte Ier la villa d'Este, créée en 1551, dix-huit ans après sa mort.

[2] *V.* liv. vii, chap. xv.

[3] *Hist. litt. d'Ital.*, IV, 98.

pierre. Il fallait la cour et la royale représentation des cardinaux de la maison d'Este pour animer cette superbe demeure, que son fondateur trouvait digne d'un grand prince¹. Le dessin est de Pirro Ligorio, et la conduite des eaux, d'un habile ingénieur hydraulique de Tivoli, Horace Olivieri, dont un descendant, homme honorable et distingué, fut colonel de cavalerie dans les armées françaises et a fait les guerres de l'Empire. Les deux principales fontaines sont des plus belles qui se puissent citer, et Michel-Ange avait surnommé celle *dell' Ovato* (de l'Ovale) la reine des fontaines. Parmi les nombreuses constructions de ces jardins, il faut convenir que certaines ne sont point exemptes de blâme, et que le goût a quelquefois été sacrifié à de bizarres et capricieuses inventions. Le petit simulacre de Rome en mastic dans un bosquet, et ses nobles monumens en miniature, sont tout-à-fait ridicules. Les fresques et stucs trop vantés du palais, par Thadée et Frédéric Zuccari, ne sont qu'une imitation manquée de Raphaël ; un portrait de Frédéric en *Mercure*, peint par lui, est peut-être ce qu'il y a de mieux ; les fresques des *Sibylles* et des *Prophètes* de la chapelle, de Muziano, sont très supérieures à celles des Zuccari. Dans la salle du secrétaire, un *S. Bernardin de Sienne*, attribué à Giotto, paraît au moins de son école. De la terrasse la vue immense est admirable.

¹ *Albergo degno di qualunque gran principe.*

## CHAPITRE III.

*Torre Pignatara;* — *Nuova.* — *Colonna.* — Lac Regille. — Palestrine. — Murs. — Temple de la Fortune. — Mosaïque. — *La Rocca.* — Vue.

Sur la route de Palestrine, à la *Torre Pignatara*, ainsi nommée de ses vases d'argile (*Pignatte*), sont diverses ruines, parmi lesquelles le tombeau élevé par Constantin à sa mère Ste. Hélène, dont le corps fut ensuite transporté à Constantinople, mausolée qui a fourni le beau sarcophage de porphyre du musée *Pio-Clementino*. Une rustique chapelle a remplacé la superbe basilique consacrée par le premier empereur chrétien à S. Marcellin et à S. Pierre exorciste, dont le lieu de la sépulture se montre encore dans les catacombes.

*Torre Nuova*, un des riches domaines de la maison Borghèse, autrefois délicieuse villa, semble, par la multitude de ses pins moins périssables que son palais, un frais oasis italien au milieu de ce désert.

La Colonna, village en ruines, fief depuis près de huit siècles de l'illustre maison de ce nom, occupe sur une haute colline l'emplacement de l'antique Labicum, déjà citée par Virgile comme alliée de Turnus.

....... *Et picti scuta Labici.*

Près de là est la source de l'*Aqua felice*, conduite à Rome par Sixte-Quint.[1]

---

[1] *V.* Liv. xiv, chap. xxxii.

Un petit marais rempli de roseaux passe pour le lac Regille, célèbre par la victoire du dictateur Aulus Posthumius sur les Latins, qui détruisit les dernières espérances des Tarquins, et dont l'habile traité qui la suivit est regardé comme un des principaux fondemens de la puissance romaine.

L'origine de Palestrine, antérieure de plusieurs siècles à celle de Rome, est assez incertaine. Cette ville était, et paraît encore sur sa montagne, une espèce de place forte. Ses murs cyclopéens, de roche calcaire, soutenus sans ciment, la rendaient redoutable jusque dans le xiv° siècle, qu'elle devint citadelle des Colonne et fut détruite par les lieutenans des papes Boniface VIII et Eugène IV. Les habitans finirent par y retourner des campagnes voisines, et s'établirent sur l'emplacement du célèbre temple de la Fortune. Ce temple magnifique, la plus intéressante des ruines de Palestrine, qui faisait dire à l'incrédule philosophe athénien Carnéade qu'il n'avait jamais vu de fortune plus fortunée que celle-là, dont l'oracle (*sortes prænestinæ*) fut le dernier à se taire, a fourni la fameuse mosaïque qui, malgré la multiplicité des avis, représente probablement une fête égyptienne du temps des derniers Ptolémées pour l'inondation du Nil. Les divers animaux que l'on y voit figurés portent leurs noms écrits en caractères grecs très distincts. On y reconnaît l'hippopotame, si mal décrit par les auteurs latins; l'ibis des Égyptiens, sur lequel les naturalistes s'étaient trompés, et la girafe, désignée sous le nom de Nubis. Cette mosaïque, qui formait le pavé du premier palier du temple, changé depuis en cave, fut adroitement transportée en 1640 par le cardinal François Barberini dans une des salles de son château, bâti lui-même au-dessus du temple, et sa place actuelle n'est pas fort éloignée de l'ancienne.

Præneste fut plus d'une fois visité poétiquement par Horace, qui a chanté sa fraîcheur :

> *Vester, Camœnæ, vester in arduos*
> *Tollor Sabinos; seu mihi frigidum*
> *Præneste, seu Tibur supinum,*
> *Seu liquidæ placuere Baiæ;*

et il y avait relu tout entier Homère :

> *Trojani belli scriptorem, maxime Lolli,*
> *Dum tu declamas Romæ, Præneste relegi.*

Au-dessus de la ville était l'ancienne citadelle. Sur la route, d'énormes fragmens polygones des murs de Præneste, antérieurs à la domination romaine, existent encore, ainsi que le mur, restauré à diverses époques, qui séparait la citadelle de la place.

La forteresse actuelle, dite la *Rocca*, outre un château féodal en ruines et quelques maisons, a l'antique église S.-Pierre, qui a donné son nom à la montagne. Le *Pasce oves meas* du maître-autel, par Pierre de Cortone, est un de ses ouvrages estimés. La vue de la *Rocca*, une des plus remarquables des environs de Rome, présente le théâtre héroïque de ses premiers exploits, de ses guerres si vivement poursuivies, si sagement terminées, qui annonçaient déjà les maîtres futurs du monde.

## CHAPITRE IV.

*Subiaco*. — Villa de Néron. — Paysage. — Église. — Monastère. — Imprimerie. — *S. Speco*.

Au-delà de Palestrine, Subiaco, ainsi appelée de

son lac (*Sublaqueum*), avait une splendide villa de Néron. Le tonnerre y tomba sur son dîner, renversa la table, dit Tacite [1], et même, selon Philostrate, perça la coupe dans laquelle il allait boire [2]. On doit regretter, comme leçon providentielle, qu'il ne l'ait point atteint : Néron foudroyé, eût été dans l'histoire d'un grand et bon exemple. Quelques restes des bains de sa villa existent encore sur une hauteur au-delà de l'Anio. Ainsi la solitaire et pieuse retraite illustrée par S. Benoît avait vu les orgies du tyran de Rome.

Subiaco est aujourd'hui principalement visitée par les paysagistes, tant sa charmante situation, ses bois, son lac, ses grottes, ses rochers, ses cascades, son vieux château ruiné, le rendent pittoresque.

La riche église bâtie par Pie VI au pied de la colline, sans être d'un dessin très pur, est assez grandiose; l'église inférieure, aussi moderne, est bien et trop éclairée. Le palais de l'abbé, sur la hauteur, offre une vaste vue de montagnes et de la vallée de l'Anio.

Le monastère de Ste.-Scholastique, ravagé au commencement du VIIe siècle, fut relevé en 705 par l'abbé Étienne. Ses diverses constructions annoncent l'introduction du style gothique en Italie, et font époque dans l'histoire de la décadence de l'art. Dans le premier cloître, moderne, le puits a un sarcophage antique représentant trois sujets bachiques. Deux belles colonnes, une de jaune antique et l'autre de porphyre, proviennent de la villa de Néron. Le plus ancien cloître, du Xe siècle, avec des arcades en ogive, dont la principale, de marbre et ornée de bas-reliefs, est surmontée d'une statue de la Vierge assise sur un trône entre deux lions. Sous le portique, sont

---

[1] *Annal.*, lib. xv, cap. xxii.
[2] *Vie d'Apollonius de Tyanes*, liv. iv, chap. xliii.

deux monumens curieux. Le premier, de 981, indique la fondation de l'église Ste.-Scholastique et l'époque de sa dédicace faite par le pape Benoît VII; l'inscription se lit sur le ventre d'un chevreuil qui boit à une même tasse avec un cerf, et qui est battu par un coq. Le second monument fait connaître les domaines du monastère en 1052, et indique aussi cette année comme celle de l'élévation du clocher par l'abbé Humbert. Le troisième cloître rappelle, pour l'architecture, S.-Paul hors des Murs, et peut être regardé comme du XIII<sup>e</sup> siècle. Une peinture de la *Vierge* est du xv<sup>e</sup>. L'église moderne a d'assez mauvais tableaux. A la sacristie, de l'année 1578, est une *Vierge* de l'école de Carle Maratte. Le monastère de Ste.-Scholastique, dont les religieux allemands établirent les premiers une imprimerie en Italie [1], n'offre aucune trace de ce glorieux souvenir; les moines actuels même ne paraissent guère s'en soucier, et ils se rapprochent beaucoup plus des pratiques pieuses de S. Benoît que des doctes travaux de leurs prédécesseurs.

A un mille de Ste.-Scholastique, et à trois de Subiaco, le *Sacro Speco*, monastère de S.-Benoît, taillé dans le roc, offre des ornemens divers : des peintures du xv<sup>e</sup> siècle, d'auteur inconnu; quelques morceaux de marbre servant au pavé du vestibule, provenant de la villa de Néron; une statue par le Bernin, de S. Benoît jeune, dans la sainte caverne devenue chapelle, où, dès seize ans, il était ermite, et à la sacristie plusieurs bons tableaux modernes, parmi lesquels une *Vierge*, *l'enfant Jésus et S. Joseph*, attribué au Corrège et peut-être des Carraches. Dans le jardin, un petit parterre de roses était le champ d'épines sur lequel S. Benoît se

[1] *V.* liv. xiv, chap. xxxiv.

roula, comme depuis S. François, pour apaiser l'ardeur de ses sens. Les arbres verts, d'un joli bois, peu élevés et mêlés, qui avaient coutume de s'incliner devant lui, selon un religieux, sont depuis sa mort restés dans la même posture. Ici la nature ne parle pas moins haut de S. Benoît que les monumens de l'art, et tous deux attestent par une suite de miraculeuses merveilles la puissance, la vertu de ce grand législateur des ordres monastiques de l'Occident.

## CHAPITRE V.

*Frascati.* — Villa *Aldobrandini* ; — *Taverna* ; — *Mondragone* ; — *Rufina* ; — *Bracciano* ; — *Rufinella*. — *Tusculum*. — Maison, Académie de Cicéron. — Théâtre. — Murs. — Citadelle. — *Grotta-Ferrata*. — Chapelle *S.-Nil*. — *Marino*. — Vallée *Ferentina*.

FRASCATI s'est élevé près des ruines et au-dessous de l'antique Tusculum, détruit de fond en comble à la fin du XIIe siècle par ces Romains du moyen âge, non moins impitoyables que les citoyens de l'ancienne Rome. Alors les infortunés habitans de Tusculum furent réduits à se loger sous des huttes de branches (*frasche*), d'où lui vint à cette époque son barbare nom latin de *Frascatum*, aujourd'hui Frascati. La situation de Frascati est riante, l'air excellent ; la place, la cathédrale, sont assez imposantes, et les diverses villa, si harmonieusement disposées autour de la ville, magnifiques. Le casin Marconi, dans l'intérieur, est élégant et de bon goût.

La villa Aldobrandini, sur le penchant de la montagne, la plus célèbre des villa, a mérité son autre nom de *Belvédère*, par son double horizon de mer et de montagnes. Créée par le cardinal Aldobrandini, neveu de Clément VIII, elle fut commencée par Jacques della Porta, qu'une mort presque subite empêcha de l'achever[1], et terminée par le Dominiquin. Cette superbe demeure est malheureusement abandonnée et trop négligée. Ses jardins en amphithéâtre, ses vases, ses statues, ses colonnes, ses fontaines, ses cascades roulant sur le marbre, le murmure, le concert de ses eaux, imitation de ces orgues d'eau qui produisaient chez les anciens des sons si ravissans, devaient en faire jadis le plus délicieux séjour. La conduite, les effets merveilleux de ces eaux, sont de Jean Fontana et d'Horace Olivieri. Quelques pièces du casin ont été peintes par le Cav. d'Arpino, et sont de ses meilleurs ouvrages : une *Judith* sortant du camp d'Holopherne, l'épée à la main, peut-être la plus belle des Judith, est admirable de fierté et d'inspiration. Les fresques du Dominiquin, à l'une des salles si fraîches pratiquées au-dessous de la terrasse et ornées de mosaïques, sont faibles. L'artiste les fit lorsqu'il s'était réfugié à la villa Aldobrandini, à son retour de Naples [2] : les persécutions et l'envie dont il avait été victime semblent avoir altéré et découragé son talent.

La villa *Taverna*, aussi à la famille Borghèse, de l'architecture de Jérôme Rainaldi, et non point de Vignole, auquel elle a été à tort attribuée, fut construite par le cardinal Scipion, neveu de Paul V, et habitée par ce pape, si ami des arts ; moins magnifique que la villa Aldobrandini, elle serait une plus commode résidence.

[1] Jacques della Porta revenant de cette villa avec le cardinal, éprouva une violente colique, qu'il n'osa point déclarer ; tombé évanoui, il fut laissé à la porte S.-Jean, et mourut peu d'instans après.

[2] *V*. liv. xii, chap. vii.

L'immense villa Mondragone, la plus considérable villa des environs de Rome, et si bien située, est depuis long-temps fort dégradée. Le beau casin est du dessin de Flaminio Ponzio.

La villa Falconieri, de l'architecture du Bernin, a un grand plafond de Carle Maratte, représentant la *Naissance de Vénus,* fresque brillante, mais bien moins curieuse que de jolis portraits peints en caricature par Ghessi, de personnages de la famille Falconieri.

A la villa Bracciano, autrefois Montalto, sont quelques bonnes fresques, parmi lesquelles on distingue un plafond représentant le *Cours du soleil,* ouvrage vigoureusement exécuté, d'une belle manière et tout-à-fait digne de l'école du Dominiquin.

La Rufinella, délicieuse villa, au milieu des bois, en haut de la montagne, offre une admirable vue de Rome et de la mer.

La maison de Cicéron, ancienne maison de Sylla, était sur cette montagne, qui semble avoir encore un air d'antiquité, et offre d'épais, de solitaires et philosophiques ombrages, comme ceux qui inspirèrent les Tusculanes. De superbes ruines passent pour avoir appartenu à l'académie de Cicéron.

Le théâtre, merveilleusement conservé, a encore ses piédestaux et ses gradins de pierre de Tusculum. Quelques traces d'un autre théâtre voisin montrent quelle était la splendeur de la ville.

Près de là et au-dessous sont les débris des murs. Un aqueduc qui vient y aboutir est assez curieux, puisque sa dernière arcade a tout-à-fait la forme gothique, exemple qui n'est pas le seul parmi les monumens de l'antiquité.

La citadelle, isolée sur une colline au milieu de rochers, montre encore, quoique rasée, la forme antique bilongue qu'elle avait lorsque les Èques vinrent de nuit la surprendre, nouvelle, rapporte Tite-Live, dont l'armée romaine ne fut pas moins émue que si elle eût appris la prise du Capitole [1]. Cette citadelle qui, par sa forte situation, n'avait besoin que de peu de monde pour être gardée, résista depuis à Annibal; occupée dans le moyen âge par les comtes de Tusculum, elle était un de leurs formidables moyens d'oppression.

*Grotta-Ferrata*, abbaye de religieux grecs de l'ordre de S. Basile, remonte à l'an 1000. Les moines y célèbrent toujours l'office suivant leur liturgie, et la Consulta française de Rome les fit maintenir à cause de leur chant transmis par la tradition. Bessarion avait été supérieur du monastère de *Grotta-Ferrata*; souvent il y réunit quelques uns de ses doctes et infortunés compatriotes. La bibliothéque possède de nombreux manuscrits grecs. Un bois charmant, une belle avenue d'ormeaux et de platanes, avec une jolie fontaine, rendent cette solitude agréable. Les ruines antiques que les religieux ont prétendu long-temps contre les jésuites, possesseurs de la Rufinella, être celles de la villa de Cicéron, paraissent aujourd'hui appartenir à la villa de Lucullus. La chapelle de S.-Nil, le fondateur de l'abbaye, par le Dominiquin, est une de ses plus belles œuvres. Il la fit à vingt-neuf ans, après avoir été recommandé par Annibal Carrache, son maître, au cardinal Farnèse. Le *Saint recevant l'empereur Othon III* est parfait de composition et d'exécution : la tête du jeune page qui tient le cheval d'Othon est, dit-on, le portrait de la maîtresse du Dominiquin; l'expression différente de trois trompettes à cheval indique les tons divers de leur instrument : on croit véritablement entendre cette étonnante peinture. La première des fresques

---

[1] *V*. lib. III, XXIII.

est le *Saint guérissant un jeune possédé*, dont la tête et celle du religieux qui prend l'huile dans la lampe de la Madone offrent une admirable expression. Les figures des évêques grecs en haut de la chapelle, aussi du Dominiquin, sont superbes de couleur et de caractère. Le tableau de l'autel représentant *S. Nil et son compagnon S. Barthélemi implorant la Vierge*, est d'Annibal Carrache, et le buste nouveau de son immortel élève, de madame Thérèse Benincampi, bon sculpteur romain, élève de Canova.

Marino, lieu charmant, bien bâti, ainsi appelé, dit-on, des anciennes villa de Marius et de Lucius Murena, semble un petit musée dans un riant paysage. Le *S. Barnabé* de l'église de cet apôtre paraît de l'école du Guerchin par la force du coloris et du clair-obscur, et le *S. Barthélemi*, de la première manière de ce maître, fort au-dessous de sa célébrité, a perdu de son mérite par ses restaurations. La *Trinité* du Guide, à l'église de ce nom, est remarquable pour l'expression et le dessin de la figure du Fils. Un *S. Roch*, de la Madone *delle Grazie*, est du Dominiquin, et peu digne de lui.

La romantique et ombreuse vallée *Ferentina* voyait les assemblées générales des peuples du Latium. Le ruisseau limpide qui coule au fond de la vallée est la célèbre source (*Caput aquæ Ferentinæ*)[1], dans laquelle Tarquin le Superbe fit noyer l'orateur de l'opposition latine, Turnus Herdonius d'Aricie, homme turbulent et factieux, dit Tite-Live, caractère auquel il devait le crédit dont il jouissait chez lui (*seditiosus facinorosusque homo, hisque artibus opes domi nactus*), qui avait vivement déclamé dans l'assemblée contre l'absence de Tarquin, et avait rejeté ses excuses sur sa tardive arrivée.

[1] *Tit.-Liv.*, lib. I, LI.

## CHAPITRE VI.

*Ostie*. — Route. — Bois. — Ville nouvelle. — Population. — *S.-Aurea*. — Ville ancienne. — Théâtre. — Temple. — Embouchure du Tibre. — Port. — *Castel-Fusano*. — Villa de Pline. — *Isola Sacra*. — Buffles.

La route de Rome à Ostie, surtout vers l'extrémité, est peut-être celle des voies antiques dont la direction a le moins changé. Mais ses grosses pierres de basalte, praticables pour le chariot romain ou la litière que portaient les esclaves, sont trop rudes pour le train léger de nos voitures.

Après l'hôtellerie de *Malafede* (qui a inutilement tenté de s'appeler de *Buona Fede*), on passe un pont antique construit de pierres carrées, et dit aujourd'hui *della Refolta*. Tout ce théâtre de l'histoire poétique de Rome et des six derniers livres de l'Énéide est triste, sans pittoresque; et le bois d'Ostie, immortalisé par le récit de la mort d'Euryale et de son ami, n'est qu'une espèce de taillis qui ressemble assez à celui du bois de Boulogne, dans lequel on fait de la chaux, et où a disparu plus d'un beau débris antique [1]. Ces champs au-

---

[1] Poggio, dans la relation manuscrite de son voyage à Ostie avec Côme de Médicis, adressée au Florentin Niccoli, rapporte qu'ils trouvèrent des gens occupés à réduire en chaux un temple de marbre tout entier. (Note de la traduction italienne de la *Vie de Poggio* de Sepherd, t. I, p. 155.) On peut juger de la fureur des démolitions antiques par ce passage d'une lettre écrite au nom de Raphaël à Léon X par le comte Castiglione, et insérée parmi les lettres de celui-ci, mais que l'abbé Francesconi croit pouvoir restituer à Raphaël : *Ma perchè ci doleremo noi, de' Goti, Vandali e d'altri tali perfidi nemici, se quelli, li quali come padri, e tutori*

jourd'hui désolés, pestiférés, qui inspirent tant de regrets aux âmes rêveuses et aux amis de l'antiquité, ont un certain mérite pour d'autres gens moins méditatifs, car ils sont un excellent pays de chasse ; les canards, les bécasses, y sont nombreux ; le sanglier est très commun du côté d'Ostie, et il n'y a point là de paysans qui viennent réclamer contre les dommages. Je me rappelle que, lorsque je visitai ces ruines, le Cicérone rustique qui s'offrit à me conduire avait le fusil sur l'épaule, qu'il se crut obligé de déposer pendant notre promenade. C'était un homme assez entendu, et qui, dans l'exercice de son métier d'antiquaire, mêlait de singulières exclamations de chasseur à la vue du gibier qui partait, et qu'il regrettait de ne pouvoir plus abattre ; il taxait chacune des pièces comme s'il n'eût pas dû en manquer une seule, afin que je pusse lui tenir compte des sacrifices qu'il faisait en ce moment à la science.

La dégradation, l'abandon, la ruine d'Ostie, ne sont pas très anciens ; elle était restée peuplée et puissante dans le moyen âge. Raphaël a immortalisé, par sa fresque du Vatican, la victoire qu'y remportèrent sur les Sarrasins les Napolitains encouragés par le pape

*dovevano difendere queste povere reliquie di Roma, essi medesimi hanno lungamente atteso a distruggerle? Quanti Pontefici, Padre santissimo, li quali avevano il medesimo officio, che ha vostra santità, ma non già il medesimo sapere, nè il medesimo valore, e grandezza d' animo, nè quella clemenza, che la fa simile a Dio : quanti, dico, Pontefici hanno atteso a ruvinare tempj antichi, statue, archi, e altri edifizj gloriosi! Quanti hanno comportato, che solamente per pigliar terra pozzolana si sieno scavati dei fondamenti, onde in poco tempo poi gli edificj sono venuti a terra! Quanta calce si è fatta di statue, ed altri ornamenti antichi! che ardirei dire, che tutta questa Roma nuova che ora si vede, quanto grande ch' ella si sia, quanto bella, quanto ornata di palagi, chiese, ed altri edificj che la scopriano, tutta è fabbricata di calce di marmi antichi.*

S. Léon, peut-être l'unique vainqueur romain sur cette plage, où les corsaires de Cilicie avaient pris et coulé à fond la flotte commandée par un consul, ainsi que Cicéron s'en plaignait avec tant de confusion pour l'honneur de son pays [1]; où Léon X, au comble de sa gloire, faillit à devenir esclave, et fut presque surpris par d'autres Barbaresques, et qui jadis vit la marine pontificale essuyer plus d'un affront des corsaires d'Alger. Au xiv$^e$ siècle, Ostie était revenue à son état primitif de port de Rome. Elle fut conquise par le bouillant roi de Naples Ladislas [2]. La reine de Chypre, Charlotte, obligée, par les révolutions, de fuir son île, y débarqua. Les Français, qui l'avaient occupée, en furent chassés par Jules II, alors cardinal. Depuis cette époque, elle n'appartient plus à l'histoire que par ses fouilles, et ses nouveaux personnages sont les admirables statues que l'on y a découvertes.

Il y a maintenant dix personnes à Ostie pendant l'été, et cent pendant l'hiver, lorsque le mauvais air a cessé. Sur la place, un sarcophage sert de fontaine. Le palais épiscopal offre une inscription antique d'un beau caractère. La petite cathédrale S.-Aurea a le bon goût des ouvrages du xv$^e$ siècle; l'on y voit encore les armes de la Rovère et les trophées du cardinal pour consacrer sa victoire sur notre armée. Le petit fort de la même époque est aussi une bonne construction.

Les ruines de l'antique, agréable et florissante Ostie, se découvrent environ à un quart de mille de la ville nouvelle. Le théâtre conserve encore quelques murs, pilastres et gradins. On peut y observer la forme semi-circulaire de l'ancienne ville, autour du petit golfe formé par le Tibre. Les restes du magnifique temple

---

[1] *Orat. pro lege Manilia*, XII.
[2] *V.* liv. xii, chap. x.

dit de Jupiter, mais dont le dieu est inconnu, sont une excellente construction de brique horriblement dégradée. Une chambre ronde souterraine, avec niches, appelée improprement *Arca di Mercurio*, sans doute du nom d'*Area* de Mercure qui lui fut donné par les premiers antiquaires, a des peintures bien conservées, quoiqu'à l'air. Quatre piédestaux en bon état offrent chacun une inscription.

L'embouchure orientale et naturelle du Tibre, unique avant la seconde dite *Fiumicino*, creusée par Claude, est pittoresque. Le fleuve, au moment de finir, reprend un peu de son antique majesté; sa couleur blonde n'est plus ternie par les immondices de la Rome moderne [1]; l'*Isola sacra* le divise et l'étend. Je le vis assez agité, et au bois près dont ses bords pelés n'offrent pas de trace, il n'était point tout-à-fait indigne des vers de Virgile :

*Atque hîc Æneas ingentem ex æquore lucum*
*Prospicit. Hunc inter fluvio Tiberinus amœno,*
*Vorticibus rapidis, et multâ flavus arenâ*
*In mare prorumpit.*

L'ancien port d'Ostie, de ce Portsmouth de Rome, paraît avoir été du côté de la nouvelle ville, peu après *Tor Bovacciana*. Sa rade dut occuper l'emplacement demi-circulaire aujourd'hui comblé par le sable, car les corsaires de Cilicie, qui avaient si audacieusement bravé la majesté du peuple romain, ne se seraient guère avancés trop près des habitations. Le prétendu port aura dû son nom aux débris qui s'y seront trouvés.

Castel Fusano, palais ou casin du prince Ghigi, est agréablement situé, au milieu d'une haute forêt de pins, plantée au commencement du dernier siècle. En face

[1] *V.* liv. xiv, chap. xxxvi.

du palais, une longue avenue, toujours verte et toujours fleurie, pavée de larges débris de lave basaltine, provenant de l'ancienne voie Sévériana, descend jusqu'au bord de la mer. Le palais, dans son intérieur, représente assez bien la splendeur et l'incommodité des habitations romaines. Il est couvert de peintures, et l'escalier est un véritable escalier de moulin que l'on monte avec des cordes. Il a été construit de cette étrange manière, m'a-t-on dit, afin qu'en cas du débarquement des Barbaresques, on pût le barrer avec un meuble, et se défendre jusqu'à l'arrivée des voisins. Les brigands, les corsaires, la peste, devaient alors singulièrement diminuer l'agrément de la vie de château en Italie.

La célèbre villa de Pline le jeune à Laurente était située dans l'enceinte de la villa moderne du prince Ghigi, esprit académique, prince littérateur. Il n'y a point là le bizarre contraste que l'on rencontre parfois dans la succession des propriétaires. Il ne reste qu'un très petit nombre de débris informes de l'ancienne villa, près du colombier actuel; mais le romarin, comme au temps de Pline, croît toujours abondamment sur ce rivage, aujourd'hui fréquenté seulement des pâtres et des pêcheurs, alors d'un aspect si riant, et que décoraient tant de brillantes demeures. La restitution de cette villa par Scamozzi a peut-être aidé à encourager ce genre de traductions architecturales, auquel on doit d'avoir retrouvé presque dans leur état primitif un grand nombre de monumens [1], et qui est si utile même aux érudits, pour l'interprétation des termes d'art antiques. La maison de Pline semble le parfait modèle du *comfortable* romain et littéraire. L'idée de la biblio-

---

[1] La restitution d'un monument antique a toujours été un travail obligatoire pour les élèves de l'académie de France à Rome, auquel ils consacrent la quatrième et avant-dernière année de leur pension.

théque me paraît particulièrement heureuse, elle n'était point composée de cette multitude de livres qu'on lit une fois, mais des livres qu'on relit sans cesse.[1]

L'*Isola Sacra*, dans laquelle autrefois se célébraient pompeusement les fêtes de Castor et Pollux en présence du préfet de Rome et d'un consul, déserte maintenant, est souillée, profanée par d'immondes troupeaux de buffles, animal qui ne fut jamais connu des anciens, ainsi que l'avait d'abord cru Buffon[2]. Les ruines du port commencé par Claude, accru par Trajan et détruit par Totila, qui avait succédé à celui d'Ostie encombré par le sable, forment maintenant un étang d'eau douce, la communication avec la mer qui s'est retirée là de trois milles étant interrompue. Quoique l'on reconnaisse encore la forme hexagone du port intérieur, ouvrage du dernier empereur, ses murs, ses magasins, et l'aqueduc en brique, si bien construit, du port extérieur qui amenait l'eau à la ville, il est difficile de juger par ces informes débris de la grandeur des travaux mis au premier rang des monumens de la magnificence romaine.

[1] *Quod (Armarium) non legendos libros, sed lectitandos capit.* Epist. Lib. II, 17.
[2] La découverte d'une prétendue tête antique de buffle avait induit en erreur l'illustre écrivain, mais la fausseté en fut démontrée par M. Fea dans ses notes sur Winckelmann, t. I, 392.

FIN DU LIVRE QUINZIÈME.

# LIVRE SEIZIÈME.

PREMIÈRE ROUTE DE FLORENCE. — VITERBE. — ORVIETTO. — SIENNE. — VOLTERRE.

## CHAPITRE PREMIER.

*S.-André.* — *Ponte-Molle.* — Tombeau dit de Néron. — Emplacement de Veies. — *Baccano.*

La route de Rome à Sienne est en très grande partie triste, inculte ; mais à peu de distance de cette route sont la villa du pape Jules, le magnifique palais de Caprarola et le dôme d'Orvietto [1]. Dans cette partie de l'Italie, l'art semble supérieur à la nature.

L'église S.-André, pure et élégante rotonde de Vignole, élevée par Jules III, afin de consacrer sa délivrance des mains des soldats impériaux lors du sac de 1527, le jour de la S.-André, fut construite à cette place parce que la tête de l'apôtre y avait été mise quelque temps lorsqu'on l'apporta du Péloponèse à Rome.

Le *Ponte-Molle*, autrefois Milvius, un des lieux de la terre les plus historiques, qui vit l'arrestation, par ordre de Cicéron, des envoyés Allobroges, complices de Catilina, les orgies nocturnes de Néron, et surtout la victoire religieuse et sociale de Constantin sur Maxence, conserve encore une partie antique. Le percement de la vieille tour en forme d'arc de triomphe et le placement des statues sont de 1805. Le coucher du soleil, du milieu de ce pont, est une des belles

[1] *V.* liv. xv, le chap. 1, et ci-après, les chap. II et V.

scènes de la campagne romaine. Les monts dorés de la Sabine, le cours du Tibre, les longues files d'aqueducs en ruine, forment un de ces spectacles pleins de grandeur et de mélancolie que l'on ne trouve que là.

Malgré son inscription et sa sculpture du temps de la décadence, le sarcophage de Publius Vibius Marianus et de sa femme Reginia Maxima est toujours pour les postillons le tombeau de Néron, tant le crime et ses grands ouvrages semblent lui avoir créé en Italie une sorte de popularité.

A une demi-lieue, à l'orient du relais de la *Storta*, au-dessus d'un coteau séparé de la plaine par deux ruisseaux qui, réunis, forment la Cremera, était réellement l'emplacement de Veies, ainsi que l'ont démontré les fouilles exécutées en 1811, qui firent découvrir un tombeau et plusieurs beaux fragmens de statues. Cet emplacement avait été jusque-là mis à tort à Civita-Castellane. La citadelle et l'une des extrémités de la ville occupaient l'Isola Farnèse, forteresse dans le moyen âge, et maintenant métairie. La mollesse du roc explique encore le travail de la fameuse mine qui décida du sort de la place, après les dix années convenues de cette espèce de siége de Troie romain dont certaines circonstances ne sont pas moins fabuleuses que celles du siége de Troie grec.

De Baccano, Rome commence à poindre, et l'on découvre la boule de S.-Pierre. C'est de ce petit bourg marécageux qu'Alfieri, qui probablement y avait mal dormi, fulmina son terrible sonnet contre Rome.[1]

---

[1] *Vuota insalubre region, che stato.* Son. XVI.

## CHAPITRE II.

*Sutri*. — Amphithéâtre. — *Caprarola*. — Escalier. — Peintures des Zuccari. — De la protection littéraire des cours italiennes aux xv<sup>e</sup> et xvi<sup>e</sup> siècles. — *Palazzuolo*. — *Soracte*.

Après avoir quitté Ronciglione, il faut visiter sur la gauche l'antique Sutrium, remarquable par ses tombeaux creusés dans la roche volcanique, et surtout par son admirable, son unique amphithéâtre, également taillé dans le roc, sans aucune construction, ouvrage étrusque, qui a environ mille pas de circonférence, et conserve encore tous ses corridors, ainsi que six rangs de gradins.

On arrive à travers des bois, des rochers, des précipices au château de Caprarola, bâti par le cardinal Alexandre Farnèse, neveu du pape Paul III, commencé par Antoine San-Gallo, terminé par Vignole, et regardé comme le chef-d'œuvre de l'auteur du Traité des cinq Ordres et d'un des premiers législateurs de l'architecture moderne. L'aspect extérieur du château, merveilleusement situé sur le mont Cimino, d'un caractère à la fois majestueux, élégant et solide, semble tenir du palais et de la forteresse. Une des parties remarquables de ce palais, qui en offre un si grand nombre [1], est l'escalier en limaçon si remarquable de hardiesse et d'effet. Les diverses pièces consacrées cha-

---

[1] Deux habiles architectes français, MM. Debret et Lebas, ont publié une description de Caprarola, estimée par sa fidélité, sa distribution et l'intelligence du style de Vignole; elle commence leur belle édition des *OEuvres complètes de Vignole* (Paris, 1815), dont l'interruption doit inspirer de vifs regrets.

cune, soit à quelque trait historique de la maison Farnèse, soit à quelque sujet allégorique, sont couvertes des peintures des Zuccari, et passent à juste titre pour leurs meilleurs et de très bons ouvrages; la célèbre et poétique chambre de *l'Aurore*, par Thadée, presque détruite, est le sujet d'une fort agréable lettre adressée à l'artiste par Annibal Caro, secrétaire de Pierre Louis, et ensuite du cardinal Ranuccio Farnèse [1]. Malgré le goût exquis de l'écrivain, on peut douter toutefois de l'efficacité de cette sorte de direction et de commande littéraire, ainsi que de celle de François Molza, autre poète et auteur de Nouvelles, au service du cardinal Farnèse, qui a donné aussi plusieurs sujets ; car la peinture comme la poésie a ses limites distinctes. Thadée a représenté encore à la salle des Fastes l'*Entrée de Charles-Quint à Paris*, entre François Ier et le cardinal Alexandre Farnèse monté sur une mule : les trois porteurs du baldaquin offrent les portraits des frères Zuccari. Des fresques de Raffaellino da Regio, selon Baglione, sont toutefois supérieures à celles des Zuccari, puisqu'il prétend que les premières semblent

---

[1] *V.* la lettre LXXVIII des *Lett. poetiche ed erudite.* On a, je crois, fort exagéré et trop loué la protection accordée aux poètes et aux lettrés par les cours d'Italie des xve et xvie siècles : ces hommes, pleins de science ou de génie, y étaient assez misérables. Nous avons montré la dépendance de l'Arioste (*V.* liv. vii, chap. xii); l'infortune du Tasse est célèbre; Annibal Caro, malgré son titre de commandeur, n'était guère mieux traité : parmi plusieurs traits pareils, il parle ainsi de sa condition à Varchi, son ami : *Sono al servigio del cardinal Farnese, e fino a ora le fatiche sono assai, la speranza mediocre, e il profitto magrissimo. Stento volontieri per non istentare sempre; e con tutto ciò non veggo che sia per riuscirmi.* Lett. LX des *Lett. esortatorie.* On peut juger des retraites que la maison Farnèse accordait à ses serviteurs par cet autre trait d'une lettre d'Annibal Caro écrite au cardinal Alexandre : *Di poco pane ho bisogno, giacchè mi trovo si presso all' anno sessantesimo, e dall' un canto senza denti da masticarlo, e senza stomaco da smaltirlo.* Lett. X des *Lett. di Risentimento.*

vivantes, tandis que les autres ne sont que peintes. Les arabesques, les ornemens d'Antoine Tempesta, sans être très purs, ont de l'effet. Il s'est peint en haut de l'escalier, fuyant à cheval et déguisé en femme, comme on prétend qu'il avait tenté de s'évader lorsqu'il fut repris non loin de là, et obligé d'achever son ouvrage. Plusieurs décorations en perspective ont été faites par Vignole lui-même, doué d'un talent particulier en ce genre. On rapporte que S. Charles Borromée ayant visité Caprarola en 1580, et paraissant presque scandalisé de sa magnificence, s'était écrié : *Che sarà il paradiso! Oh! meglio sarebbe stato aver dato a' poveri tanto danaro spesovi*, mais que le cardinal Farnèse lui avait répliqué avec bon sens : Qu'au lieu de donner cet argent aux pauvres, il avait préféré le leur faire gagner : *Di averlo egli dato ai poveri a poco a poco, ma fatto glielo guadagnare con i loro sudori* [1]. Le palais de Caprarola, malgré son abandon, paraissait encore digne de sa renommée et de l'enthousiasme qu'il excita jadis. Le célèbre commentateur de Vitruve, Daniel Barbaro, le plus grand connaisseur de son siècle en architecture, ayant voulu examiner par lui-même et en détail un édifice qui était autant exalté par l'opinion, convint qu'il méritait de l'être encore davantage : *Non minuit, immò magnoperè vicit præsentia famam.*

Mais une petite, élégante et gracieuse composition, qui peut-être ne fait pas moins d'honneur à Vignole que son grand et savant palais, est le *Palazzuolo* ou casin de Caprarola, situé dans la partie haute des jardins, asile charmant au milieu de bois, jadis orné de fleurs, de vases, de fontaines, et d'une belle cascade.

---

[1] On attribue une réflexion pareille à S. Charles, lorsqu'il vint à la villa Lante, et la même repartie au cardinal Gambera. *V.* le chapitre suivant.

De la dernière terrasse on découvre un vaste et superbe horizon dont le point le plus éclatant est la cime aiguë, azurée du Soracte, montagne isolée, détachée de la chaîne des autres monts de la Sabine, majestueuse pyramide qui domine toute la campagne romaine, et qui paraît encore avoir, comme chez les anciens, quelque chose de sacré, de poétique :

*. . . . . . . Sancti custos Soractis Apollo.* [1]

Au-dessus de la cime du Soracte est l'ermitage de S. Oreste (étrange nom de saint!) qui a donné son nom à la montagne, ainsi qu'à la petite ville à mi-côte qui offre une charmante église de Vignole. Cette montagne avait été la première retraite d'un fils de Charles Martel, frère aîné de Pepin-le-Bref, oncle de Charlemagne, depuis moine au mont Cassin[2], car il trouva que sa cellule du Soracte n'était point assez solitaire, et qu'un trop grand nombre de voyageurs, et surtout de Francs, venaient l'y visiter.

## CHAPITRE III.

Viterbe. — *Gradi.* — Annius de Viterbe. — *Fontana grande.* — Palais communal. — *Ardenti.* — Tombeaux. — La belle Galiana. — Cathédrale. — Conclave à l'air. — Ste.-Rose. — S.-François. — *Sposalizio*, de Laurent de Viterbe. — Bas-reliefs, de la Quercia. — *Villa Lante.* — *S.-Martin.* — Monumens de *Norchia* et de *Castel d'Asso.* — *Bulicame.* — *Camino.*

A l'entrée de Viterbe, hors la porte Romaine, est le

---

[1] *Æn.* XI, 785.
[2] *V.* sur ce religieux et ses fonctions au mont Cassin, liv. I, chap. VIII.

couvent de Dominicains *di Gradi*, qui remonte à S.<sup>t</sup> Dominique, remarquable par sa belle construction, sa charmante fontaine, couverte d'une treille supportée par des colonnes, ainsi que par l'aquéduc antique qui commence près de là. Un ancien seigneur du pays, Pietro di Vico, enterré dans le couvent auquel il avait légué de grands biens qui faisaient jadis sa principale richesse, ordonna, par son testament, que l'on dépeçât son corps en sept morceaux, en allusion aux sept péchés mortels qu'il avait, à ce qu'il paraît, pratiqués. On voit à la bibliothèque le portrait d'Annius de Viterbe, célèbre mystificateur littéraire, peut-être de bonne foi, qui avait été religieux dans le monastère.

Viterbe, propre, pittoresque, bien bâtie et assez déserte, a un beau pavé de larges dalles, comme celui de Florence.

La belle fontaine dite *Fontana grande*, construite de 1206 à 1279, et très ornée pour le temps, reçoit en abondance l'eau d'un aquéduc antique. Elle justifie le premier surnom de Viterbe, appelée la ville aux belles fontaines et aux belles filles.

Le Palais communal, commencé en 1264 et terminé sous Sixte IV, a dans sa cour une petite et très élégante fontaine, ainsi que de beaux tombeaux étrusques, d'une grandeur peu commune à ces tombeaux, avec des inscriptions et des figures en relief. Les fresques historiques et topographiques de Balthasar Croce, élève d'Annibal Carrache et imitateur du Guide, à la salle dite académique, du lieu des séances de l'Académie *degli Ardenti*, une des plus anciennes et des moins illustrées de l'Italie, sont faciles, harmonieuses, naturelles. Le cabinet académique, formé en 1821, offre plusieurs vases, sarcophages, et autres antiquités étrusques et romaines, parmi lesquelles on distingue deux beaux et grands tombeaux en terre cuite, avec des figures à demi couchées sur le couvercle. A la salle des tableaux, une *Madone et S. Joseph* est de François Romanelli. La chapelle a une *Visitation*, vraie, originale, de Barthélemi Cavarozzi, peintre de Viterbe, mort jeune, en 1625.

Sur la façade de la petite église S.-Ange *in Spata* est un beau sarcophage romain, avec un bas-relief d'une chasse au sanglier. Au-dessus du sarcophage, une inscription porte que l'on y a enseveli la belle Galiana, donnée par les anciennes et romanesques chroniques de Viterbe comme la plus belle femme de son temps, Hélène du xii° siècle, qui alluma la guerre entre Rome et la république de Viterbe. On rapporte que la victoire resta aux troupes viterboises, et que les Romains, en se retirant, ne demandèrent dans la capitulation que de pouvoir contempler une dernière fois Galiana, qui leur fut en effet montrée de l'une des fenêtres existant encore à l'extérieur d'une vieille tour de l'ancienne porte S.-Antoine. Viterbe, à des époques bien diverses, semble le théâtre des aventures de la beauté. Une Française, qui ne devait point le céder à Galiana, y fut prisonnière en 1799, après la retraite de notre armée; mais, rapporte Courrier, le satirique chroniqueur de la campagne, elle fut reprise avec la place.

La cathédrale gothique de S.-Laurent, élevée sur l'emplacement d'un temple d'Hercule, a divers sujets de la *Vie de S. Laurent et S. Etienne*, des meilleurs ouvrages de l'inégal peintre romain du xvii° siècle, Benefial : au grand autel la *gloire de S. Laurent*, de François Romanelli, et quelques autres sujets de l'*Histoire du même Saint*, par Urbain son fils, comme lui de Viterbe, mort jeune, et qui donnait de hautes espérances. A la sacristie, un beau et grand *Christ*, avec les quatre Évangélistes, est d'Albert Durer, et un médaillon de la voûte, de Carle Maratte.

La bibliothèque du chapitre, peu nombreuse, est remarquable par les livres du célèbre critique et érudit de Viterbe, Latino Latini, qui les a couverts de notes marginales, en partie publiées par le chanoine Magri [1], et par quelques manuscrits.

A côté de la cathédrale, l'ancien palais de l'évêque, monument du XIII<sup>e</sup> siècle, conserve la grande salle où fut tenu le conclave qui nomma Martin IV, au bout de trente-trois mois, pour obéir à Charles d'Anjou, après le soulèvement que celui-ci avait excité à Viterbe. On montre encore la partie découverte où le toit avait été enlevé, par ordre du capitaine du peuple Raniero Gatti, afin de forcer les dix-huit cardinaux de ce lent conclave à hâter l'élection, et l'on garde à l'archive communale une demande curieuse de ces cardinaux, dont les rations avaient aussi été diminuées, pièce datée du palais *sans toit* de Viterbe, par laquelle ils sollicitent la permission de laisser sortir quelques uns de leurs collègues malades... Le palais offre d'autres décombres qui se rattachent encore à l'histoire pontificale ; ce sont les murs de la chambre qu'avait fait construire le pape viterbois, peu édifiant, Jean XXI, et qui, en s'écroulant le 16 mai 1277, causèrent sa mort.

On vante à l'église de la Mort le *S. Thomas mettant le doigt dans la plaie du Sauveur*, de Salvator Rosa.

Au maître-autel de S.-Ignace, le Saint est du Cav. d'Arpino : un *Calvaire*, à la sacristie, petit tableau attribué à Michel-Ange, paraît plutôt de Marcello Venusti qui, sans affecter son style, sut habilement l'imiter.

---

[1] Rome, 1677, in-fol.

La jolie fontaine de la place aux Herbes, l'une des quatre belles fontaines de Viterbe, a mérité d'être attribuée à Vignole.

Le couvent de Ste.-Rose conserve le corps intact de la Sainte, noire momie de cette jeune fille qui souleva le peuple contre la domination de l'empereur Frédéric II, se fit exiler, rentra triomphante dans sa patrie, après la mort de Frédéric, héroïne du XIIIe siècle, morte à dix-huit ans, et qui, de son vivant même, avait été canonisée par le parti guelfe de Rome.

A l'église S.-François, près la porte Romaine, une *Déposition du Christ*, de Sébastien del Piombo, d'après le dessin de Michel-Ange, grande figure mulâtre et la seule que les restaurateurs aient laissée assez intacte, est d'un effet extraordinaire.

L'élégante fontaine de la place *della Rocca*, élevée en 1566 par le cardinal Alexandre Farnèse, légat de Viterbe, passe pour être de Vignole.

A l'antique église de Ste.-Marie *della Verità*, hors la porte S.-Mathieu, le *Sposalizio*, grande, naïve et noble fresque peu connue, est remarquable comme histoire de l'art; l'artiste, Laurent di Giacomo de Viterbe, qui la termina en 1469, après y avoir travaillé vingt-cinq ans, paraît un digne élève et un imitateur de Masaccio : les personnages sont les portraits des gens les plus marquans de la ville, et l'ancien chroniqueur de Viterbe rapporte qu'il y a été peint sous les traits du vieillard d'environ soixante-huit ans, vêtu en violet et avec des bas noirs.

A l'église des Observantins *del Paradiso*, la *Vierge et quelques Saints*, demi-lunette en dehors, dite de Léonard de Vinci, est toujours très belle. La *Flagellation*, de Sébastien del Piombo, est indiquée par Lanzi comme le meilleur tableau de Viterbe.

L'église du vaste couvent de la Quercia, du dessin de Bramante, aussi remplie de ces mannequins, grotesques *ex voto* dont nous avons déjà parlé [1], et qui conserve derrière le maître-autel l'image de la Madone suspendue au chêne antique et vénéré, auquel elle fut trouvée suspendue, offre, au-dessus de ses trois portes, d'excellens bas-reliefs en terre cuite, des frères de la Robbia : exposés à l'air depuis plus de trois siècles et au milieu de la campagne, ils ont encore la même fraîcheur que s'ils sortaient de la main de ces brillans artistes.

L'agréable villa Lante, à Bagnaia, avec ses deux palais, ses terrasses, ses jardins, fut commencée par le cardinal Riario, le complice des Pazzi, et embellie, terminée par le cardinal François Gambera, évêque de Viterbe. Cette villa, aujourd'hui presque abandonnée, est du meilleur temps de l'architecture italienne, et elle a mérité d'être attribuée à Vignole. Ses effets d'eau sont imprévus, extraordinaires, et l'eau jaillit même et tombe en pluie jusque du haut des arbres. Sous un épais ombrage, une longue table en pierre, de trente pieds de long, est partagée par un canal d'eau limpide, afin d'ajouter encore à la fraîcheur de l'air. Ainsi la villa moderne se rapproche souvent des usages recherchés du luxe antique, et l'on dirait qu'échappée aux outrages du temps, elle n'a point cessé d'être habitée par les anciens Romains, qui pourraient y revenir et se croire encore chez eux [2]. La cascade de la villa Lante figure dans sa chute de la montagne une énorme écrevisse (en italien *gambero*), bizarre allusion au nom du cardinal Gambera.

Le palais de S.-Martin, appartenant à la famille Do-

---

[1] *V*. liv. vııı, chap. xxııı, et liv. ıx, chap. xı.
[2] *V*. liv. xv, chap. ı.

ria, dont le superbe escalier en limaçon est praticable pour les voitures jusqu'aux étages supérieurs, offre le portrait charmant de la fameuse dona Olimpia Maidalchini, son lit, ses riches mules de brocart aux talons élevés, et une partie de son ameublement de cuir avec des ornemens imprimés en or [1]. La tradition du pays n'est point favorable aux mœurs d'Olimpia, et l'on rapporte que les paysans qu'elle appelait à ses furtifs rendez-vous disparaissaient dans une trappe, comme ceux de la lubrique Marguerite de Bourgogne.

Les vallées de Castel d'Asso et de Norchia méritent aujourd'hui d'être visitées pour le nombre et l'importance des monumens toscans qu'elles renferment. Les ruines de cette dernière semblent y indiquer l'existence inconnue de quelque florissante cité. Le bas-relief d'un de ses tombeaux offre peut-être le seul exemple qui soit en Italie, d'une composition de fronton antique aussi complète et aussi étendue.

A deux milles de Viterbe, le fameux *Bulicame*, petit lac d'eau sulfureuse fumante, et qui semble presque bouillante, d'où sort un ruisseau perpétuel, existe encore comme au temps du Dante :

*Quale del Bulicame esce 'l ruscello*
*Che parton poi tra lor le peccatrici* [2],

et du faible et servile imitateur de ce grand poète, Fazio degli Uberti [3]; mais l'honnête et industriel ruisseau ne reçoit plus de courtisanes, et il ne sert plus qu'à rouir le chanvre en vingt-quatre heures.

---

[1] *V.* liv. xiv, chap. xxxiv.

[2] *Inf.* can. XIV, 79. « Tel est ce ruisseau qui sort du Bulicame, et que se partagent les courtisanes. »

[3] *V.* le chap. X du livre V de son *Dittamondo*, espèce de poëme descriptif du xiv<sup>e</sup> siècle, publié de nouveau à Milan en 1826, avec des variantes de Perticari qui n'ont pu le rendre lisible.

Le bourg de Canino, à huit lieues de Viterbe, est devenu à jamais célèbre par les fouilles qu'y ont fait exécuter M. Lucien Bonaparte, les frères Fedli et la société Candelori, et la découverte de ses statues et surtout de ses vases, révolution archéologique qui jette de si vives lumières sur l'histoire de la religion, des mœurs, de la civilisation, des arts, des fêtes et des jeux des anciens peuples d'Étrurie, et sur leurs rapports directs et intimes avec la Grèce, dont il paraît démontré qu'ils entendaient le noble idiome, que peut-être ils parlaient avec leur propre langue, puisque la plupart des inscriptions sont grecques. L'apparition de ces trésors enfouis depuis plus de vingt siècles a causé, il est vrai, le désespoir de plus d'un amateur, en rendant communes et vulgaires certaines pièces qu'il croyait uniques et sans prix.

## CHAPITRE IV.

Voie *Cassia*. — *Montefiascone*. — Cathédrale. — *S.-Flavien*. — Fuger.

A la moitié du chemin de Viterbe à Montefiascone, vers les *Fontanile* (fontaines pour abreuver les bestiaux), sur la gauche, à cent pas de la route, est un long bout assez bien conservé de l'antique voie *Cassia*, avec des restes curieux des thermes de Mummius Niger Valerius Vigellus, qui avait été consul. Un peu au-delà se trouve le triste *Naviso*, que plusieurs érudits, et particulièrement M. le professeur Orioli, dont les intéressantes leçons d'antiquités attirent tous les savans et les premiers artistes de Paris, croient le lac sacré de

Vadimon des Étrusques, où la dernière bataille qu'ils perdirent contre les Romains amena leur anéantissement, leur disparution : alors l'existence politique de cette nation active fut changée en l'oisive et molle condition municipale, et sa dépendance absolue de ses vainqueurs déguisée sous le vain titre de peuple italique allié.

L'aspect de Montefiascone, sur une colline isolée, est assez imposant, et la vue admirable. La cathédrale, coupole à huit pans, d'une fort belle proportion, dont la circonférence forme la totalité du temple et un ensemble des plus élégans, fut construite par San-Micheli. On lui attribue encore plusieurs petits palais d'excellent goût, dont les détails et les chambranles de portes ou de fenêtres offrent le meilleur style; ils sont de la jeunesse et de l'époque des fragilités de ce grand architecte, devenu depuis si saint et si scrupuleux.[1]

A l'une des portes sur la route de Rome, est l'église S.-Flavien. De la petite galerie, sur la façade du côté de la vallée, Urbain IV (Jacques Pantaléon), grand pape champenois qui habita Montefiascone, donnait sa bénédiction au peuple. On remarque l'inégalité bizarre des arcades de l'église supérieure, et le mélange des arcades semi-circulaires et diagonales de la chapelle souterraine qui indiquent les deux époques de la fondation de l'église en 1030 et de sa restauration en 1262. Dans cette dernière chapelle est enterré l'évêque allemand Fuger, mort pour avoir trop bu du vin muscat (*moscatello*) de Montefiascone. Il est sculpté couché sur son tombeau; de chaque côté de sa mitre et au-dessous de ses armes sont deux verres. La chapelle obscure, fraîche, tient assez de la cave, et sans la sain-

---

[1] *V.* liv. v, chap. xxii.

teté du lieu elle semblerait une dernière allusion aux goûts du prélat. L'explication la plus probable, je crois, de la célèbre épitaphe *Est, est, est, et propter nimium est Johannes de Fuger dominus meus mortuus est*, paraît celle qui m'a été donnée par un savant prélat romain. L'évêque, amateur de bon vin, faisait pendant son voyage prendre les devans à son secrétaire, afin de l'avertir par le mot *est* (c'est là) des endroits où le vin était bon. C'est ce fatal *est*, répété par trois fois sur la porte de la taverne de Montefiascone, que le secrétaire a gravé sur la tombe de Fuger.

## CHAPITRE V.

Orvietto. — Dôme. — *Enfer.* — Stalles. — Chapelle de la madone *S.-Brizio.* — Reliquaire du Corporal. — Puits.

Les nombreux voyageurs qui ne courent que les grandes routes, et dont la poste est l'itinéraire, ne connaissent guère d'Orvietto que son excellent vin blanc, et cependant cette petite et pittoresque ville a sur son roc escarpé, et qui au coucher du soleil semble doré, un des plus anciens, des plus riches et des plus curieux monumens de l'art en Italie, sa cathédrale, fondée en 1290, en mémoire du miracle de Bolsène, peut-être l'ouvrage le plus remarquable du temps, qui indique les premiers pas vers le renouvellement de l'architecture. L'architecte, Laurent Maitani, était de Sienne; il paraît qu'après avoir donné les dessins, il était retourné chez lui, et ne suivait que très peu les travaux, puisque les habitans d'Orvietto l'astreignirent à la résidence en 1310, le mirent à même, par un traitement suffisant, d'y faire venir sa famille, et lui accordèrent les distinctions et les priviléges des autres citoyens. Telle était l'ardeur avec laquelle ils tenaient à pousser l'élévation de leur pieuse et nationale construction, qu'un salaire fut accordé l'été à ceux qui apportaient de l'eau aux ouvriers, afin qu'ils ne fussent point détournés de leur tâche. La façade, une des plus belles et des plus richement ornées de l'Italie, a souvent été frappée du tonnerre, et les grands tableaux en mosaïque de la partie supérieure ont été presque entièrement renouvelés à la fin du dernier siècle. Malgré Vasari, Lanzi, d'Agincourt, et tous les voyageurs et les livrets, Nicolas de Pise n'a pu exécuter les sculptures de cette façade, qui lui sont très postérieures [1]; elles doivent être de Jean et de ses meilleurs élèves, tels qu'Arnolfo, Lapo, Augustin et Ange de Sienne, et surtout de Goro di Gregorio, autre Siennois, moins cité, quoique aussi habile. On y voit le *Jugement dernier*, *l'Enfer*, le *Paradis*, sujets traités avant l'apparition de la *Divina commedia*, et si admirables de verve, de fécondité, d'imagination.

Les stalles du chœur, merveilleuse mosaïque de bois, sont l'ouvrage d'artistes siennois des xiv° et xv° siècles.

Les peintures de l'église sont : la *Madone*, fresque de 1417, un des plus gracieux ouvrages de Gentile da Fabriano, dont Michel-Ange disait que le nom répondait au talent; les *Noces de Cana*, d'un frais coloris; la *Vierge priant son fils*; la *Piscine probatique*, intelligente de nu, mais d'une expression maniérée et lourde d'architecture, de Pomarancio; la *Résurrection du fils de la veuve de Naïm*, de Thadée Zuccari; l'*Arrestation du Christ*; le *même devant Pilate*; la

---

[1] Cicognara. *Stor. del. Scult.* II, 138.

*Flagellation; le Couronnement d'épines; le Christ au Calvaire*, faciles et expressifs ouvrages de Muziano.

Les grandes fresques sur bois de la chapelle de la Madone de San-Brizio furent peintes en 1499 par Luc Signorelli, alors âgé de près de soixante ans. Le *Jugement dernier*, si remarquable de goût, de dessin, d'expression, de science anatomique, explique la chapelle Sixtine, qu'il a précédée de quarante ans, et Michel-Ange, qui l'avait étudié. Canova avait aussi puisé à cette chapelle, et il a imité son groupe de l'*Amour et de Psyché* de deux figures qui ressuscitent. Le beau *Chœur des prophètes*, du frère Angélique, a un superbe *Moïse*; son *Christ jugeant* a inspiré le *Christ foudroyant* de la Sixtine. Les peintures voisines sont de Benozzo Gozzoli et de plusieurs de ses élèves. Cette chapelle de Madone offre un singulier mélange d'idées chrétiennes et de souvenirs païens, car on y voit aussi les portraits à fresque de Virgile, d'Ovide, de Sénèque, de Stace, de Claudien; le premier, bien conservé, en cheveux blonds bouclés et couronné de lauriers; la *Descente d'Énée aux enfers*, qu'un tombeau récent d'évêque a fort endommagée; le *Combat d'Hercule et des Centaures; Persée et Andromède*; l'*Enlèvement de Proserpine; Orphée et Eurydice*, et autres sujets mythologiques; *Diane, Pallas, Vénus*, et de lascives nudités, dont une partie même a dû être cachée par une boiserie. A la vue de cette antiquité sacrée et profane ainsi rapprochée, on dirait que le génie des lettres et des arts avait produit alors une sorte de restauration poétique du polythéisme, et que les deux religions, comme aux premiers temps du christianisme, se retrouvaient de nouveau en présence.

Le reliquaire, servant à renfermer le saint corporal de Bolsène, a la forme de la façade du dôme. Les figures, ornemens et peintures en émail sont un travail précieux de l'orfèvre siennois Ugolin Vieri, et portent la date de 1338. On y remarque singulièrement la *Louve allaitant Romulus et Rémus*, l'artiste ayant voulu rappeler sur son merveilleux ouvrage un emblème de sa patrie.[1]

Divers sculpteurs et architectes modernes ont successivement ajouté à l'embellissement de cette cathédrale du xiii<sup>e</sup> siècle. San-Micheli a fait la chapelle des Mages, dont les sculptures, très vantées par Vasari, sont de Simon Mosca et de son fils François. Donatello exécuta le *S. Jean* du baptistère. Une *Piété*, chef-d'œuvre de goût et d'expression; un superbe *S. Sébastien* payé vingt écus, et qui valait dix fois davantage; les *Quatre Évangélistes* et les ornemens de la belle chaire en bois; un *S. Thomas*, portrait vivant de l'artiste, sont d'Hippolyte Scalza d'Orvietto, digne élève de Michel-Ange, aussi chargé pendant long-temps, pour cent écus par an, de la direction des travaux de la cathédrale[2], et auquel on doit encore l'élégante façade du palais public, ainsi que les ornemens des portes et fenêtres d'un grand nombre de maisons d'Orvietto. Le *S. Mathieu*, de Jean Bologne, rappelle le style franc et ferme de Michel-Ange. Le *S. Paul*, de François Mosca, n'est qu'une maladroite copie de l'Hercule Farnèse. Une *Annonciation*, groupe d'un effet extraordinaire, quoique l'air hautain de la Vierge, le volume relié qu'elle serre sur sa poitrine, et la pose de l'ange

---

[1] *V.* ci-après, chap. x.

[2] Ce grand artiste du xvi<sup>e</sup> siècle, si mal payé par ses compatriotes, qui traitaient plus magnifiquement des artistes étrangers et qui lui étaient inférieurs, finit par obtenir les 200 écus des précédens architectes du dôme, mais il lui fut défendu de découcher d'Orvietto sans la permission du conseil général, dont il devint depuis, il est vrai, un des 50 membres.

à cheval sur un nuage tortueux placé sur un piédestal, soient assez ridicules, passe pour le chef-d'œuvre de François Mocchi d'Orvietto, le bizarre sculpteur de la *Véronique* de S.-Pierre.

Le large et profond puits à deux escaliers en spirale, l'un au-dessus de l'autre, creusé dans le roc par Antoine San-Gallo, lorsque Clément VII s'était réfugié avec sa cour à Orvietto après le sac de Rome, un des principaux ouvrages de ce genre, est digne des anciens, et prouve la variété des talens du grand artiste.

## CHAPITRE VI.

Forêt. — *Bolsène*. — Bords du Lac. — *S.-Laurent-Neuf*. — *Acquapendente*. — Contraste. — *Radicofani*. — *Montepulciano*. — *Madonna di S. Biagio*. — *Buonconvento*.

Une superbe forêt de chênes-verts et blancs, mêlée de coteaux et de ravins, dans laquelle je fus perdu tout un jour, et que je n'eus que trop le loisir de contempler, se trouve sur la route nouvelle d'Orvietto à Bolsène.

Bolsène était l'ancienne *Vulsinii*, un peu plus du côté de la montagne, l'une des principales des douze grandes cités étrusques, détruite par les Romains, et dans laquelle ils se vantent d'avoir trouvé deux mille statues, population supérieure à celle du bourg actuel, de 1500 ames. C'est dans l'église de *Sta. Cristina* qu'eut lieu le fameux Miracle, prodige de Raphaël au Vatican. On montre encore, dans une humide et sale chapelle, l'endroit où le sang tomba, et qui a été couvert d'une grille. Le coteau de Bolsène, assemblage curieux de colonnes basaltiques noires, dures, sonores, diverses de formes, et couronné d'arbustes, est pittoresque et fort intéressant sous le rapport géologique.

Les bords du lac Bolsène sont ravissans. Je n'ai pu juger des matelottes d'anguilles au vin blanc chantées par le Dante, que le pape Martin IV expiait par le jeûne ¹, car ces anguilles paraissent devenues plus rares, et on ne les pêche, m'a-t-on assuré, qu'au printemps. Les deux petites îles aujourd'hui à peu près inhabitées, l'*Isola Bisentina* et l'*Isola Martana*, étaient jadis pompeusement visitées l'automne par Léon X., qui, après avoir chassé aux environs de Viterbe, venait s'y livrer à la pêche, seul rapport que le magnifique pontife eût avec les premiers apôtres. C'est dans l'île Martana, la plus petite et la plus âpre, que fut reléguée et que périt, par ordre de son second mari, Théodat, la grande reine des Goths, Amalasonte, l'unique fille de Théodoric ², infortune de femme qui contraste avec les joyeux passe-temps des deux papes.

Ces îles furent aussi l'un des lieux de plaisance de la maison Farnèse; mais il ne subsiste plus que quelques ruines des palais et de l'église qu'ils avaient élevés, et qui étaient embellis par le pinceau des Carraches.

Le village de S.-Laurent-Neuf, avec une belle place, fut généreusement fondé par Pie VI et à ses frais, afin d'offrir un asyle aux habitans de S.-Laurent-le-Vieux, que sa situation malsaine au fond d'un ravin rendait victimes des fièvres d'été, et qui parfois est devenu depuis un repaire de brigands.

[1] . . . . . . *E purga per digiuno*
*L'anguille di Bolsena in la vernaccia.*
Purgat. xxiv, 22.
[2] La tradition prétend indiquer les restes du petit château où Amalasonte était enfermée, ainsi que la trace d'un escalier taillé dans le roc, qui descendait jusque sur le rivage.

La petite ville d'Acquapendente, la dernière des états romains, sur une hauteur escarpée, avec ses cascades, est pittoresque.

Un large ravin désert, mêlé de torrens, de bois, de rochers, forme une limite naturelle et imposante entre l'État romain et la Toscane.

A peine a-t-on touché cette dernière contrée qu'un parfum de civilisation semble s'exhaler et se répandre : les champs, les chemins, les maisons, les vêtemens, les physionomies surtout, ne se ressemblent plus, et l'on sent une certaine culture physique et morale qui manque à l'État voisin. La barbarie du cadran italien cesse; la douane raisonne et n'est plus vénale; le peuple sait lire, et le pain est excellent, dernier et infaillible symptôme de bien-être et d'amélioration.

Le bourg de Radicofani, au milieu de roches aiguës et volcaniques, a le château que dut occuper sans doute, comme d'autres illustres princes et capitaines, le brave chef de brigands Ghino di Tacco, autrefois étudiant en médecine, qui arrêta malgré son pompeux cortége, et guérit si bien par le pain, le vin blanc et la diette notre oisif, opulent et replet abbé de Clugny, qu'il dispensa ainsi d'aller prendre les eaux de Sienne [1]. Le portique de la grande auberge, la fontaine qui est en face, offrent au sein même de cette âpre solitude quelques traces et un certain effet d'art qui n'appartiennent qu'à l'Italie.

La petite et ancienne ville de Montepulciano, patrie de Politien et de Bellarmin, célèbre autrefois par son vin, que Redi, à la fin de son dithyrambe, fait proclamer par Bacchus le *roi des vins* [2], mérite que

---

[1] Boccace. *Giorn*. X, *Nov*. 2.
[2] *Montepulciano d'ogni vino è il Re.*
  Bacco in Toscana.

l'on se détourne pour observer la bonne architecture de ses palais, dont plusieurs sont d'Antoine San-Gallo. L'église de la *Madonna di S.-Biagio*, de ce grand architecte, peut être regardée comme un des plus parfaits modèles de goût. Le dôme antique, de travertin, quoique restauré, est imposant.

Près de la route, le château de Buonconvento est l'un des plus anciens, des plus historiques et des moins détruits de la campagne de Sienne. Il remonte au commencement du xiii° siècle. L'empereur Henri VII, un des plus ardens conquérans de l'Italie, le belliqueux ennemi du bon roi Robert, appelé si impérieusement par le Dante, dont la lettre hautaine pour l'animer contre les Guelfes de Florence causa l'exil, y mourut le 24 août 1313, et le poète composa une magnifique *Canzone* sur sa mort, un des plus grands événemens de cette époque[1]. Ce simple comte de Luxembourg, devenu empereur, ne fut point toutefois empoisonné dans une hostie par le moine dominicain Politien de Montepulciano, ainsi que l'a depuis presqu'authentiquement démontré, malgré l'autorité des écrivains contemporains, le savant Baudrand[2]. L'antique église du château, qui lui est antérieure et paraît du xii° siècle, offre trois *Vierges*, vieilles peintures du premier âge de l'école de Sienne, monumens curieux de l'histoire de l'art, et qui montrent quelles étaient la richesse et l'importance de ce petit bourg de Buonconvento aux xiii° et xiv° siècles.

[1] *V.* liv. vi, chap. v, liv. x, chap. x et liv. xvii. chap. xiii.

[2] *V.* encore dans Muratori, t. XV, p. 49, de la grande édition des *Rerum Italicarum Scriptores*, une très longue et bonne remarque du critique siennois Hubert Benvoglienti sur la question de l'empoisonnement d'Henri VII, qu'il incline à regarder comme supposé, et dont il attribue principalement l'origine au désespoir des Gibelins et à la crédulité populaire.

## CHAPITRE VII.

Sienne. — Cathédrale. — Vitraux. — Pavé. — Chapelle *del Voto*. — Tableau de Duccio della Buoninsegna. — Tabernacle, de Balthazar Peruzzi. — Chapelle *S.-Jean-Baptiste*. — Salle dite la *Bibliothéque*. — Fresques. — Groupe des *trois Grâces*. — Livres de chœur. — Bénitiers. — Coupole. — Antennes de *Carroccio*. — Chaire.

Sienne confirme bientôt l'impression favorable reçue à l'entrée de la Toscane. Mais on sent que sa douce civilisation, fille des mœurs et de sa vieille liberté, est ancienne, et qu'elle remonte bien plus haut que les lumières modernes et que la réforme philosophique de Léopold.[1]

La cathédrale de Sienne, une des plus anciennes, des plus splendides et des plus caractéristiques de l'Italie, paraît de diverses époques et de divers architectes, mais son ensemble actuel doit remonter au XIIIe siècle.

[1] Le poète bysantin Marullo Tarcagnota, le rival d'amour et presque de talens poétiques de Politien (*V.* liv. x, chap. II, et ci-après, chap. xv) a composé cette jolie pièce à la louange de Sienne :

*Mater nobilium nuruum,*
*Antiqui soboles Remi*
*Sena, deliciæ Italæ,*
*Seu libet positum loci,*
*Convallesque beatas*
*Tot circumriguis aquis,*
*Seu ver conspicere annuum,*
*Nativisque rosariis*
*Semper purpureum solum,*
*Et colles viridantes.*
*Nam quid dicam operum manus,*
*Aut tot ditia marmora?*
*Quid spirantia signa tot*

Parmi les nombreux ornemens de la façade, de 1339, les statues des *Prophètes* et les *deux Anges* prosternés devant le nom de Jésus, sont de Jacques della Quercia. Les bustes d'animaux au-dessus des chapiteaux indiquent les villes alliées de la république : le griphon, Pérouse; le cheval, Arezzo, etc. Les trois bustes au-dessus des portes représentent trois bienheureux Siennois. Ainsi apparaissent à la façade de ce temple les souvenirs religieux et politiques de la patrie.

Le clocher, vieille tour des Bisdomini, fut revêtu de marbre et embelli sur les dessins des deux frères Augustin et Ange de Sienne, sculpteurs du commencement du xiv° siècle, élèves de l'école de Pise, et dont le premier même avait été employé aux travaux de la cathédrale dès l'âge de quinze ans : une des cloches en forme de baril date de 1148.

L'intérieur de la basilique, incrusté de marbre blanc et noir, avec sa haute et hardie voûte d'azur, parsemée d'étoiles d'argent, sa coupole hexagone, est singulièrement religieux, vénérable. Les deux grandioses colonnes de la porte, sculptées en 1483, soutiennent une

*Passim? quid fora? quid vias?*
*Quid Deum sacra templa?*
*Adde publica civium*
*Jura, parque jugum, et pares*
*Cunctis imperii vices,*
*Adde tot populorum opes,*
*Tot parentia latè*
*Oppida, adde virum ingenia,*
*Adde artes, nec in hospita*
*Corda Pieridum choris.*
*O verè soboles Remi,*
*Digna nomine, digna*
*Urbs tantis titulis patrum!*
*Te concordia, te bona*
*Pax alat, famis et minarum*
*Immunam, tibi defluat*
*Flavis Brandus arenis.*

tribune élégante, avec quatre bas-reliefs représentant la *Visitation*, un *Sposalizio*, l'*Enlèvement du corps de la Vierge*, son *Assomption*, ouvrages excellens et qu'on voit à peine. Les vitraux de la fenêtre circulaire, exécutés en 1549 par Pastorino di Giovanni Micheli, sur le dessin de Pierin del Vaga, sont d'une grande richesse. Parmi la nombreuse série des papes de la frise, le buste du pape Zacharie est une ancienne tête de la papesse Jeanne, ainsi métamorphosée, en 1600, par ordre du grand-duc, à la prière de Clément VIII et de l'archevêque, le cardinal Tarugi[1]. Le pavé, aujourd'hui unique, comparable aux plus précieuses mosaïques de la Grèce et de Rome, mais d'invention et d'exécution italienne et siennoise, vaste nielle de marbre, du meilleur style, doit être observé d'en haut. Les dix superbes Sibylles sont de la fin du xv° siècle. Les *Sept Ages de l'homme*, *la Foi*, *l'Espérance*, *la Charité*, *la Religion*, d'Antoine Federighi, ne sont point au-dessous de sa *Sibylle Erythrée*; il a dessiné l'énergique composition de la *Bataille de Jephté*, sculptée par Bastien de Francesco. L'*Absalon suspendu par les cheveux* est de 1424. Le *Samson*, le *Judas Machabée*, le *Moïse*, les *Cinq Rois Amorrhéens pris dans la grotte de Maceda*, après la victoire de Josué, la vaste *Délivrance de Béthulie*, du vieux maître siennois Duccio della Buoninsegna, du xiv° siècle, de l'école duquel, dit un historien contemporain, il ne sortait pas moins de bons peintres qu'il ne sortit de guerriers du cheval de Troie (*ex cujus officina veluti ex equo Trojano pictores egregii prodierunt*), sont les plus anciennes

---

[1] Mabillon, qui avait recherché ce buste de la papesse Jeanne, ne l'avait point découvert : Montfaucon s'est trompé lorsqu'il a dit (*Diar. ital.* p. 348) que c'est en celui de Zacharie le prophète qu'il a été changé.

mosaïques. Les plus parfaites, parmi lesquelles on admire une *Eve*, charmante, après sa chute, et un *Abel*, sont de Beccafumi, devenu de berger un des grands artistes du XVI<sup>e</sup> siècle, et dont le pavé fut le passe-temps de la vie entière, écoulée paisiblement à Sienne. Le beau *Moïse au mont Sinaï*, exécuté en 1531, et payé huit cent quarante écus, fut son dernier ouvrage. D'autres compartimens représentent le *Mercure Trismégiste offrant le Pimandre* ( livre de philosophie mystique d'un platonicien chrétien, attribué à Hermès Trismegiste, mais dont l'authenticité est plus que douteuse ) *à un gentil et à un chrétien*; les armes de Sienne, au milieu de celles des villes confédérées; la *Vertu sur un mont escarpé* que gravissent Socrate et Cratès, tandis que la *Fortune* et d'autres figures sont en bas; la *Roue de la fortune avec quatre philosophes dans les angles.*

La somptueuse chapelle *del Voto* fut érigée par le pape Alexandre VII, en l'honneur de l'image de l'*Advocata*, vénérée depuis des siècles à Sienne. Le *S. Jérôme*, le groupe d'Anges en bronze, une *Madeleine* bien travaillée, mais incorrecte, sont du Bernin; la *Ste. Catherine* et le *S. Bernardin*, de ses élèves Raggi et Hercule Ferrata. Une *Visitation* est de Carle Maratte. Un *S. Bernardin*, du Calabrèse, passe pour de ses meilleurs ouvrages. Le Bernin a donné le modèle de la médiocre statue d'*Alexandre VII*, sculptée par Ferrata. Le tableau du maître-autel, plaqué d'or et d'outremer, de Duccio della Buoninsegna, de 1310, est une œuvre capitale comme histoire de l'art. Les superbes sculptures en bois du chœur, des stalles, du pupitre et des siéges de l'hebdomadaire, appartiennent à diverses époques: les plus anciennes, de 1387, furent sculptées par François Tonghi et son fils, et ornées, en 1503, des habiles ouvrages du frère Jean de Vérone¹; les plus modernes sont de 1569, du dessin de maître Riccio, et exécutées par Thésée Bartalino de Sienne et Benoît de Montepulciano. La *Trinité*, au milieu des anges, restaurée en 1813, est de la vieillesse de Beccafumi, ainsi que les deux fresques placées au-dessous. Le maître-autel, simple, pur, est cité comme un des chefs-d'œuvre divers de Balthazar Peruzzi, dit aussi Balthazar de Sienne. Le tabernacle de bronze, travail exquis, terminé en 1472, qui a échappé à M. Cicognara, coûta neuf années au peintre et sculpteur siennois, Laurent di Pietro del Vecchietta. Les huit Anges de bronze, au-dessus des élégantes consoles aussi de bronze, furent les derniers ouvrages de Beccafumi. Le bas-relief de bronze à terre, formant le tombeau de l'évêque de Grosseto, Jean Pecci, mort en 1426, est de Donatello.

La chapelle circulaire de S.-Jean-Baptiste, de l'architecture de Balthazar Peruzzi, a d'excellens bas-reliefs et ornemens en marbre de Jean di Stefano, Laurent di Mariano Fucci, Crescenzio di Mario, Caliste di Paolo, artistes siennois, et des florentins Raphaël et Philippe da Settignano; divers traits de l'*Histoire d'Adam et d'Ève*, sculptés à l'autel par Jacques della Quercia, et la statue du Saint de Donatello, au-dessus de l'endroit où se conserve la relique de son bras, acquise par Pie II du despote de Morée Thomas Paléologue.

A l'entrée de la nef, une charmante décoration de marbre se compose de pilastres et de lambris sculptés par les frères Antoniolo et Bernardin Jacomo Marzini, d'un petit autel, avec un *S. Jean* évangéliste en bas-relief, de 1451, d'Urbain et Barthélemi de Cortone, et du *Christ mort*, travail en plastique de Joseph Maz-

---

¹ *V.* liv. v, chap. XXII.

zuola, de 1717, fort inférieur, comme on peut le croire, à tout le reste.

La pièce dite la Bibliothéque, où se conservent d'immenses et anciens livres de chœur, est avec le pavé ce que la cathédrale a de plus beau. Les dix fresques représentant les *faits les plus mémorables de la vie du pape Pie II*, et la onzième en dehors le *Couronnement de Pie III*, son neveu, qui a commandé cette bibliothéque, furent exécutées sur les esquisses et les cartons de Raphaël, alors dans sa vingtième année, par Pinturicchio, qui, malgré ses cinquante ans et son ancienne célébrité, eut le bon esprit de se faire presque son élève. Ces peintures, déjà dignes de Raphaël, n'ont point encore cependant le haut degré de grâce et de force qu'il développa dans les Chambres du Vatican, et la manière sèche et timide du Pinturicchio y domine. Mais les fresques du Vatican sont extrêmement altérées, tandis que la conservation de celles-là, ainsi que de la plupart des autres fresques de Sienne, est extraordinaire, et elle a été récemment attribuée avec quelque fondement, à la nature des terres colorantes du pays[1]. L'histoire du grand et savant pape est intéressante: on le voit couronné poète par l'empereur Frédéric III, auquel il avait été envoyé par l'antipape Félix, et qui le fait son secrétaire. La voûte de cette espèce de sacristie attenante à la cathédrale est couverte de traits mythologiques, et au milieu, le groupe des trois *Grâces* réunit les formes les plus voluptueuses. Les superbes livres de chœur, ornés de riches miniatures du frère Benoît da

---

[1] M. le professeur de chimie Targioni-Tozzetti et M. Benvenuti, directeur de l'Académie des Beaux-Arts de Florence, ont paru de cet avis dans l'approbation qu'ils ont accordée au mode de fabrication des couleurs de M. Marzocchi, employées même par M. Benvenuti pour les fresques de la coupole S.-Laurent. *V. l'Anthologie*, t. XXXIX, 171.

Matera, religieux du Mont-Cassin, et du frère Gabriel Mattei, servite de Sienne, étaient autrefois plus nombreux; une partie fut enlevée par le cardinal de Burgos et transportée en Espagne; quelques autres sont à la bibliothèque publique.

Un monument consacré à la mémoire de Bandino Bandini offre une petite et agréable statue de *Jésus-Christ ressuscité*, un *Séraphin* et deux *Anges*, de la première jeunesse de Michel-Ange. Il fit encore à Florence, par ordre du cardinal François Piccolomini, depuis Pie III, deux des statues de l'autel grandiose élevé par ce cardinal, en 1485, et du dessin de l'habile sculpteur lombard André Fusina.

Les bénitiers sont deux chefs-d'œuvre divers : l'un, antique candélabre, offre des détails mythologiques d'un travail exquis; l'autre, posé sur un piédestal de Jacques della Quercia, soutient le parallèle.

Contre deux des pilastres de l'unique et gracieuse coupole hexagone, sont deux antennes du Carroccio [1] pris sur les Florentins par les Siennois, dans la bataille de Monteaperto, le 4 septembre 1260, sanglante journée rappelée par le Dante, chantre de tous les lieux et de tous les faits de l'Italie de son temps [2], qui montre à quel point l'antique valeur italienne s'était maintenue au milieu des guerres civiles du moyen âge, parmi ces milices composées de citoyens, et avant l'introduction des armées mercenaires des *condottieri*. Ce Carroccio avait été bravement défendu par un vieillard de 70 ans, Jean Tornaquinci, qui, voyant la déroute des Florentins, excita son fils et ses autres compagnons à l'imiter, se

---

[1] *V.* liv. v, chap. vi.
[2]  Ond' io a lui : lo strazio e 'l grande scempio
  Che fece l'Arbia colorata in rosso,
  Tale orazion fa far nel nostro tempio.
  Inf. x, 85.

précipita au milieu des ennemis, afin de ne point survivre à la ruine de sa patrie, et fut tué en combattant. Après la victoire, les Siennois, dont le crucifix qu'ils portaient à la bataille se conserve encore sur un des autels de la cathédrale, donnèrent à leur ville le titre de Ville de la Vierge (*civitas Virginis*), ajouté sur leur monnaie aux mots *Sena Vetus*; des fêtes pompeuses furent célébrées, et le Carroccio captif y figura, tiré par-derrière.

L'admirable chaire, de Nicolas de Pise, qu'il mit moins de deux ans à exécuter, et qui lui était payée si peu magnifiquement à raison de 8 sols par jour (le sol d'alors équivalait à la livre actuelle), de 4 sols pour Jean son fils, et de 6 pour ses élèves, ce splendide monument, d'une sculpture si noble, si naturelle, si poétique et si terrible dans le compartiment des damnés du *Jugement dernier*, atteste à la fois les progrès de l'art et ceux du grand artiste. Les ornemens de cristal doré, travail de Pastorino Micheli, habile artiste en verre, coûtèrent 98 livres 8 sols. L'élégant escalier, comparable aux chefs-d'œuvre antiques, paraît pris de quelque dessin de l'illustre Balthazar Peruzzi.

## CHAPITRE VIII.

Hôpital *della Scala*. — Fresques de l'infirmerie. — *S.-Jean-Baptiste*. — *Carmine*. — *S.-Augustin*. — Clocher. — Collége Tolomei. — *Innominati*. — *S.-Pierre*. — *S.-Martin*. — *Conception*. — *Trinité*. — *S.-Spirito*. — Gori-Gandellini. — *Sta.-Maria di Provenzano*. — *S.-François*. — Porte. — *Christ à la colonne*, du Sodome. — *S.-Bernardin*. — Ste.-Catherine de Sienne. — *S.-Dominique*. — Le plus ancien tableau italien. — *Fonte-Giusta*. — *Sibylle*, de Peruzzi.

L'HÔPITAL de Ste.-Marie *della Scala*, un des plus anciens hôpitaux connus, remonte à l'année 832 ; fondé par le frère Sorore, instituteur de la congrégation des frères servans de l'ordre de S.-Augustin, il est, comme les autres ordres hospitaliers, un monument de cette civilisation religieuse qui a précédé en Europe les diverses sortes de civilisation. L'église brillante fut refaite en 1466, sur le dessin de Guidoccio Cozzarelli. La *Piscine probatique* de la tribune passe pour le meilleur tableau de Sébastien Conca. Les cinq fresques de l'infirmerie, peintes en 1440 par Dominique de Bartolo, et représentant les soins de la *Charité chrétienne* envers les malades, le *Mariage des jeunes Filles*, l'*Indulgence accordée à l'hôpital par Célestin III*, un trait de la *Vie du B. Augustin Novello*, divers *Saints, Patriarches et Prophètes*, sont très intéressans pour les artistes, et Raphaël et le Pinturricchio en ont imité les costumes nationaux et le noble mouvement des chevaux.

La gracieuse église destinée aux réunions pieuses des habitans du quartier *della Selva* et commencée en 1499 par l'art (la confrérie) des Tisserands, fut terminée en

1507 sur les dessins de Balthazar Peruzzi. On remarque une *Épiphanie*, vive, facile, de Petrazzi; un *S. Sébastien*, chaud de couleur et bien composé, de Sorri. La porte de travertin, de la façade, révèle encore la manière de Peruzzi.

Le baptistère de S. Jean-Baptiste appartient aux premiers sculpteurs toscans : le *Baptême de Jésus-Christ*, *S. Jean conduit à Hérode*, sont de Ghiberti, ainsi que l'ont prouvé ses *Commentaires*, manuscrit découvert à la Megliabecchiana [1]; le *Banquet d'Hérode* est de Pierre Pollaiolo; la *Vocation de S. Joachim*, de Donatello; la *Naissance du Précurseur*, la *Prédication dans le Désert*, quelques unes des petites statues sont de Jacques della Quercia, et l'on attribue à Vecchietta les bas-reliefs du tabernacle.

Le cloître *del Carmine* et l'élégant clocher de l'église sont de Peruzzi. Les tableaux remarquables de cette dernière sont : une *Nativité*, commencée par le Riccio et terminée par Archange Salimbeni; le *S. Michel*, de Beccafumi; le *Martyre de S. Barthélemi*, pathétique et varié, le chef-d'œuvre d'Alexandre Casolani, regardé par le Guide comme véritablement peintre, et qui lui faisait dire, à son passage par Sienne, que la peinture s'était réfugiée en Casolani. Près le couvent est le puits qui, pendant si long-temps, donna lieu de croire aux Siennois que la fabuleuse rivière de Diana coulait sous leur ville, prétention dont le Dante s'est moqué :

> *Tu li vedrai tra quella gente vana*
> *Che spera in Talamone, e perderagli*
> *Più di speranza, ch' a trovar la Diana.*[2]

[1] *V.* liv. IX, chap. IX.

[2] *Purgat.* XIII, 151. « Tu les verras au milieu de cette nation vaine « qui espère tant de la possession de Talamone, et tu ne perdras pas « moins d'espérance qu'à vouloir trouver la Diana. »

L'oratoire de S.-Ansano *in Castel-Vecchio*, refait en 1453, a sur la porte une fresque animée de François Rustici, dit le Rustichino, qui a fait aussi un noble et simple tableau du *Saint*, le *Père éternel* et une *Annonciation*, proches de l'autel.

L'église S.-Quirico et Ste.-Juliette, que l'on croit avoir été un temple de Quirinus (surnom de Romulus), fut refaite d'ordre toscan, en 1598, par un de ses curés, Octave Preziani, qui l'orna de bons tableaux. On distingue un *Christ mort*, expressif, de Casolani; de petits *Anges*, élégans, au chœur, de Salimbeni; un autre très bel *Ange*, au-dessus du *Tombeau de Jésus-Christ*, du même, son dernier ouvrage; et deux des meilleurs tableaux de François Vanni, la *Rencontre de Jésus-Christ et de la Vierge*, touchante, vraie, et une *Fuite en Égypte*, dans le goût de l'école bolonaise, imitée imparfaitement par l'Albane.

A S.-Paul, l'*Ascension*, du maître-autel, est un bel et correct ouvrage du Brescianino, élève et imitateur heureux du Sodome.

L'église de la confrérie de Ste.-Lucie offre un autre chef-d'œuvre de Vanni, la *Mort de la Sainte*, dont la tête est admirable.

L'ancienne église S.-Augustin, refaite et terminée par Vanvitelli, est riche et remarquable par ses peintures: la *Communion de S. Jérôme*, peut-être imitation forcée des Carraches, est de Petrazzi; une *Épiphanie*, tout-à-fait *léonardesque*, du Sodome; un *Portement de Croix*, plein d'expression, de Ventura Salimbeni; un *S. Jérôme*, de l'Espagnolet; le *Saint écrivant son Traité de la Vie heureuse*, de Sorri; le *Baptême de Constantin*, vive composition, de François Vanni.

Le clocher des Augustins, édifice octogone en dehors

et circulaire en dedans, est remarquable par son bel escalier à péristyle circulaire, dont la rampe est portée sur des colonnes, et que Bramante imita au Vatican.

L'ancien et long-temps célèbre collége Tolomei, confié aux clercs réguliers des écoles pies, occupe le couvent depuis 1820. Ce collége, qui compte environ quarante élèves, était jadis exclusivement destiné à l'éducation de la noblesse, et le P. Ricca, un des directeurs, homme éclairé, ayant cru pouvoir profiter de l'administration française pour proposer d'y admettre aussi des enfans plébéiens, la grande Duchesse n'y consentit point, et maintint le privilége aristocratique du collége. Depuis, on s'est montré moins sévère : les principes d'égalité, professés par une grande partie de la noblesse, pénètrent paisiblement jusqu'au cœur des États absolus de l'Italie, et le collége Tolomei reçoit aujourd'hui les enfans des classes éclairées et aisées de la société. Le couvent est encore le lieu des séances de l'académie des *Innominati*, fort déchue de son ancienne renommée, comme la plupart des académies de ce genre, et qui est aujourd'hui tout-à-fait digne de son modeste titre.

L'élégant oratoire S.-Joseph, dont le premier dessin est de Peruzzi, a une *Vierge*, de la plus douce expression, de l'année 1504, et ouvrage de Bartalini, élève favori de Vanni.

A l'ancienne paroisse S.-Pierre *in Castel-Vecchio*, restaurée à diverses époques, sont : une belle *Assomption*, de François Rustici ; un *Repos de la Ste.-Famille*, dans le meilleur goût du Guerchin, et chef-d'œuvre de Rutilio Manetti, enseveli à côté.

La majestueuse église S.-Martin fut élevée en 1537 sur les dessins de Jean-Baptiste di Pasquino del Peloro ; la façade, de 1613, est de Jean Fontana, de Côme. La

*Bataille remportée par les Siennois à la porte Camollia*, en 1526, est un tableau curieux de Laurent Cini, qui s'y trouvait; il reçut pour salaire, y compris celui de son aide Vincent di M° Pietro, huit *some* de vin [1], 22 mesures (*staja*) de grain (environ 72 litres), 6 mesures de sel et 6 florins. La *Circoncision*, du Guide, lui avait été payée 1,500 écus. Un *Martyre de S. Barthélemi*, du Guerchin, lui valut 800 *ducatoni*, et 14 *braccia* (7 mètres 12 centimètres) de pluche (*peluzzo*) de Sienne. Des statues de terre cuite, de Jacques della Quercia, ont été fort ridiculement coloriées.

A l'oratoire S.-Just, la *Vierge, S. Jean-Baptiste et divers Saints*, est un brillant ouvrage de Manetti.

La Conception, de l'architecture simple et hardie de Balthazar Peruzzi, soutenue par dix colonnes de granit dont plusieurs sont d'un seul bloc, a de remarquables peintures : une *Nativité*, chaude et harmonieuse, de Casolani; une *Naissance de la Vierge*, tout-à-fait guerchinesque, de Rutilio Manetti; un *Massacre des Innocens*, de Mathieu di Giovanni, de 1491, une des répétitions les plus estimées de sa naïve composition; un grandiose *Couronnement de la Vierge*, de Fungai, dans lequel cet artiste siennois du XVI° siècle a remonté à l'imitation de Mantegna et de l'ancienne manière; une *Annonciation*, dont la Vierge et l'Ange sont de la jeunesse de François Vanni, et les stucs de Franchini; une autre belle *Annonciation*, de Vanni, malhabilement retouchée.

A la Trinité sont : la fresque grandiose de la *Victoire de Clovis sur le roi des Visigoths Alaric*, de Raphaël Vanni; un plafond majestueux et brillant, de Ventura

---

[1] La *soma*, autrefois charge d'une bête de somme, d'une contenance qui varie selon les divers endroits. La *soma* de Sienne équivalait à 256 livres toscanes (un peu plus de 94 kilogrammes).

Salimbeni; une *Vierge*, délicatement peinte, de Mathieu di Giovanni.

L'église de la vaste maison destinée à l'éducation des jeunes filles nobles, dite l'*Educatorio*, a un pathétique *Sposalizio de Ste. Catherine*, de François Vanni; un petit et très gracieux *S. Raymond guérissant un malade*, de Rustici; une *Épiphanie*, de Petrazzi, *paolesque*, et un beau *S. Galgan dans le désert*, de Salimbeni.

La porte grandiose de l'église *S.-Spirito*, est de Balthazar Peruzzi. Les peintures sont : *S. Jacques, S. Antoine, S. Sébastien; la Vierge et divers Saints*, du Sodome; un habile *S. Hyacinthe*, de François Vanni; quatre sujets de la *Vie du même Saint*, vifs et gracieux, de Salimbeni; une facile *Descente du S.-Esprit*, de Nasini; le *Christ, la Vierge, S. Jean et la Madeleine*, admirable fresque de Fra Bartolomeo, dans un corridor; un élégant *Cataletto* [1], de Vanni; un beau *Couronnement de la Vierge avec S. Pierre et S. Paul*, de Pachiarotto, peintre siennois du xv° siècle, qui aurait été pendu comme chef d'émeute s'il n'eût été caché par les PP. Observantins, auxquels il dut les moyens de passer en France.

Les 38 fenêtres du clocher de S.-Georges faisaient allusion aux 38 compagnies d'armes qui avaient combattu à la bataille de Monte-Aperto. L'église, dont Lalande loue ridiculement la façade, fut refaite en 1741 sur le baroque dessin du milanais Pierre Cremoni. L'habile peintre siennois du xvi° siècle, François Vanni, est enterré dans cette église; son tombeau, de marbre colorié, est de Michel-Ange Vanni son fils, qui se vante,

---

[1] Espèce de brancard fort orné sur lequel les confréries transportent les morts, de la maison à l'église, et sur lequel ils restent exposés.

dans l'inscription, d'avoir découvert le procédé de colorier le marbre. François Vanni, dans sa passion des grands hommes de l'art, avait donné à ses deux fils les prénoms de Michel-Ange et de Raphaël. Le dernier paraît avoir mieux que son frère soutenu son périlleux surnom, et le titre de cavalier qu'ils obtinrent tous deux, ainsi qu'on peut en juger par le *Christ au Calvaire*, placé à gauche de la croisée de l'église, et regardé comme son chef-d'œuvre.

On remarque à *Giovannino in Pantaneto*, une petite et gracieuse *Nativité de la Vierge*, de Martelli; le *Saint dans le désert*, de Petrazzi. A l'entrée, se lit l'épitaphe suivante consacrée par Alfieri à son unique et véritable ami, Gori-Gandellini, marchand de soie de Sienne, fils de l'auteur de l'histoire des graveurs, qui l'avait invité à composer sa *Congiura de' Pazzi*, et dont il a si poétiquement célébré l'âme et les vertus ', épitaphe médiocre comme style lapidaire, mais touchante, et qui peint l'auteur.

*Hic jacet*
*Franciscus Gori-Gandellini*
*Senensis Civis*
*Cujus fortasse nomen*
*Posteris minus innotescet*
*Eo ipso quod*
*Vanitatum omnium vere contemptor*
*Inclarescere noluit.*
*Præmatura morte suis ereptus*

' *V.* les sonnets cxxv, cxci, cxcii, cxciii, où se trouvent ces traits sur Gandellini.... :

*Alte virtudi, ed umil fama.....*
*E scritto in viso : Io son d' alta natura.*

Et ce commencement du dernier sonnet :

*Deh! torna spesso entro a miei sogni, o solo*
*Vero amico ch' io avessi al mondo mai.*

*Nemini graviorem luctum reliquit*
*Quam Victorio Alferio Astensi*
*Qui virtutis ejus sibi penitus cognitæ*
*Æstimator non emptus*
*Breve hoc illi posuit monumentum*
*Nunquam periturœ amicitiœ.*
*Vixit annos XLVI mensem I dies XXVII*
*Obiit die tertio septembris*
*Ann. Dni* MDCCLXXXIV.

La collégiale de Sta.-Maria *di Provenzano*, d'une légère et noble architecture, du frère Schifardini, chartreux, et de Flaminio de Turco, a une *Annonciation*, de François Rustici, dont Lanzi a dit que, s'il plaît dans d'autres ouvrages, dans celui-là il ravit; la *Ste. Famille*, donnée par Lalande comme une des meilleures choses d'André del Sarto, n'est pas de lui, et l'auteur en est incertain.

S.-François, élevé par le peuple de Sienne, sur les dessins des frères Ange et Augustin, offre quelques objets d'art précieux échappés à l'incendie du 23 août 1655, qui consuma le toit, une partie de la façade et plusieurs excellens tableaux. La porte, si noble et si simple, construite en 1517 par Luc de Montepulciano, est pareille à la porte antique de S.-Côme au *Campo Vaccino*. Les quatre énormes peintures des autels de la nef, de Nasini, très louées par Cochin, sont médiocres. Annibal Carrache trouvait peu de tableaux comparables à la *Déposition*, du Sodome, qui a fait aussi le *Christ à la colonne*, superbe fresque du premier cloître, le chef-d'œuvre de l'auteur, et qu'on a été jusqu'à préférer aux fresques de Michel-Ange.

S.-Bernardin brille par les ouvrages des meilleurs maîtres siennois: la *Vierge, le Saint et Ste. Catherine*, est de la jeunesse de Vanni; le gracieux *Tobie Tolomeï mourant*; une *Femme mourante et trois Anges* sont de

Rutilio Manetti; trois *Anges* agréables, les lunettes de l'*Enfant frappé par un taureau*, et du *Noyé*, de Ventura Salimbeni. A l'oratoire sont : l'*Assomption*, *léonardesque*; l'excellente fresque de la *Visitation*; la *Présentation de la Vierge au Temple*, la plus belle peinture de l'oratoire; un *S. Louis*, loué par l'Arétin, du Sodome; la *Mort de la Vierge*, si vantée par Vasari; un *Sposalizio*, remarquable pour l'architecture, de Beccafumi; l'*Annonciation*, la *Nativité de la Vierge*, parfaitement composées, de Pacchiarotto.

S.-Pierre *a Ovile* a la *Mort de S. Joseph*, le meilleur ouvrage de Simondio di Ventura Salimbeni, et une *Ste. Famille*, un des moins maniérés de Folli, artiste siennois du commencement du xviie siècle.

A S.-Christophe, est la très belle *Vierge avec S. Paul et le B. Bernard*, de Pacchiarotto.

La maison de Ste.-Catherine de Sienne, rue de l'Oie, la boutique de teinturier, la *Fullonica*, de son père, dans la même rue, sont devenues, par décret du grand conseil de la République et de la commune, de pieux oratoires magnifiquement ornés, et dont les peintures représentent divers traits de l'histoire merveilleuse de cette Sainte, de cette mystique mêlée aux événemens et à la politique de son temps, et éloquente et puriste sans avoir su écrire[1]. On distingue dans la maison : le *Christ prenant le cœur de Ste. Catherine*; sa *Canonisation, les deux Couronnes qui lui sont offertes*, de François Vanni; la *Voûte*, de Joseph Nasini, et l'image miraculeuse de *Jésus-Christ crucifié* qui stigmatisa la Sainte, ouvrage du célèbre Junte de Pise, qui vivait au commencement du xiiie siècle et passe pour le premier propagateur de l'art en Toscane. A l'oratoire de

---

[1] *V.* ci-après, chap. xiii.

l'ancienne *Fullonica* sont : deux loges gracieuses de Cozzarelli; l'idéale, la riche *Visite de Ste. Catherine à Ste. Agnès de Montepulciano* morte, de Pacchiarotto; la *Sainte poursuivie par le peuple Florentin*, de Ventura Salimbeni.

L'ancienne et vaste église S.-Dominique, embellie, agrandie successivement par les décrets de la république de Sienne, atteste sa magnificence. On distingue une expressive *Nativité de la Vierge,* de Casolani; *Ste. Catherine récitant l'office avec Jésus-Christ; sa Mort,* de Gamberelli; son *Portrait,* contemporain, et qui passe pour ressemblant, d'André de Vanni; un *Crucifix,* cru de Giotto; l'habile et précis *Martyre de S. Pierre,* d'Archange Salimbeni; l'élégante et pure *Énergumène,* de François Vanni; l'*Extase,* un *Miracle,* l'*Évanouissement de Ste. Catherine* secourue par ses sœurs, chef-d'œuvre du Sodome; ce dernier, attendrissant, *raphaélesque,* et que Peruzzi, ravi, regardait comme la plus parfaite imitation d'évanouissement; une dramatique *Multiplication des pains,* de Louis Dondo de Mantoue; le *B. Ambroise,* dans le goût de Beccafumi, de François Rustici; au grand autel, le Tabernacle de marbre et deux Anges, attribués à Michel-Ange; la célèbre *Madone,* de 1221, de Guido di Ghezzo, de Sienne, le plus ancien peintre italien, antérieur à Cimabué, dont la Vierge et l'Enfant Jésus gracieux n'ont déjà plus l'expression louche et raide des ouvrages byzantins; un noble *Crucifix,* des meilleurs tableaux de Ventura Salimbeni; un *S. Hyacinthe,* de Vanni, pittoresque.

A S.-Sébastien, Folli s'est distingué par ses fresques gracieuses à clair-obscur de la voûte, et son autre fresque du *Saint devant Dioclétien.* Les *deux Martyres du même Saint,* de Sorri, rappellent le style du Tintoret.

A l'église *Fonte-Giusta,* une *Visitation,* du dessin

de Riccio, fut coloriée par son élève et son parent Anselmi, alors dans sa première jeunesse, qui n'a laissé que cet ouvrage à Sienne, et s'est depuis illustré à Parme[1]. L'autel de marbre, sculpté en 1517 par les frères Mazzini, est un travail exquis. La fameuse *Sibylle annonçant à Auguste l'avénement de Jésus-Christ*, de Peruzzi, si inspirée, si divine, n'a même point été surpassée par les Sibylles de Raphaël, sans nommer les Sibylles du Dominiquin, du Guide et du Guerchin.

## CHAPITRE IX.

Place *del Campo*. — Fêtes. — Portique. — *Fonte-Gaja*. — Palais *del Pubblico*. — Tour. — Salle *delle Balestre*. — Lorenzetti. — Galerie républicaine. — Salle du Consistoire. — Archives.

La place *del Campo*, qui a la forme d'une coquille, véritable grande place de république et de démocratie, avec sa tribune, et à laquelle onze rues aboutissent, est citée par le Dante :

> *Quando vivea più glorioso, disse,*
> *Liberamente nel campo di Siena,*
> *Ogni vergogna deposta, s'affisse.*[2]

Mais ce théâtre des mouvemens populaires du moyen âge ne voit plus aujourd'hui que les courses des chevaux du mois d'août, fêtes pompeuses où figurent encore paisiblement les divers quartiers de la ville avec leurs co-

---

[1] *V.* liv. VIII, chap. VIII, IX et X.
[2] *Purgat.* XI, 133. « Lorsqu'au temps le plus glorieux de sa vie « il s'agenouilla volontairement dans la place de Sienne, après avoir « déposé toute honte. »

cardes et les pittoresques costumes du temps, et dans lesquelles paraît s'être réfugiée pendant quinze jours l'ancienne vanité siennoise, du reste à peu près éteinte, vanité que le poète florentin osait énergiquement comparer à la vanité française :

> *Ed io dissi al poeta : Or fu giammai*
> *Gente sì vana come la Sanese ?*
> *Certo non la Francesca sì d'assai.*[1]

Le portique du *Corso* fut élevé en 1417 par décrets des consuls des marchands, la commune de Sienne y contribuant chaque année pour 600 florins. Le *S. Pierre* et le *S. Paul* sont de Vecchietta; le *S. Ansan*, si admiré de Michel-Ange; le *S. Victor*, de Jacques della Quercia; les peintures de la voûte, de Matteino et des frères Rustici : le beau siége de marbre passe pour être du dessin de Peruzzi.

Les aquéducs souterrains, creusés l'espace de cinq milles, et qui amènent abondamment l'eau de la fontaine *Fonte-Gaja*, travaux qui durèrent plus de deux siècles, honorent singulièrement la république siennoise. Charles-Quint, après les avoir parcourus, trouvait Sienne encore plus admirable dessous que dessus, et ils semblèrent dignes des Romains à Côme III. Les bas-reliefs, l'ouvrage le plus important de Jacques della Quercia, malheureusement endommagés, valurent à ce grand artiste son célèbre surnom de Jacques *della Fonte*.

Le palais *del Pubblico,* de l'architecture des frères Ange et Augustin, respire la liberté du moyen âge, et

---

[1] *Inf.* XXIX, 121. « Et je dis au poète : Fut-il jamais nation si « vaine que la siennoise ? Non, certes, pas même la nation française. » L'admirable et immense *sì d'assai*, pour peindre notre vanité, est intraduisible.

nulle part peut-être ses traces n'ont été plus religieusement conservées. La tour de la *Mangia* fut examinée, en 1502, par Léonard de Vinci, qui dut en admirer la hardiesse. Les salles de l'ancien tribunal *di Biccherna* [1] offrent de bonnes peintures, parmi lesquelles on remarque : les *Deux mille Siennois envoyés à la Croisade de* 1098, de Dominique Rutilio Manetti. Au-dessus de la porte de la chancellerie une *Ste.-Famille avec les Saints Ansan et Galgan*, du Sodome, est parfaite. Le *Couronnement de la Vierge*, vaste fresque de cette chancellerie, de l'année 1445, de Sano di Pietro Lorenzetti, fut renouvelée par Ventura Salimbeni : à la voûte, le *Couronnement de Pie II; S. Ansan, S. Savin, S. Crescenzius;* la *Donation de Radicofani par Pie II;* les *Priviléges accordés à Sienne par ce pape*, sont d'Astolphe Petrazzi ; et le *S. Victor* et le *S. Joseph*, gracieux, de Nicolas Tornioli, bon élève de Rutilio Manetti. A l'archive *della Communità*, un *Christ ressuscité*, fresque du Sodome, offre plusieurs raccourcis difficiles supérieurement traités. La salle dite *delle Balestre* (des Arbalètes), couverte d'allégoriques et patriotiques peintures, véritable monument national, montre l'esprit du temps et du gouvernement de la république de Sienne, et pourrait faire croire que Montaigne l'avait trop sévèrement jugée lorsqu'il dit : « Que « la ville est de tout temps en partialité, et se gouverne « plus follement que ville d'Italie. » On voit dans cette salle les *Vertus* nécessaires à la prospérité de l'état, ainsi que les *Vices* qui pourraient le perdre, fresques naïves, exécutées en 1338 par Ambroise Lorenzetti,

[1] Ce tribunal, qui remontait à la république, avait dans ses attributions les impôts, les confiscations, les poids et mesures, l'état civil, les spectacles, etc.; il finit à la promulgation des réglemens de Léopold.

restaurées en 1491 par Pierre di Francesco degli Oriuoli, et dans lesquelles les artistes trouveront largement à butiner. A la salle du conseil, *S. Ansan, S. Victor* et le *B. Bernard,* autres chefs-d'œuvre du grand maître siennois le Sodome, furent payés 272 livres. Au-dessus, la fresque en clair-obscur représentant le général des Siennois, *Guido Ricci da Foliano di Reggio à l'assaut de Monte Massi,* est l'unique ouvrage qui subsiste de Simon di Martino, si chanté par Pétrarque : les madriers, les machines de guerre, curieuses à examiner, ont été faites par Lando di Pietro, architecte militaire de la commune de Sienne. L'immense fresque de la *Vierge et de l'Enfant Jésus,* sur un trône au milieu d'anges sous un baldaquin, dont les apôtres et les protecteurs de la ville tiennent les bâtons, de 1287, et extraordinaire à cette époque pour la grandeur et l'invention, a été reconnue en 1809 pour être de Sermino di Simone, et fut retouchée en 1321 par Simon di Martino. La chapelle et la salle contiguë, exécutées en 1416 par Thadée di Bartolo, cité par Vasari comme le meilleur peintre du temps, sont encore caractéristiques : la première a divers traits de l'*Histoire de la Vierge;* la seconde est une galerie d'illustres républicains de l'antiquité, avec des costumes siennois, et prononçant des sentences en latin et en italien pour l'instruction des citoyens de Sienne. La belle disposition de l'orgue indique le goût de Peruzzi. La *Ste. Famille et S. Calixte,* du Sodome, à l'autel de la chapelle, est *raphaélesque.* La voûte de la salle du Consistoire, de Beccafumi, malgré quelque recherche dans le dessin et les attitudes des figures, est merveilleuse d'éclat, de fraîcheur, de transparence, et elle lui a valu, de Lanzi, le surnom de Corrége de l'Italie inférieure : sa *Justice,* d'une lumière et d'un raccourci si habile, était regardée par Vasari comme la plus belle des Justices. Une vive *Assomption* est de Raphaël Vanni; une *Nativité*, dans le goût des Carraches, de Mei, peintre siennois du XVIIe siècle. La pièce voisine a une agréable *Procession*, de Marcucci. Les lunettes de la grande salle supérieure sont de François Vanni et de son école.

Les archives *delle Reformagioni* contiennent le recueil des délibérations des conseils de la République, les actes civils et administratifs, la correspondance, les délibérations de la *Balia*, de la *Biccherna* [1], un grand nombre d'anciens contrats réunis dans les volumes des Kaleffi et des Léoni, encore intéressans sous le rapport de l'art par leurs élégantes miniatures, dont une superbe, de 1334, est de Nicolas di Sozzo, et par deux excellens dessins à la plume de Julien Periccioli. Ces archives, si curieuses pour l'histoire du moyen âge, avaient été sous l'Empire transportées à Paris, d'où elles sont revenues, de l'aveu de l'archiviste, en meilleur ordre qu'elles n'étaient parties.

## CHAPITRE X.

Palais *Petrucci;* — *Saracini;* — *Piccolomini.* — Louve. — Palais *Piccolomini-Bellanti;* — *Buonsignori.* — Porte romaine; — *S.-Viene.* — *Fonte-Nuova;* — *Branda.* — *Lizza.*

Le palais élevé en 1504 par le magnifique Pandolphe Petrucci, dont un descendant devait jeter par la fenêtre le cadavre de Coligny, conserve encore à sa façade les belles cloches de bronze fondues par Antotoniolo Marzini et Jacques di Benedetto Cozzarelli.

[1] *V.* ci-dessus, p. 285.

A la chapelle du palais Saracini, qui possède plusieurs des chefs-d'œuvre des peintres siennois, est un *Calvaire, raphaélesque,* du Sodome.

La voûte de la grande salle du palais Piccolomini est peinte par Bernard Van-Orlay de Bruxelles, élève de Raphaël, auquel il avait confié la surveillance de l'exécution de ses cartons pour les célèbres tapisseries du Vatican, et mort en 1550 peintre de Charles-Quint.

Sur une colonne de la place di *Postierla* (de la petite porte) est une louve sculptée par Jacques della Quercia. La nourrice de Romulus avait été reprise dans le moyen âge comme armes par la république de Sienne, qui se prétendait colonie romaine.

Sienne, comme la plupart des villes d'Italie, a sa peinture des rues [1], et cette peinture est de ses premiers maîtres. A la façade de la maison Bambacini, sur la place *del Carmine,* la *Vierge et le Christ mort* est un ouvrage du Sodome, très loué, et regardé comme fort remarquable par Vasari. Près l'arcade des deux portes la belle *Madone et S. Jean-Baptiste* est de Peruzzi.

Le nouveau palais du Cav. Piccolomini-Bellanti, ami des arts et de l'antiquité, offre diverses raretés qu'il y a réunies : la fresque de *Scipion rendant son épouse au chef espagnol,* de Peruzzi, et un gracieux portrait en costume provençal, donné par M. Marsand pour celui de Laure, inséré par lui dans son édition de Pétrarque, et que M. Cicognara, qui s'est depuis rétracté, avait cru un des portraits contemporains de Simon Memmi, l'ami de Pétrarque, mais qui doit toujours être à peu près de la même époque.

Le palais Pollini passe pour être du dessin de Pe-

---

[1] *V.* liv. v, chap. xxv.

ruzzi : on lui attribue l'*Epiphanie* du plafond d'une salle, et l'on croit de Beccafumi les fresques de *Suzanne* et de *Scipion*.

Au palais Bandinelli, le plafond de la salle de l'*Aurore*, de Mei, paraissait du Guerchin à Vernet.

La façade du palais Pannilini, du côté de la place S.-Augustin, passe pour être de Peruzzi, qui a peint dans une petite salle divers sujets mythologiques. Un *Loth* est dans la manière de Beccafumi.

Le vieux palais Buonsignori est d'un beau gothique. Au-delà, sur la rue *del Casato*, un *Christ mort* a été peint par Folli, au-devant de la maison Mensini, et sur la façade de celle des Nastasi les *Travaux d'Hercule* sont un habile ouvrage en clair-obscur de Jean-Baptiste di Jacomo del Capanna.

La gothique et majestueuse porte romaine, de l'architecture des frères Ange et Augustin, fut construite en 1327, et non vers 1391 comme l'indique M. d'Agincourt. Un *Couronnement de la Vierge*, belle fresque de 1422, de Sano Lorenzetti, et payée 1200 livres, atteste encore les progrès précoces de la peinture à Sienne.

La porte S.-Viene, de 1326, offre une superbe *Nativité*, du Sodome; on admire le raccourci de l'Ange.

La fontaine *di Follonica*, grandiose, édifice restauré, de 1249, avait été, en 1489, un présent de la commune de Sienne à son habile architecte le célèbre François di Giorgio, qui a exécuté près de là la *Loggia* Piccolomini et le majestueux palais Piccolomineo, si remarquable par l'entablement de sa façade.

La fontaine, dite encore *Fonte-Nuova*, et de l'année 1259, malgré l'inscription fautive qui l'a rajeunie, et mise de 1298, est un chef-d'œuvre de construction.

La Fonte-Branda, faite en 1193 par le sculpteur

Bellamin d'après l'ordre des consuls de Sienne, ainsi que le constate encore la fin de l'inscription : *ita Bellaminus jussu fecit eorum,* n'est peut-être pas, malgré l'opinion commune, la Fonte-Branda que le Dante a chantée :

> *Ma s' io vedessi qui l' anima trista*
> *Di Guido o d'Alessandro o di lor frate,*
> *Per fonte Branda non darei la vista,*[1]

et qui par des raisons très spécieuses serait dans le Casentino, et voisine de Borgo *alla collina* [2]. Cette fontaine pourrait se consoler par d'autres vers d'Alfieri, qui en parle avec amour, ainsi que de Sienne :

> *Fonte-Branda mi trae meglio la sete,*
> *Parmi, che ogni acqua di città latina.*[3]

La partie supérieure de cette fontaine, jadis un des anciens monumens de l'art siennois, s'est écroulée en 1802, et je trouvai la fontaine servant à des tanneurs.

L'agréable et fraîche promenade de la Lizza :

> *E in su la Lizza il fresco ventolino,* [4]

ornée de statues, occupe l'emplacement d'un ancien rempart, du déssin de Peruzzi, et d'une forteresse élevée en 1551 par Charles-Quint, que le peuple de Sienne, excité par la France, démolit l'année suivante avec une telle ardeur, qu'il fut sur le point de jeter bas jusqu'aux murs de la ville.

---

[1] *Inf.* XXX, 78. « Je donnerais la vue de la fontaine Branda pour voir ici les âmes perverses de Guido, d'Alexandre ou de leur frère. »

[2] *V.* la lettre écrite le 1er mars 1832 par M. A. Benci à M. le professeur L. de Angelis, de Sienne, qui l'a combattue.

[3] *V.* les son. CXI et CXII. « Il me semble que Fonte-Branda me désaltère mieux que l'eau de toute autre ville italienne. »

[4] Alfieri, son CXII. « Le joli vent frais qui souffle sur la Lizza. »

Vis-à-vis l'ancien édifice destiné à sécher les draps, se voit la maison qu'habitait la bande joyeuse de ces épicuriens siennois du moyen âge, moquée si satiriquement par le Dante :

> . . . . . . . . . . . *Tranne lo Stricca*
> *Che seppe far le temperate spese,*
>  *E Niccolò che la costuma ricca*
> *Del garofano prima discoperse*
> *Nell' orto dove tal seme s' appicca,*
>  *E tranne la brigata in che disperse*
> *Caccia d' Asciano la vigna e la fronda*
> *E l' Abbagliato suo senno proferse.*[1]

Sur l'avenue poudreuse de la porte Camollia :

> *A Camollia mi godo il polverone,*[2]

une colonne, élevée en 1452, indique la place où l'empereur Frédéric III rencontra son épouse, Éléonore de Portugal, le 23 février, accompagnée de quatre cents dames siennoises, cortége d'honneur qui peut faire juger quels étaient alors l'éclat et la richesse de Sienne, si prodigieusement déchue depuis la perte de son antique liberté.

---

[1] *Inf.* XXIX, 125. « Excepte de ces Siennois si vaniteux Stricca, « si modeste dans sa dépense, Nicolas qui, dans la ville où l'on a « conservé cet usage, inventa la mode coûteuse d'assaisonner les « faisans avec des épices ; excepte-s-en la bande dans laquelle Caccia « d'Asciano dissipa ses bois et ses vignes, et celle où l'Abbagliato fit « preuve de tant de bon sens. »

[2] Alfieri, son. CXII. « La poussière de Camollia me plaît. »

## CHAPITRE XI.

Université. — Mausolée d'Arringhieri.

L'université de Sienne, qui remonte à l'année 1203, a maintenu la même organisation que celle de Pise [1], mais elle a moins d'écoliers, et les traitemens des professeurs sont inférieurs. Le P. Ricca, professeur de physique, passe encore pour être très fort en philosophie et très versé dans les sciences naturelles, particulièrement dans la minéralogie.

Le mausolée du professeur de droit Nicolas Arringhieri, curieux sous le rapport de l'art, fut très convenablement transféré en 1816 du cloître de S.-Dominique à l'université par les soins de M. le Commandeur Daniel Berlinghieri, homme plein de lumières et de modestie, depuis ministre de Toscane à Paris. Le tombeau d'Arringhieri ne peut être, ainsi qu'on l'a prétendu d'après M. Cicognara, de Goro di Gregorio di Sanèse [2], puisque ses célèbres bas-reliefs du tombeau de S.-Cerbon à Massa de la Maremme sont de 1323, et que ce tombeau est de 1374. Le bas-relief qui représente la classe d'Arringhieri est tout-à-fait simple, naturel et vrai. Il est impossible de ne pas être frappé de l'importance, de la considération qu'obtenait dès lors l'enseignement à la vue d'un tel monument consacré à un professeur; les plus illustres de notre époque sont assurément traités beaucoup moins magnifiquement que ce légiste du xiv° siècle.

[1] *V.* liv. x, chap. xiii.
[2] *Monumenti sepolcrali della Toscana.* Tav. XXXVIII.

## CHAPITRE XII.

Institut des Beaux-Arts. — École siennoise. — Peinture, expression de société. — Peintres, corps civil et fonctionnaires. — Anciens tableaux.

L'ANTIQUE école siennoise, rivale de la florentine, et peut-être non moins nombreuse, offre un style franc, gai, facile, poétique, tout-à-fait en rapport avec le caractère des habitans, et la peinture semble véritablement ici l'expression de la société. Les peintres, dans cette démocratie, n'étaient ni une simple confrérie, ni une vaine académie, mais ils formaient un corps civil, où se choisissaient quelquefois les premiers magistrats, et dont les statuts reçurent en 1355 l'approbation, non de l'évêque, mais du gouvernement. La plupart des écoles sont ordinairement fières lorsqu'elles peuvent citer deux ou trois maîtres du xiii$^e$ siècle; l'école de Sienne en possède une quantité considérable de cette époque, et quelques uns même qui remontent plus haut. L'Institut des Beaux-Arts a recueilli plusieurs de leurs vieux et glorieux ouvrages, autrefois dispersés dans les églises; tels sont : un *S. Pierre*, et un *S. Jean* sur un trône, quoiqu'il soit plus souvent représenté au désert, de 1160, par Pierrolino ou Pierre di Lino; un *Christ*, de 1215, par Guiduccio; une *Vierge*, de 1249, par Gilio di Pietro; un *Crucifix*, de 1305, par Massarello; une *Annonciation, S. Paul, S. Romuald*, tableau en quatre compartimens extraordinaire pour son temps, le plus bel ouvrage de Segna di Buonventura, peintre siennois du commencement du xive siècle; un *Crucifix*, de 1344, et un *S. Paul*, par son fils Nicolas; le *S. Michel*, de Simon di Martino; l'*Assomption*, de Pierre di Giovanni; le *Crucifix*, d'Etienne di Giovanni; le *S. Sébastien*, d'André di Vanni, peintre de la fin du xive siècle, personnage important de la République, capitaine du peuple, ambassadeur auprès du pape, que Lanzi surnomme le Rubens de son âge, et qui fut honoré d'une lettre de Ste. Catherine de Sienne sur la manière de bien gouverner.

On remarque encore : une *Nativité* dans la manière de Mantegna, de François di Giorgio, aussi sculpteur et célèbre architecte siennois du xve siècle; un *S. Nicolas préchant*, de 1440, par Jean de Paul de Sienne, qui a donné au saint la tête de Jupiter; divers *Saints*, du Brescianino; une *Vierge*, une *Nativité*, du Pérugin; deux petites figures de Fra Bartolommeo; le *S. Michel*, la *Trinité*, la *Naissance de la Vierge*, et surtout la *Ste. Catherine avec S. Jérôme et S. Benoît*, de Beccafumi; ce dernier tableau, regardé comme un de ses meilleurs ouvrages et de sa première manière lorsqu'il n'avait point encore forcé son talent par l'imitation impuissante de l'énergie de Michel-Ange; une *Ste. Famille*, du Sodome; un *Paradis*, du Riccio; un *Purgatoire*, une *Descente du S.-Esprit*, de Sorri; le *S. Eloi*, de Manetti.

## CHAPITRE XIII.

Bibliothèque. — *Intronati.* — *Évangéliaire.* — Lettres de Ste. Catherine de Sienne; de Socin. — Miniatures.

La bibliothèque de Sienne, composée environ de 50,000 volumes et de 5 à 6,000 manuscrits, occupe l'ancienne grande salle de la célèbre Académie des *Intronati* (Imbéciles), qui passait pour la plus ancienne de l'Italie, et dont la gloire, comme celle de tant d'autres académies poétiques de même espèce, est aujourd'hui à peu près éclipsée. Dans le vestibule sont les bustes de l'archidiacre Bandini, écrivain d'économie politique, auteur d'un ouvrage remarquable sur les Maremmes, dans lequel il a devancé, dès 1737, les opinions des économistes français, dont les livres ont en partie commencé la bibliothèque, en 1758, et du P. Joseph Azzoni, augustin, professeur à l'Université de Sienne, qui avait considérablement accru celle de S. Augustin que l'on y a réunie; plusieurs sculptures antiques; et, dans la salle, les bustes du satirique et savant Gigli, l'éditeur de Ste. Catherine de Sienne, et du grand improvisateur siennois Perfetti, couronné en 1725 au Capitole du laurier de Pétrarque et du Tasse, mais dont le triomphe échappa sans doute aux étranges accidens auxquels fut exposé le *Canzoniere*.[1]

Le plus ancien manuscrit est un *Évangéliaire* grec

[1] Pétrarque rapporte dans ses lettres latines que le laurier du Capitole (*laurea Capitolina*) lui avait attiré une multitude d'envieux; que le jour de son couronnement, au lieu de l'eau odorante qu'il était d'usage de répandre dans ces solennités, il reçut sur la tête une eau

de 8 à 900, dont Montfaucon parle sans l'avoir vu. Les caractères sont beaux, les figures assez laides, mais très bien coloriées et dorées : une magnifique reliure ornée de nielles recouvre ce précieux volume, qui appartint à la chapelle impériale de Constantinople, fut vendu à Venise lors de la chute de l'empire grec, et acheté par des agens du grand hôpital de Sienne, d'où il est passé à la bibliothèque. Le manuscrit de la remarquable traduction en prose de *l'Énéide*, du XIII<sup>e</sup> siècle, par Ciampolo de Meo des Ugaruggieri, Siennois, éclaircie par le dernier et soigneux bibliothécaire le P. Louis de Angelis, mort en 1832, prouve l'ancienne aptitude de la langue italienne pour ce genre de travail, dans lequel depuis elle s'est illustrée par les chefs-d'œuvre d'Annibal Caro, de Davanzati, de Cesarotti, de Monti. Le manuscrit des *Lettres de Ste. Catherine de Sienne*, qui ne savait point écrire, est de son secrétaire, et semble donner, par la correction et la pureté du style, un démenti à la remarque de Buffon sur ceux qui écrivant comme ils parlent, quoiqu'ils parlent très bien, écrivent mal. Trois lettres autographes de Faust Socin, dont la famille opulente était de Sienne, et ne s'est éteinte que de nos jours, sont adressées à Bélisaire Bulgarini, auteur italien du XVI<sup>e</sup> siècle, qui a écrit contre le Dante; les deux premières de ces lettres, toutes d'une belle écriture, sont datées de Lyon, des 28 juillet et 27 septembre 1561 ; la troisième est datée de Bude et du 30 octobre 1577. Il est assez singulier de voir nés dans la même ville une sainte telle que Cathe-

---

corrosive qui le rendit chauve le reste de sa vie. Son historien Dolce raconte même qu'une vieille lui jeta son pot-de-chambre rempli d'une âcre urine, gardée peut-être pour cela depuis sept semaines (*servata in sabbata septem*).

rine, et des hérésiarques tels que les Socins ; leurs divers manuscrits réunis à la bibliothéque de Sienne montrent les transports de la foi à côté de son absence et de sa haine. Plusieurs manuscrits à miniatures sont curieux sous le rapport de l'art ; tels sont : l'*Ordo officiorum Senensis ecclesiæ*, exécuté sèchement, mais en 1213, par le chanoine de Sienne Oderico, encadré d'animaux et avec de petites figures ; le *Graduel* de Lecceto, de 1490, du B. Antoine Cerretani. Diverses lettres autographes de Métastase, assez peu intéressantes et en partie publiées, sont adressées, savoir : vingt-cinq au P. Azzoni, de 1764 à 1782 ; soixante à l'abbé Pasquini, littérateur siennois, de 1744 à 1768 ; une, du 1er avril 1773, est écrite à Marie Fortuna, femme poète de quelque célébrité ; et une autre, du 12 novembre 1738, à l'architecte Bibiena. Ces autographes sont d'une écriture nette, élégante comme son talent. Plusieurs annoncent cette complaisance et cette faiblesse commune aux hommes de grande renommée de louer et de paraître admirer tous les livres et tous les vers dont il leur est fait hommage.

## CHAPITRE XIV.

### Maremmes.

Les travaux de desséchement des maremmes de Sienne, commencés en 1828, sont terminés, et la commission de direction a été dissoute au mois de décembre 1832. L'industrie et la culture acheveront l'assainissement de ces vastes plaines dont l'inondation était un foyer de maladies et d'infection. Les marais d'Albarèse et de Giuncola, le lac *Bernardo* et le *Lagacciolo*, les territoires de Scarlino, de Compiglia, de Piombino sont à sec, ainsi que le marais de Castiglione, le plus étonnant de ces ouvrages. Il paraît que des procédés nouveaux de desséchement, qu'il serait fort intéressant de connaître, ont été employés avec habileté pour obtenir de si heureux résultats; ils honorent le gouvernement économe de la Toscane, et doivent être placés au premier rang de ces utiles et difficiles travaux.

## CHAPITRE XV.

*Colle.* — Invention du papier. — VOLTERRE. — Murs. — Porte de l'*Arco.* — Cathédrale. — S.-Jean. — Palais *del Pubblico.* — Bibliothéque. — Musée. — Tour *del Mastio.* — Thermes.

COLLE, industrieuse, a une belle cathédrale, monument du XIII° siècle, et des papeteries que les eaux abondantes de l'Elsa font mouvoir, qui paraissent remonter à la découverte du papier, une des grandes découvertes modernes, et dont il est surprenant de trouver l'époque aussi incertaine.[1]

---

[1] Montfaucon l'indique comme de la fin du XI° siècle; Muratori la croit beaucoup plus ancienne; François Stelluti, académicien des *Lyncei*, dans ses notes sur les Satires de Perse, prétend qu'elle est de 990, et que l'honneur doit en revenir à Fabriano sa patrie, d'où elle serait passée à Colle.

Les énormes murs de Volterre, assemblés, soutenus sans chaux ni ciment, ses portes, dont une dite de l'*Arco*, autrefois d'Hercule, à cause du temple qui en était voisin, est si merveilleusement conservée, attestent son ancienne magnificence, et pourraient la faire regarder comme la capitale de cette partie de l'Étrurie. Les trois grosses têtes étrusques, usées par le temps, de la porte de l'*Arco*, du côté de la campagne, paraissent représenter des divinités champêtres. Nulle part, en Italie, les constructions étrusques ne sont aussi imposantes, aussi caractéristiques, et Maffei affirme que quiconque n'avait point été à Volterre, ne pouvait se douter de l'antiquité étrusque figurée.

La ville moderne, quoique bien déchue de ce qu'elle était au commencement du xiii° siècle, à l'époque de ses consuls et de son gouvernement populaire, a quelques édifices très remarquables.

La grandiose cathédrale paraît de Nicolas de Pise; sa restauration, les ornemens de 1574, sont dus à l'évêque Guido Serguidi, et furent exécutés sur les dessins de Léonard Ricciarelli, neveu du grand peintre Daniel de Volterre. On distingue: le beau tabernacle en marbre du maître-autel, et deux anges de Mino de Fiesole; les stucs de Jean de S. Giovanni à la chapelle S.-Paul, si variée, si riche de marbres tirés du territoire de Volterre; la *Conversion du Saint*, du Dominiquin, restaurée avec ménagement par Veracini et Franchini; son *Martyre*, peu gracieux; la *Nativité de la Vierge*, bien coloriée, de Currado; le *Saint recevant ses dépêches pour faire emprisonner les Chrétiens de Damas*, de Mathieu Rosselli; une *Annonciation*, de 1497, sans nom d'auteur, et digne de Ghirlandaio; *S. Sébastien*, intelligent de nu, de Pierre Cogni dal Borgo à S.-Sepolcro ; *Marie consacrée dès sa jeunesse au service du temple*, un des ouvrages les mieux composés de Naldini; à la chapelle Serguidi, la *Résurrection de Lazare*, très vraie, de Santi Titi, d'un meilleur coloris qu'il ne lui appartient; une *Madeleine en extase*, que l'on pourrait croire du Guide, s'il n'avait lui-même écrit au capitaine François Incontri que l'auteur était un de ses élèves, appelé Camille, qu'il n'avait fait que le dessin, retouché la tête et quelques autres parties; une *Déposition de croix*, de Rosso; la *Vierge, des saints et des anges*, de Léonard de Pistoie; une *Annonciation*, de Luc Signorelli; un *Massacre des Innocens*, du vieux Vanni; et à la sacristie, la *Nativité*, la *Résurrection de J.-C.*, l'*Ascension*, l'*Assomption de la Vierge*, de Thomas da S. Friano.

S.-Jean, gothique, octangulaire et revêtu de marbres de diverses couleurs, pourrait remonter au IX$^e$ siècle. L'intérieur a été refait. Une *Ascension*, expressive, du Pomarancio, de 1591, a été signée par lui, et il y prend le titre de Volterrois (*Volterrano*).

Le monastère des religieuses de Saint-Lin fut fondé par Raphaël Maffei, dit le *Volterrano*, le faible traducteur de l'*Odyssée*, de l'*OEconomique* de Xénophon, des *Discours de S. Basile*, mais savant auteur de *Commentarii Urbani*, qui lui valurent l'estime de Politien et les éloges de l'Arioste :

> *O dotta compagnia, che seco mena*
> *Fedra, Cappella, Porzio, il Bolognese,*
> *Filippo, il Volterrano, il Maddalena.*[1]

---

[1] *Orland.* « O docte compagnie, qui mène avec soi Phèdre, Capella, Porzio, le Bolonais, Philippe, le Volterrano, le Maddalena. »

Le Volterrano, après avoir été nommé par Sixte IV secrétaire de la légation du cardinal d'Arragon en Hongrie et à Ferrare, de retour dans sa patrie, vécut presque en anachorète, habitant une cellule de planches, dormant sur la paille et vivant de pain et d'eau. Il renonça à l'érudition profane, et ne composa plus que des vies de saints. Son remarquable mausolée, élevé par son frère l'évêque de Cavaglione, Mario Maffei, fut commencé par l'habile sculpteur Silvio de Fiesole, et terminé par le frère Montorsoli et Stagi de Pietra Santa. Les inscriptions ne sont point sans exagération, et le *sic itur ad astra* mis entre les mains du Volterrano ne convient guère au genre estimable de ses travaux.

Le palais *del Pubblico*, autrefois résidence du premier magistrat de Volterre, fut terminé, selon l'inscription, en 1247, et quoique de l'enfance de l'art, il produit sur la grande place un assez bel effet. Il est aujourd'hui destiné à la bibliothéque et au Musée d'antiquités étrusques. La bibliothéque fut léguée à la ville par un de ses zélés citoyens, M$^{gnor}$ Guarnacci, prélat érudit, mort à la fin du dernier siècle, qui l'a dotée d'un certain revenu pour son entretien et son augmentation. Elle possède diverses éditions du xv$^e$ siècle, des classiques grecs et latins, des ouvrages sur l'antiquité sacrée et profane, plusieurs manuscrits, et elle occupe l'ancienne salle, où jadis se discutaient les affaires publiques. Le Musée, commencé en 1731 par les dons de savans Volterrois, s'est encore enrichi de la belle collection formée par M$^{gnor}$ Guarnacci, qu'il lui a aussi généreusement laissée. Il est impossible de ne pas être vivement frappé de l'antiquité et de l'éclat de la civilisation étrusque à la vue de ces nombreux tombeaux et monumens de pierre ou d'albâtre couverts d'emblèmes, de divinités, des diverses scènes et des accidens de la vie humaine, tels que sacrifices, banquets, chasses, guerres, danses, jeux, mariages, enlèvemens, enchantemens, navigation; de ces statues, bas-reliefs, mosaïques, monnaies, vases, ustensiles, patères et autres précieux débris, et des rapports merveilleux de cette civilisation avec les mœurs et les arts de la Grèce.[1]

Sur un roc, point le plus élevé de la ville, la tour *del Mastio* fut bâtie en 1347, d'après l'ordre du duc d'Athènes, maître absolu de Florence. Occupée pendant dix années par une garnison florentine, elle était l'instrument de cette tyrannie nouvelle qui lui imposait même un Florentin pour capitaine du peuple. Devenue prison d'État, elle reçut l'infortuné disciple de Viviani, Laurent Lorenzini, qui, pendant sa captivité, y composa l'ouvrage sur les sections coniques, dont le manuscrit inédit, en 4 gros vol. in-fol., se conserve à la bibliothèque Magliabecchiana.[2]

Près de cette citadelle, un superbe reste antique d'architecture toscane paraît avoir été une piscine.

Les thermes de Volterre, qui ont fourni la vaste mosaïque du Musée, furent découverts par M gnor Guarnacci lorsqu'il poursuivait l'amphithéâtre, qui lui échappa, et ils démontrent que les thermes étrusques ont dû précéder ceux des Romains.

C'est en sortant à cheval de Volterre, où il était allé visiter le Volterrano son savant ami, que le jeune poète bysantin Marullo Tarcagnota se noya dans la petite rivière de la Cecina, que ce trépas rendit alors célèbre. La mort de ce jeune poète, réfugié de Bysance, qui avait à la fois cultivé les lettres et suivi la carrière des

---

[1] *V*. ci-dessus, chap. III.
[2] *V*. liv. IX, chap. XIII.

armes, inspira une élégie latine à l'Arioste, dans laquelle se rencontre ces deux vers sur la destinée dépendante de l'Italie à cette époque :

*Quid nostra an Gallo regi, an servire Latino,*
*Si sit idem hinc, atque hinc, non leve servitium?*

Sentimens généreux, mais qui sont bien loin de ce patriotisme ardent, continu, inépuisable, du Dante et de Pétrarque aux premiers jours de la poésie italienne.

FIN DU LIVRE SEIZIÈME.

# LIVRE DIX-SEPTIÈME.

DEUXIÈME ROUTE DE FLORENCE. — PÉROUSE. — CORTONE. — AREZZO.

## CHAPITRE PREMIER.

*Nepi.* — *Civita-Castellane.* — Exploit français. — *Otricoli.* — *Narni.* — Pont d'Auguste. — *Terni.* — Cascade. — *Papigno.* — Vallée de la Nera — *Fuga.* — *Grotta.* — Lac de *Piè-di-Luco.* — Echo.

NEPI, petite ville, pauvre, citée par Tite-Live comme une des deux portes de Rome du côté de l'Etrurie [1], et dans le moyen âge forteresse, offre quelques inscriptions anciennes en dehors de son vieux palais public, et plusieurs arcades d'un aquéduc mêlées, encombrées de végétation.

Civita-Castellane a une cathédrale, et une citadelle bâtie par Jules II, devenue prison d'état. Un pont sur un torrent qui roule dans un lit profond, et bordé de rochers, est fort pittoresque. C'est dans la plaine, près de Borghetto, lieu insalubre et laid, où il n'y a guère que la poste et quelques masures, que Macdonald, avec moins de huit mille Français, battit, le 4 décembre 1798, quarante mille Napolitains, qui ne purent l'empêcher de passer le Tibre, dont les flots n'avaient point reçu depuis les Romains d'aussi héroïques guerriers.

Lib. VI, 9.

Avant de monter au bourg d'Otricoli, on aperçoit plusieurs débris remarquables de l'ancienne et brillante Ocriculum.

Narni, forte position, a une vieille et petite citadelle. A un demi-mille de la route sont les superbes restes du pont dit d'Auguste, sur la Nera, où passait l'ancienne voie *Flaminia*. Au couvent des *Zoccolanti* est un des rares ouvrages du Spagna, après Raphaël le meilleur élève du Pérugin, dont il a le coloris, et auquel ce grand tableau a été attribué jusqu'à la découverte récente d'actes qui l'ont restitué au Spagna. Il représente une *Cérémonie épiscopale*, et se distingue par la belle disposition des nombreuses figures, par la noblesse et la pureté du dessin.

La route jusqu'à Terni, à travers une campagne plantée d'oliviers, et avec le double aspect des vertes plaines de l'Ombrie et des sommets boisés de l'Apennin, garnis tous deux au loin de blanches habitations qui ressortent sur ce fond, devient de plus en plus gracieuse et magnifique.

Terni, ville charmante, qui a vainement prétendu à l'honneur d'avoir vu naître Tacite, qui conserve les restes d'un théâtre et de curieuses inscriptions à sa cathédrale et à son palais public, est célèbre surtout par sa cascade, une des merveilles de l'Italie, mais cascade faite, et ouvrage des Romains. Cette admirable cascade, formée par la chute du Velino dans la Nera, dont le nom même (*delle Marmore*) semble celui d'un monument de l'art [1], ne roule point, ne saute point comme

---

[1] Ce surnom provient des incrustations que les eaux de la cascade laissent sur les divers objets qu'elles touchent et qui ressemblent à du marbre. Les stalactites et les stalagmites ont encore une certaine célébrité par les formes bizarres d'arbres, de colonnes, de grappes de raisin, qu'elles présentent.

la sauvage cataracte à travers des rocs escarpés et stériles, elle tombe dans une riante et fertile vallée plantée d'orangers; elle répand au loin sur des fleurs et sur le gazon son impétueuse rosée, et elle est tout-à-fait en harmonie avec le ciel, le soleil et l'horizon italien. Malgré l'usage, la cascade doit être observée d'en bas. On traverse le petit village de Papigno, fameux par la grosseur et le goût de ses pêches, le Montreuil du pays, et d'où le bruit de la cascade, quoiqu'éloignée de trois milles, se fait déjà entendre. Après avoir rencontré les eaux rapides du Velino et de la Nera réunis, on arrive à la délicieuse villa Graziani, qui fut occupée par la princesse de Galles, et l'on descend au fond de la vallée par une suite de bois et de sites ravissans, qui font de cette vallée un des plus beaux lieux de la terre. De l'autre côté du fleuve sont les restes d'un pont très ancien, découvert récemment, et reconnu plus vieux que la cascade.

La cascade est ordinairement regardée d'une espèce de balcon sur un rocher. On monte encore à la *Fuga*, immédiatement au-dessus de la chute, ou l'on redescend à la *Grotta* afin d'y voir les effets divers des stalactites. Mais il serait fort curieux dans la belle saison de pousser environ deux milles plus loin jusqu'au petit lac de Piè-di-Luco, d'un caractère tout-à-fait différent des lacs que nous avons déjà vus, couvert et comme parsemé des larges fleurs du nénuphar, qui épanouissent à sa surface leurs superbes calices, et étendent leur feuillage flottant sur cette pelouse d'eau, lac que de jeunes et robustes batelières, au costume pittoresque, parcourent le matin en ramant, lorsqu'elles portent le déjeûner de leurs maris qui travaillent dans les champs voisins, et environné de rochers hérissés de vieilles tours, dont les pics neigeux sont affreux, mêlés, bizarres. Au milieu du lac apparaît et s'avance comme une île le charmant coteau de Caperno, surmonté d'une petite église, d'où l'écho des montagnes répète tout entier et très distinctement le plus majestueux hexamètre ou l'alexandrin le plus pompeux.

## CHAPITRE II.

*Somma.* — Aquéduc. — *Monte-Luco.* — Ermitages. — Chêne. — SPOLETTE. — Porte d'Annibal. — Cathédrale. — Lippi. — Héroïsme maternel. — Temple du Clitumne. — FOLIGNO. — Tremblement de terre. — *Spello.* — Roland. — Collége.

LA montagne de la Somma offre les beautés grandioses de la nature sauvage. Les bœufs voisins du Clitumne, qui vous tirent pour la passer, et viennent au secours des chevaux harassés des voiturins, autrefois grandes et sacrées victimes, conduisaient aux temples des Dieux les triomphateurs de Rome :

> *Hinc albi, Clitumne, greges, et maxuma taurus*
> *Victima, sœpè tuo perfusi flumine sacro*
> *Romanos ad templa Deûm duxére triumphos.*[1]

Après la Somma le site s'adoucit, et l'on descend vers Spolette à travers de petits bois d'arbres verts. L'aquéduc, remarquable par la hauteur de ses arcs, au-dessus duquel passe un pont étroit et long, a été attribué aux Romains, et avec plus de raison aux ducs Lombards, et non moins guerroyans de Spolette.

Le Monte-Luco mérite d'être visité pour sa vue, sa

[1] *Georg. II*, 146.

tour du monastère de S.-Julien, construction du x° siècle, et ses ermitages, dont le plus considérable, celui de la *Madonna delle Grazie,* a une très jolie église. Telle est la douceur de cette solitude religieuse, dont une sorte de liberté et le *comfortable* même ne sont point bannis, que des hommes appartenant aux premières classes de la société, et parmi lesquels on citait récemment un comte Potoski, y ont fini leurs jours. Un poète latin peu connu, de la fin du xv° siècle, originaire de Spolette, Pier-François Giustolo, a chanté assez harmonieusement les ermitages du Monte-Luco dans des vers qui peignent aussi les tribulations politiques du temps :

> *O fortunatum nimium, cui ducere vitam,*
> *Delitiis orbis spretis, opibusque relictis,*
> *Illarumque siti, vani et certamine honoris*
> *Hisce datum lucis, atque ocia carpere dia*
> *Angustis casulis, celsive crepidine saxi,*
> *Unde notet nulla mole impediente, serenis*
> *Noctibus eoo surgentia cardine signa,*
> *Et septem obliquo gradientia sidera limbo.*
> *Hunc neque cura gravis, Veneris neque dira cupido*
> *Sollicitat, non damna movent, non tristia torquent*
> *Funera natorum, sterilis non territat annus,*
> *Non grave Saturni junctum cum Pleiade sydus;*
> *Non furor ardentis phrixeo e vellere Martis,*
> *Regibus aut trepidis intentans fata cometes :*
> *Non extrema horret crudelis tempora mortis,*
> *Turcarum hic, Rhenive minas, aut* GALLICA GESTA
> *Arce Padi sævum modo quæ pepulere tyrannum*
> *Sfortiadem, latiamque parant avertere gentem.*
> *Cuncta sed intrepidus, veluti qui fluctibus altio*
> *Intactas tuto cernit de littore puppes*
> *Despicit, instabilis ridens ludibria sortis.*

D'antiques chênes-verts, que les anciennes lois municipales défendent d'abattre, et parmi lesquels on ne peut mener paître les troupeaux, couronnent le Monte-

Luco, et forment encore une sorte de bois sacré. Un de ces chênes, voisin du couvent de S.-Antoine, a seize mètres de circonférence et plus de trente-deux d'élévation : rival du fameux châtaignier de Sicile, et le plus vaste chêne, dit-on, de l'Italie, il est un de ces arbres puissans, monumens animés de la nature, et qui attestent sa force et sa durée.

La citadelle de Spolette, sur la hauteur, a quelques restes de murs cyclopéens. La porte dite d'Annibal, ouvrage romain du temps de Théodoric, atteste la résistance de la ville antique au capitaine carthaginois, et sa fidélité aux Romains ; elle montre encore quelle devait être alors la forte existence municipale des villes d'Italie pour avoir pu arrêter et braver un tel vainqueur.

La cathédrale, monument intéressant des premiers temps de la renaissance de l'art, avec un élégant portique dans le goût du Bramante, est ornée de grandes et belles fresques de Philippe Lippi l'ancien. Elle a le tombeau de cet artiste aventureux, fugitif du cloître, esclave en Barbarie, et mort en 1469 à Spolette, sa patrie, à plus de soixante ans, des suites du poison que lui donnèrent les parens de la jeune fille qu'il avait enlevée, et dont il eut un fils, qui porta son nom, et fut aussi très bon peintre. Laurent de Médicis passant par Spolette, pria les magistrats de lui laisser transporter à Florence les cendres de Lippi, qu'il voulait mettre à Ste.-Marie nouvelle ; mais les habitans s'y opposèrent, et il ne put que lui faire élever ce tombeau, monument des honneurs accordés alors aux talens, et dont l'épitaphe est de Politien.[1]

Une restauration a rendu presque méconnaissable la

---

[1] *Conditus hīc ego sum picturæ fama Philippus;*
*Nulli ignota meæ est gratia mira manûs.*
*Artifices potui digitis animare colores,*

*Vierge*, d'Annibal Carrache. La chapelle des reliques est charmante.

A l'église S.-Dominique est une superbe copie de la *Transfiguration*, dont les Spolétains sont à juste titre très fiers, et qu'ils attribuent à Jules Romain.

Une belle fresque du Spagna, autrefois sur un mur intérieur de la forteresse, a été mise au palais communal par les soins de M. Fontana, ancien gonfalonier, habile physicien, et amateur éclairé des arts et de l'antiquité.

Sur la place de la Porte-Neuve est une petite *Madone* avec un voile bleu, du peintre national Crivelli, portant la date de 1502, d'une surprenante conservation, et qui est un nouveau monument de cette peinture des rues, si fréquente en Italie.

Les habitans de Spolette, cités par un écrivain italien actuel pour la finesse et la ruse [1], portèrent le fanatisme politique au dernier degré de férocité dans les guerres civiles des Guelfes et des Gibelins. Je trouve dans une de leurs chroniques ce trait épouvantable, qui pourrait fournir un pathétique tableau à nos peintres et à nos poètes. Comme les Gibelins incendiaient toutes les maisons de leurs adversaires, une femme mariée à un Guelfe voyant son frère gibelin qui faisait mettre le feu à sa maison, monta en haut de la tour avec ses deux enfans entre les bras, et lui demanda grâce pour eux et pour elle. Le Gibelin impitoyable lui cria de laisser tomber dans les flammes ces rejetons guelfes, et

*Sperataque animos fallere voce diù.*
*Ipsa meis stupuit natura expressa figuris,*
*Meque suis fassa est artibus esse parem.*
*Marmoreo tumulo Medices Laurentius hîc me*
*Condidit; antè humili pulvere tectus eram.*

[1] M. Rosini. *La scaltrezza d'un Lucchese, che avrebbe fatto la salsa agli Spolettini.* La Monaca di Monza. Cap. XIV.

qu'elle serait sauvée; mais l'amour maternel fut plus fort, et cette femme périt brûlée avec ses enfans.

La vallée de Spolette est magnifique, et le bourg de Trevi, qui s'élève en amphithéâtre sur le penchant de la montagne, très pittoresque.

A la porte du relais *delle Vene* naît le Clitumne, fleuve autrefois sacré, chanté par Virgile [1], ingénieusement décrit par Pline, qui semble avoir fourni le nom du relais [2], dont le site enchanteur et l'ancienne et jolie chapelle, des premiers temps du Christianisme, ont, je crois, fourni au Poussin son paysage de *Phocion*, et sur lequel il est étonnant que Byron ait composé une pièce aussi froide.

Au moment de parler de Foligno, je ne sais quelle émotion m'attriste et m'arrête. Cette ville, de douze mille âmes, riche, industrieuse, bien bâtie, où venaient aboutir les routes de Rome, de la Toscane, des Marches, dont j'avais vu le marché si animé, est aujourd'hui en ruine par l'affreux tremblement de terre du mois de janvier 1832. Alors la malheureuse Italie fut à la fois livrée aux orages du ciel et de la politique. Un couvent de religieuses a croulé tout entier. Le clocher de l'église des Camaldules, rasé de fond en comble, après avoir chancelé sur lui-même, tomba sur le toit de l'église, qu'il perça, écrasa l'autel et fit rouler du saint ciboire les hosties consacrées, qui furent toutes recueillies. La majestueuse cathédrale, avec son baldaquin imité de celui de Saint-Pierre, a été épargnée : un bon *Sposalizio* est de Ventura Salimbeni.

Spello, petite ville à une lieue de Foligno, très mal-

---

[1] *V.* ci-dessus, p. 308.

[2] *Hunc subter fons exit, et exprimitur pluribus venis. Epist.*, *Lib. VIII*, viii. Le Clitumne, aujourd'hui simple ruisseau, n'est plus, comme au temps de Pline, navigable jusqu'à sa source.

traitée aussi par le même tremblement de terre, est remplie d'antiquités, parmi lesquelles on remarque, au nord, les restes grandioses d'une porte romaine, dite porte de Vénus. On a prétendu y découvrir, en 1722, le tombeau de Properce, sous une maison encore appelée la maison du poète, et qui a donné ce nom à la rue servant de promenade. A côté d'une porte antique du mur longeant la route de Rome est un gros phallus de pierre, sculpté avec un singulier distique qui rappelle effrontément la gloire fabuleuse et les exploits de Roland [1]. Les traditions populaires et l'imagination italienne font véritablement de Roland l'Hercule du moyen âge; elles ont multiplié ses traces, ses souvenirs, ses travaux, assez analogues à ceux du héros antique, et l'Arioste ne fut que le brillant interprète de ces diverses traditions, chantées, répétées depuis plus de six siècles. [2]

Spello possède les meilleurs tableaux du Pinturricchio, savoir, au dôme, une *Annonciation*, une *Nativité*, la *Dispute avec les docteurs*, son chef-d'œuvre, et, aux Franciscains, un *S. Laurent*, dont un petit S. Jean a été cru de Raphaël.

Mais Spello doit aujourd'hui surtout sa réputation à l'excellent collége reformé et presque fondé par M. le professeur Rosi, un des établissemens de l'Italie les mieux entendus sous le rapport de l'enseignement, des principes moraux, des soins matériels et des exercices gymnastiques introduits par M. Rosi.

[1] *Orlandi hic Caroli Magni metire nepotis*
*Ingentes artus : cætera facta docent.*

Au-dessous de ces vers, on montre aux voyageurs l'immense mesure prétendue du géant désigné par les vers, et l'on prétend même indiquer la marque du genou, qui est très élevée.

[2] *V.* liv. XIII, chap. XIV, la tour de Roland.

## CHAPITRE III.

*Ste.-Marie-des-Anges.* — *Assise.* — *Minerva.* — Antiquités. — Cathédrale. — *Ste.-Claire.* — *Chiesa Nuova.* — Couvent. — Rapide exécution des monumens religieux du moyen âge. — Église inférieure. — Mausolée d'Hécube de Lusignan. — Fresques de Giotto. — De la véritable époque de la renaissance. — *Sibylles* et *Prophètes*, de l'*Ingegno.* — *Portrait de S. François.* — Église supérieure. — Fresque de Cimabué. — Tombeau de S. François. — S. François. — *Frati.* — — Couvent. — *S. Damien.* — *Carceri.*

L'ÉGLISE de Sainte-Marie-des-Anges, dite aussi la Portioncule du terrain cédé à S. François par les Bénédictins pour y fonder son ordre, cette majestueuse église exécutée par Galéas Alessi et Jules Danti sur les dessins de Vignole a été très endommagée par le dernier tremblement de terre. Le toit s'est ouvert et refermé, la coupole et la tour se sont heurtées dans leur chute, et huit colonnes ont été brisées. Au milieu de l'église était, comme à Lorette, une petite maison devenue chapelle; murs grossiers, dans lesquels S. François avait donné sa règle, et résolu de pratiquer à la lettre la pauvreté évangélique.

Le Dante, exact comme Homère dans ses descriptions, a peint pittoresquement la situation d'Assise:

*Fertile costa d' alto monte pende.*[1]

Cette ville, triste, déserte, monastique, remplie de S. François, surmontée d'une haute citadelle abandonnée, et environnée de murs et de tours à créneaux, fut

[1] *Parad.* XI, 45. « Un coteau fertile pend d'un mont élevé. »

la patrie de deux chantres gracieux, **Properce** et **Métastase**.

Sur la place l'ancien temple de Minerve, dont l'époque est incertaine, et qui est devenu l'église de Sainte-Marie de la Minerve, offre un superbe portique de colonnes cannelées, sous lequel ont été réunis divers fragmens antiques qui forment un petit et intéressant musée. Des aqueducs, des tombeaux, un théâtre, aujourd'hui écurie, et encombré de constructions du moyen âge, un superbe mur, fondation de l'église Saint-Paul, sont d'autres débris qui attestent l'importance de l'ancienne Assise.

Saint-Rufin fut modernisé par l'habile architecte du XVI$^e$ siècle, Galéas Alessi. Un beau sarcophage forme le maître-autel.

L'église et le monastère de Sainte-Claire furent bâtis par frère Philippe da Campello, élève de Jacques de Lapo, vers le milieu du XIII$^e$ siècle, peu après la mort de la sainte, une de ces vierges jeunes, belles, riches, qui avaient suivi l'exemple de S. François, et à laquelle il coupa les cheveux de sa main. Le corps de l'illustre et première abbesse des Clarisses est sous le maître-autel. Près de la croisée quelques fresques de Giotto, qui avait peint toute l'église, ont échappé à la barbarie du badigeonneur.

La petite église dite la *Chiesa nuova*, commencée en 1612, occupe l'emplacement de la maison où naquit S. François. On y montre la prison où il fut renfermé et lié comme fou par son père, riche marchand, très choqué de la sainte dissipation de ses aumônes, et d'où sa mère, plus tendre, le délivra.

Le couvent, sur un roc, semble de loin une sorte de forteresse. Malgré cet aspect extérieur, commun avec celui du Mont-Cassin, son caractère toutefois en diffère ¹. L'un est le couvent pauvre, mendiant, sans lettres, populaire; l'autre, riche, pompeux, est le monastère savant, aristocratique. Cette immense construction fut élevée en deux années, de 1228 à 1230. Nous avons déjà rapporté un autre exemple de la célérité des travaux dans le moyen âge ² : alors la dévotion des peuples était plus libérale et plus expéditive que nos allocations de budget ou la volonté des princes. L'architecte, choisi après un nombreux concours, fut Jacques de Lapo ou l'Allemand, le père de l'illustre Arnolfo ³, que le frère Élie, général d'Assise, grand personnage de son temps, et qui semble avoir oublié trop tôt les préceptes d'humilité et de pauvreté de S. François, avait demandé à l'empereur Frédéric II.⁴

L'église inférieure, sombre, austère, respire la pénitence et la tristesse. Au-dessus d'un tombeau, que l'on croit celui de Nicolas Specchi d'Assise, premier médecin du pape Nicolas V, est un superbe vase de porphyre, présent, selon quelques uns, de la reine de Chypre, Hécube de Lusignan, si obscure, malgré la beauté de son double nom, qui rappelle les expéditions héroïques des premiers peuples anciens et modernes, le siége de Troie et les Croisades. Le vaste mausolée de cette reine, de 1240, est du florentin Fuccio : les deux anges qui soulèvent la draperie du lit d'Hécube sont gracieux; sa statue assise a une jambe en l'air, passée

¹ *V.* liv. xiii, chap. xii.
² *V.* liv. x, chap. x.
³ *V.* liv. ix, chap. ix.
⁴ S. Bonaventure a défendu vivement cette magnificence; mais on voit par les reproches auxquels il répond, combien les ordres mendians avaient déjà d'ennemis. *Item quæro. Cum sancti patres laudentur, in casellis, et in vilibus habitaculis habitasse, quid est quod vos altas, et magnas domos erigitis, et oratoria sumptuosa, et areas latas magno pretio comparatis, cum sitis pauperes et mendici, et contemptores mundanorum esse debeatis?*

sur le genou de l'autre, posture fort singulière pour une femme, pour une reine et pour une statue d'église, et dont le lion rugissant, au-dessus du lit, paraît horriblement choqué. Deux vieux tombeaux sont des frères Brasca, ducs de Spolette. Quelques traits de la *Vie de S. Martin*, à sa chapelle, sont de Simon Memmi, l'ami de Pétrarque et le peintre de Laure. Un *Crucifix et la Vierge affligée*, fresque excellente de Jean Thadée, élève de Giotto, fut découverte en 1798. Les quatre poétiques compartimens de la voûte de la croisée, représentant les *Vertus* principales pratiquées par S. François, telles que la *Pauvreté*, la *Chasteté*, l'*Obéissance*, ainsi que sa *Glorification*, les plus belles fresques de Giotto, montrent à quel point il avait surpassé son maître Cimabué, dont nous verrons d'autres peintures remarquables à l'église supérieure. Le Dante fit sans doute allusion à ce triomphe de Giotto à Assise dans les vers célèbres :

> *Credette Cimabue nella pintura*
> *Tener lo campo; ed ora ha Giotto il grido,*
> *Sì che la fama di colui s' oscura.*[1]

De pareilles peintures montrent à quel point est inexacte l'expression d'époque de la renaissance appliquée aux xv et xvi⁰ siècles, et combien elle appartient véritablement à Giotto et aux premières années du xiv⁰; ces deux brillans siècles furent au contraire l'apogée de l'art, qui ne tarda point à décliner. L'immense *Crucifiement*, le meilleur ouvrage de Pierre Cavallini, peintre romain du xiv⁰ siècle estimé de Michel-Ange pour son grandiose, offre en l'air des anges affligés, et en bas la foule du peuple et des soldats pleine de va-

---

[1] *Purgat.* XI, 94. « Cimabué crut occuper le premier rang dans « la peinture ; maintenant Giotto a toute la renommée, et la réputa- « tion de celui-là est obscurcie. »

riété dans l'expression et les costumes. Une *Déposition de croix*, groupe habile; le *Tombeau de J.-C.*, et divers traits de sa vie à la voûte de ce côté, sont de Puccio Capanna, artiste florentin, mort jeune, et digne élève de Giotto. Les *Stigmates de S. François* sont un autre chef-d'œuvre de ce grand et primitif maître. Un *Massacre des Innocens*, de Jacques Gaddi, fut approuvé par Raphaël. Les plus parfaites peintures de toute la basilique sont : les groupes des *Sibylles* et des *Prophètes*, d'André d'Assise, élève du Pérugin, émule de Raphaël, que ses merveilleuses dispositions avaient fait surnommer l'*Ingegno* (l'Esprit), qui perdit la vue à la fleur de l'âge, et dont l'infortune n'excite pas moins de regrets et de pitié que le talent d'admiration. La sacristie a de bonnes fresques de Giorgetti, élève de Lanfranc, dont il n'a point la négligence, mais qui n'est guère connu qu'à Assise, sa patrie. A la seconde sacristie, au-dessus d'une porte, est un curieux portrait de S. François, par son contemporain Junte de Pise, le plus ancien maître italien.

L'église supérieure, brillante, lumineuse, forme un habile contraste avec l'église inférieure. Les fresques de Cimabué, les meilleures de cet Ennius de la peinture, comme l'a surnommé Lanzi, sont étonnantes pour leur temps; celles de Giotto sont toujours admirables.

Le corps de S. François, retrouvé au mois de décembre 1818, et retiré de l'espèce de *sancta sanctorum* souterrain où il gisait enfoui [1], avait été mis dans un

---

[1] L'opinion du peuple croyait que S. François était caché dans un caveau de l'église jusqu'alors inaccessible, qu'il y était toujours en prière ou en extase, et qu'il ne devait en sortir qu'à la fin du monde. Cette fouille pieuse parut à quelques gens du pays une sorte de profanation et de sacrilége.

joli mausolée de stuc et de marbre, environné d'une grille légère, luxe moderne et de magasin, qui choquait sur un tel tombeau, regardé par Sacchetti comme le premier du monde après le saint sépulcre [1]. S. François, chanté si religieusement par le Dante et le Tasse [2], dont l'ordre, fondé par lui à vingt-quatre ans, subsiste encore depuis plus de six siècles sans le secours de la force et des moyens matériels, fut un de ces hommes puissants, produits, appelés par l'esprit et les besoins de leur temps. Aussi eut-il pour premiers disciples et pour compagnons des hommes distingués, des jeunes gens enthousiastes, des vierges belles et riches, des femmes du monde et un des plus grands poètes d'alors, le frère Placide, qui avait été couronné poète par l'empereur Frédéric II. Quant au peuple, il trouvait dans une telle institution une sorte d'affranchissement, de garantie, et il échappait, par son caractère de moine, à la condition de vilain. Il n'est point surprenant que les mœurs et la discipline d'une telle multitude se soient promptement altérées. Nous avons rappelé les accusations portées contre eux dès le temps même de S. Bonaventure, moins de cinquante ans après leur fondation. Le déchaînement des grands écrivains du xvie siècle contre les vices des *Frati* est universel. Machiavel, qui avait approuvé leur institution jusqu'à prétendre qu'elle avait ranimé le christianisme éteint, et qu'elle s'opposait encore à ce qu'il ne pérît par les mauvais exemples des prélats et du clergé [3], peignait le frère Timothée de sa *Mandragore*. L'Arioste et Castiglione semblent injustes et exagérés lorsqu'ils accusent les *Frati* de

---

[1] *Nov.* 207.

[2] *V.* le chant XI du *Paradis*, et les sonnets XIII et XX du Tasse, IIIe partie des *Rime*.

[3] Liv. III du *Prince*.

cruauté et des plus énormes crimes [1]. Les faits démontrent que ces moines, malgré leurs scandales, n'ont participé à aucune des grandes catastrophes ou persécutions et à aucun des massacres historiques. La satire la plus ingénieuse et la plus vraie de la *Frateria* se trouve peut-être dans une lettre d'Annibal Caro à un de ses amis Bernard Spina, seigneur assez libertin, qui avait la fantaisie de se faire *frate*, lettre qu'on peut regarder comme un chef-d'œuvre de goût, de raison, d'éloquence [2]. Dans l'état de civilisation actuelle, et au milieu de notre société active, élégante, industrielle et perfectionnée, le capucin, avec son bâton, sa barbe, ses pieds nus, sa robe et sa besace, n'est qu'une espèce de cynique moderne, en désaccord avec notre christianisme poétique ou puritain, qui déconsidère la religion par son aspect hideux, et dont le monachisme mendiant, oisif, improductif, appauvrit les États.

Les deux cloîtres d'Assise répondent à la magnificence de l'église. Les *Têtes* de Franciscains, d'Adone Doni, le meilleur peintre d'Assise et du XVI<sup>e</sup> siècle, sont d'une merveilleuse vérité. Le réfectoire le plus vaste, le plus superbe des réfectoires, a la grande *Cène* de Solimène, un de ses plus élégans et rapides ouvrages.

[1] *Ingorda e sì crudel canaglia.* Sat. V de l'Arioste; *Cortegiano*, lib. III.

[2] Lett. IX, des *Lettere dissuasorie.* En voici un passage : *Non potete voi esser solitario senza esser frate? Soggiunrete: Che? volete ch' io sia romito? Nè romito, ne frate voglio che siate; ma uomo, e uomo da bene, amico di Dio; ritirato prima in voi stesso, che sarà il più bello eremo che possiate trovare : di poi per appartarvi dagli uomini, ridotto in qualche villa con li vostri libri, con i vostri passatempi onesti, d' esercizj, di cacce, di pescagioni, di agricoltura; in un' ozio con dignità, in una religione senza ipocrisia; tolto dal volgo, non dagli amici; dalle pompe, non dalle commodità; dalle brighe, non dalle azioni virtuose. A questo modo penso io che voi possiate esser consolato, e buono e santo : e non sarete frate.*

S.-Damien est le monastère de Ste.-Claire et des Clarisses ; on y conserve des reliques de la sainte, parmi lesquelles un anneau qui lui fut donné par le pape Innocent IV, lorsqu'il vint dîner à S.-Damien, et que, l'ayant priée de bénir la table, les pains se trouvèrent marqués de croix miraculeuses. Au bas du dortoir est la porte murée d'où Ste. Claire, armée du saint Sacrement, repoussa, dit-on, les Sarrasins maîtres d'Assise, et qui déjà escaladaient le couvent.

L'ermitage de Ste.-Marie *delle Carceri*, au milieu de bois et de rochers, était le lieu de retraite de S. François et de ses compagnons, qui venaient y méditer dans de rustiques cellules. L'église, dont l'origine est incertaine, et que l'on a été jusqu'à croire bâtie par S. François, a sur le mur un de ces nombreux crucifixs parlans du moyen âge [1]. A la chapelle de la Vierge une *Madone*, autre antique fresque, est antérieure au saint. La grotte ou lit de S. François, l'oratoire où il avait presque perdu la vue par ses larmes, sont d'autres monumens des travaux et des saintes douleurs de sa pénitence. A l'oratoire est le crucifix qu'il portait en voyage et pendant ses entraînantes prédications. On raconte que le cardinal Peretti, neveu de Sixte-Quint, ayant obtenu ce crucifix, et l'ayant fait placer sur un riche autel, il s'évada de nuit, et retourna au fond de sa grotte pieuse, qu'il n'a plus quittée.

[1] *V*. liv. xii, chap. viii.

## CHAPITRE IV.

PÉROUSE. — Fortifications. — Églises. — *S.-Pierre.* — Ciselures du chœur. — Cathédrale. — *Déposition de Croix*, de Baroccio. — Chapelle du couvent de *S.-Sever.* — *S.-Ange.* — *S.-François.* — *Gonfalone.* — Braccio Fortebracci.

PÉROUSE, sur une montagne, avec sa citadelle jadis habitée par les papes, et ses fortifications de San-Gallo [1], dont les fossés comblés sont devenus la promenade publique, avec un bel amphithéâtre pour le jeu de ballon (*pallone*), est pittoresque, et son âpre aspect convient encore assez à l'ancienne réputation de férocité des habitans, sans doute fort adoucie [2]. Elle n'est plus aujourd'hui qu'une belle ville assez déserte, qui jadis comptait 40,000 habitans, et n'en a plus que 14,000, mais qui est intéressante sous le rapport des arts, des antiquités et de la littérature.

Il n'y a pas moins de cent trois églises à Pérouse, sans compter trente monastères réguliers des deux sexes.

Le couvent des Bénédictins de S.-Pierre, un des plus vastes et des plus riches établissemens ecclésias-

---

[1] Elles avaient été élevées au commencement du xvi<sup>e</sup> siècle par Paul III, qui détruisit pour cela un des plus beaux quartiers de la ville. On y lut pendant long-temps cette menaçante inscription dans une cour : *Ad coercendam Perusinorum audaciam Paulus III ædificavit.*

[2] Le poison de Pérouse, dit l'*acquetta*, était redouté. On cite ce distique fait contre un prélat dont l'administration était tracassière :

*Monsignor, non tanta fretta;*
*Che a Perugia c' è l' acquetta.*

tiques de l'État romain, sert quelquefois à la diète de l'ordre. L'Église, qui a plusieurs des meilleurs tableaux de Vasari, est surtout remarquable par les belles ciselures en bois du chœur, exécutées sur les dessins de Raphaël.

A l'église S.-Dominique, qui n'a conservé de gothique qu'une immense fenêtre en verres coloriés au fond du chœur, d'un effet religieux, est le mausolée de Benoît XI, mort à Pérouse en 1304, et non en 1301, ouvrage remarquable par le naturel de la figure du pontife couché, et la grâce des deux anges qui soulèvent la draperie.

L'oratoire de S.-Pierre martyr a une très élégante *Madone* du Pérugin, qui a même été attribuée à Raphaël.

La cathédrale S.-Laurent, d'un hardi gothique, a la célèbre *Déposition de Croix* de Baroccio, exécutée au milieu des souffrances causées par le poison que lui donnèrent d'autres artistes, ses envieux, dans un repas auquel ils l'avaient invité; peinture bien composée, mise dans une chapelle singulièrement remarquable par ses vitraux coloriés, ouvrage du P. François di Barone Brunacci, moine du Mont-Cassin, et de Constantin di Rosato, ainsi que par ses ornemens en stuc et sur bois. Un bon *Sposalizio*, de M. Wicar, a remplacé l'ancien du Pérugin, qui offrait la même et belle perspective que celle de son S. Pierre de la Sixtine, larcin assez ordinaire au Pérugin, dont il a cru devoir se défendre en disant qu'il n'avait jamais pillé que lui-même, et qui semble fort permis aux artistes comme aux écrivains. Ce chef-d'œuvre disparut à l'époque de la première contribution de tableaux qui suivit le traité de Tolentino, et l'on n'en connaît plus la trace.

La bibliothèque du chapitre a plusieurs manuscrits

rares, parmi lesquels un *Évangile* peut-être du VIII<sup>e</sup> siècle, et un *Bréviaire* du IX<sup>e</sup>.

A l'église Ste.-Marie-du-Peuple est un beau tableau de Christophe Gherardi, bon peintre florentin, élève de Raphaël, pour la partie supérieure et gracieuse, et pour la partie inférieure, animée, énergique, de Lactance della Marca, habile artiste du XVI<sup>e</sup> siècle, qui laissa ses pinceaux pour se faire *Bargello* (chef des sbires) de Pérouse, emploi probablement plus considéré alors qu'il ne l'a été depuis.

Au couvent des Camaldules de S.-Sever est une chapelle peinte à fresque par Raphaël, très endommagée par l'incurie des moines, et qui doit son salut et son entretien aux soins des magistrats municipaux.

Le grand architecte Galeas Alessi, dont les talens honorent Pérouse, sa patrie, fut enterré avec pompe, en 1572, à l'église San-Fiorenzo ; mais il n'obtint ni épitaphe ni monument, quoique sa famille fût riche et au premier rang de la société de Pérouse : peut-être cette famille avait-elle la sottise de rougir de son artiste, comme si Michel-Ange n'était pas d'assez bonne maison ?

La curieuse église S.-Ange fut bâtie sur un ancien temple consacré à Vulcain, avec ses matériaux et ceux d'un autre temple situé près de là, à Civitella d'Arno ; elle paraît avoir conservé sa forme ronde antique, également appropriée aux besoins du culte chrétien.

L'oratoire de la *Giustizia*, avec une façade ornée de bas-reliefs des frères de la Robbia, a une belle *Vierge* du Pérugin.

S.-François a perdu la plupart des chefs-d'œuvre de peinture qui jadis la décoraient. Une assez bonne copie de la *Déposition du Christ au tombeau* fut substituée à l'admirable tableau de Raphaël par Paul V, qui avait envoyé le Cav. d'Arpino à Pérouse pour l'exécuter. Cette copie offre en bas certains clairs-obscurs qui ne se trouvent point à l'original, aujourd'hui dans la galerie Borghèse[1]. On rapporte que le gardien des Franciscains, au moment de se voir enlever la *Déposition*, coupa ces clairs-obscurs, qui furent gardés à la sacristie jusqu'en 1799, qu'ils passèrent au musée du Louvre, et, en 1815, à la galerie du Vatican. La chapelle du *Gonfalone* conserve l'étendard pieux vénéré à Pérouse, talisman invoqué par le peuple au milieu des fléaux de la nature, et dont la procession solennelle n'est accordée par l'évêque qu'aux instances des magistrats municipaux, et après les plus rigoureuses formalités. A la sacristie, divers sujets pris de l'*Histoire de S. Bernardin*, tableaux-miniatures, mais dont le coloris est cru, et les figures sont trop longues et trop sèches, passent pour du Pisanello. Cette sacristie possède les os de l'illustre Braccio Fortebracci, habile capitaine et tacticien italien du xv<sup>e</sup> siècle, seigneur de Pérouse, le grand homme de cette cité et l'un des conquérans éphémères de Rome. Mais il est impossible de ne pas s'indigner de la manière dont ces restes glorieux y sont exposés ; tirés par le sacristain d'une méchante armoire, ils sont jetés sur la table et montrés chaque jour aux voyageurs comme une espèce de curiosité. Il serait temps que le patriotisme des Pérousains mît un terme à cette véritable profanation, et consacrât à Braccio le mausolée auquel il a droit.

[1] *V.* liv. xiv, chap. xxxiv.

## CHAPITRE V.

*Corso*. — Substructions. — Palais public. — Luxe de la toilette des femmes au xive siècle. — *Cambio*. — Fontaine. — Statue de Jules III. — Arc dit *d'Auguste*.

Le beau *Corso* et la place *del Soprammuro*, qui lui est parallèle, sont encore remarquables par leurs immenses substructions, qui remplissent l'espace entre les deux collines sur lesquelles s'élèvent le dôme et la forteresse, et dont une partie, exécutée au temps de la souveraineté de Braccio Fortebracci, porte encore le nom de *Muri di Braccio*.

Le vaste palais public, d'un beau gothique, et résidence du délégat et *della magistratura* (la municipalité), contient les archives de la ville. On y découvrit il y a environ vingt ans une chambre murée, espèce d'archive secret, contenant de précieux manuscrits du temps de l'opulence et de la liberté de Pérouse. Ces pièces avaient probablement été ainsi cachées lors de la destruction de la république, afin de ne pas être transportées à Rome, et de ne pas priver la ville des titres de quelques unes de ses anciennes franchises. On présume que cet archive a fourni le morceau sur les lois somptuaires de Pérouse au xive siècle, publié par M. Vermiglioli, précieux document pour la connaissance du dialecte pérousain, et remarquable par la sévérité des mesures qu'il contient, principalement dirigées contre le luxe de la parure des femmes. Il paraît que le goût de la toilette était alors excessif en Italie, puisque de pareils édits existaient à Florence et dans les autres États, et que le Dante, admirable peintre de mœurs, l'avait si violemment attaqué :

> *Non avea catenella, non corona,*
> *Non donne contigiate, non cintura*
> *Che fosse a veder più che la persona.* [1]

La salle *del Cambio*, la Bourse de Pérouse au xv<sup>e</sup> siècle, est décorée des fresques du Pérugin, aidé de l'*Ingegno*, son habile élève, peintures admirables de fécondité, d'harmonie, de morbidesse, et qui passent pour son chef-d'œuvre. Elles représentent les portraits d'hommes illustres de l'antiquité, et à la chapelle contiguë divers sujets de l'ancien et du nouveau Testament, ainsi que le portrait du Pérugin, et elles ont été chantées de nos jours avec talent par M. Mezzanotte, professeur à l'université. [2]

La fontaine de la place est un des premiers et des meilleurs ouvrages de Jean de Pise, qui a sculpté aussi les bas-reliefs de la première conque.

La place *del Papa* a enfin reçu la statue en bronze de Jules III, quelque temps suspendue aux câbles qui servirent à l'enlever de la grande place, mise successivement au palais de l'inquisition, à la forteresse et dans un obscur souterrain de M. Monaldi de Pérouse, espèce de monument persécuté et martyr des révolutions de l'Italie. Cette statue, de la jeunesse de Danti, ainsi que le porte l'inscription : *Vincentius Dantes Perusinus adhuc puber faciebat*, offre déjà un travail merveilleux par la facilité, la noblesse, la verve, et, comme plusieurs premiers ouvrages des artistes et des écrivains, elle n'a

---

[1] *Parad.* XV, 100. « Les femmes de Florence ne se paraient point « alors de ces petites chaînes, de ces couronnes, de ces ceintures, « qui sont plus à voir que celles qui les portent. »

[2] *V.* ses *Poesie*. Sienne, 1823, in-8°.

pôint encore ces défauts qui naissent quelquefois plus tard de l'habitude, de la routine ou d'une certaine confiance excessive du talent.

La place Grimana présente les plus beaux restes de l'ancien pourtour étrusque de la ville. La porte grandiose, flanquée de deux tours, dite l'Arc d'Auguste, ne doit ce nom qu'à l'inscription *Augusta Perusia,* ajoutée plus tard par les Romains.

## CHAPITRE VI.

Université. — Professeurs. — Cabinet archéologique. — Inscription étrusque. — Quadrige. — Médailler. — Inscriptions latines. — Académie des Beaux-Arts. — Galerie. — Collége Pio.

L'UNIVERSITÉ de Pérouse, après Rome et Bologne, la meilleure de l'État romain, est l'une des plus distinguées de l'Italie. Fondée en 1320, elle reçut des papes et des empereurs de nombreux priviléges, et elle doit à l'administration française son magnifique bâtiment, ancien couvent des Olivetains. Le nombre des élèves était de 3 à 400. Elle réunit, parmi ses professeurs, quelques hommes du premier mérite; tels sont : M. Vermiglioli, célèbre antiquaire, habile et infatigable interprète des monumens de sa patrie, professeur d'archéologie; M. Mezzanotte, poète nourri des anciens, excellent traducteur et commentateur de Pindare, de grec; l'aimable marquis Antinori, poète élégant et gracieux, de littérature italienne; le docteur Bruschi, botaniste et bon médecin, de matière médicale; M. Martini, savant physicien, de physique. L'administration française a encore étendu l'enseignement de cette Université. Un membre de la Consulte de Rome, M. De Gerando, qui avait contribué à cette amélioration, reçut, deux ans après sa mission, une marque touchante et désintéressée de la reconnaissance des habitans de Pérouse; ils lui envoyèrent un beau tableau du Pérugin, maintenant à Paris. Tandis que les monumens ravis par la victoire étaient enlevés de nos places et de nos palais, ce tableau, prix d'une action honorable et souvenir d'une conquête éclairée, arrivait obscurément dans la demeure d'un homme de bien, où il devait être à l'abri de ces violentes vicissitudes.

Le jardin botanique compte environ deux mille espèces. Le cabinet minéralogique est un présent de M. Canali, ancien professeur de physique et maintenant recteur de l'Université.

Le cabinet archéologique, créé généreusement par les dons de divers habitans de Pérouse, et produit des fouilles faites sur son territoire, est riche en inscriptions étrusques, qui s'élèvent aujourd'hui à plus de 80, parmi lesquelles il en est une de 45 lignes, la plus longue de ces inscriptions. Les riches ornemens et les figures ciselées du quadrige étrusque trouvé en 1810 par une paysanne de San-Mariano, font regretter vivement les autres débris dispersés de ce char votif, selon l'autorité imposante de MM. Vermiglioli et Micali [1], et surtout son superbe bas-relief d'argent restauré par M. Millingen et porté par lui en Angleterre. Les figures du beau vase jaune et rouge à fond noir représentent, d'un côté, une *Bacchanale*, de l'autre, *Admète et Alceste*, selon M. Vermiglioli [2], et peut-être avec plus

---

[1] Inghirami. *Monumenti etruschi*, t. VI, p. 360.

[2] *V.* la description érudite qu'il en a donnée, et qui, selon un usage italien singulier et assez fréquent, a paru à Pérouse en 1831,

de vraisemblance, selon l'abbé Zannoni, *Atalante et Méléagre*.

Le médailler est plus choisi que nombreux.

Les murs des corridors de l'Université, surtout au second étage, offrent, incrustées, une belle suite d'inscriptions latines.

L'Académie des beaux-arts, dans le même local que l'Université, offre, disposés chronologiquement, de bons tableaux des maîtres de Pérouse, dont la plus grande partie provient des églises supprimées. On y remarque, encadré sous verre, un reçu du Pérugin pour prix d'un de ses tableaux.

Parmi les galeries particulières on distingue celle du baron della Penna, où se voit un chef-d'œuvre du Pérugin, autrefois à l'église des *Servi*; la galerie du marquis Monaldi, qui a un grand *Neptune* sur son char marin, commandé au Guide par le cardinal Monaldi, légat de Bologne, et une esquisse du même tableau par l'artiste; la galerie du palais *Staffa*, fière de son admirable et très authentique *Vierge* de Raphaël, car le traité original passé entre l'artiste et un comte Staffa a long-temps existé dans les archives de cette famille, qui l'a laissé perdre ; enfin le musée Oddi, jadis célèbre, fort diminué maintenant, qui n'a même plus sa célèbre *Déposition de croix*, passée à Rome, groupe d'ivoire, avec de nombreuses figures, ouvrage noble, expressif, naturel, des meilleurs de ce genre, mais que l'on a très à tort attribué à Michel-Ange, ainsi qu'une multitude d'autres sculptures d'ivoire, qui, s'il les avait toutes exécutées, ne lui auraient point laissé le temps de faire autre chose.

Le collége *Pio*, qui doit son nom à la protection

---

pour les noces de M. le marquis Ghino Bracceschi et de madame la comtesse Aurélie Meniconi.

que lui accorda le pape, Pie VII, est dirigé d'une manière supérieure et nouvelle par le digne professeur Colizzi, également distingué comme professeur de droit public, comme mathématicien et comme chimiste. M. Colizzi fait marcher de front l'étude simplifiée des langues anciennes avec l'étude des sciences, et son bel établissement, qui a 60 élèves, en compterait davantage si la place le permettait.

## CHAPITRE VII.

Bibliothéque. — Manuscrit d'Étienne de Bysance. — Maison de fous. — Cabinet littéraire.

La bibliothéque de Pérouse, confiée aux soins éclairés de M. Canali, a environ 30,000 volumes; elle possède une belle collection de xv° siècle et de curieux manuscrits. Le plus remarquable de ces derniers est l'*Étienne de Byzance,* regardé comme un des meilleurs de ce grammairien grec de la fin du v° siècle. Les miniatures d'un *S. Augustin* du xiii° siècle, représentant le *Rédempteur avec divers Saints* et le *Commencement de la Genèse,* rappellent, par leurs plis anguleux et épais, la manière grecque, et prouvent qu'alors elle était déjà pratiquée dans l'Ombrie. Les *Conseils de Benoît Capra,* jurisconsulte pérousain, de l'année 1476, sans nom d'imprimeur, sont le premier livre imprimé à Pérouse. L'*Oraison funèbre du jeune Grifone Baglioni,* assassiné à 22 ans en 1477, sans motif connu, par le lieutenant du seigneur de Sasso-Ferrato, discours du lettré de Pérouse, Maturanzio, et prononcé par lui aux funérailles de cette jeune victime, est de l'année de sa mort. L'*Itinéraire*, en italien, *de la Terre Sainte* et *du mont Sinaï*, par Gabriel Capodilista, d'une ancienne famille de Padoue dont nous avons cité la chevaleresque devise française (*Léal desir*)[1], quoique sans date ni lieu d'impression, paraît devoir être une des bonnes éditions de Pérouse du xv<sup>e</sup> siècle.

Indépendamment de ses divers établissemens tout-à-fait italiens, tels que son école de musique, ses deux académies philodramatiques, ses deux théâtres, sa société *de' filedoni* (société des amis des arts qui a des séances publiques), et même que sa nouvelle maison de fous, très bien dirigée, Pérouse possède un cabinet littéraire qui reçoit les diverses Revues étrangères, espèce de phénomène dans l'État pontifical, et qui atteste la libéralité d'esprit des principaux habitans de la ville.

## CHAPITRE VIII.

Tour de *S.-Manno*. — Bords du lac. — Émissaire. — Ile. — *Pieve*. — Palais. — Fresques du Pérugin. — *Montecorona*. — *Todi*.

A un mille de Pérouse, au petit hameau de S.-Manno, est le célèbre monument étrusque dit la Tour de S.-Manno, espèce de cellule souterraine qui sert aujourd'hui de cave, dont la voûte est formée de grosses pierres carrées; l'inscription en trois larges lignes, surnommée par Maffei la *reine des inscriptions*, et qui l'était peut-être de son temps, est toujours une des plus belles et des plus longues inscriptions étrusques connues.

[1] *V*. liv. vii, chap. iii.

L'aspect des bords du lac de Pérouse, l'ancien lac de Trasimène, explique très bien la bataille décrite par Polybe et Tite-Live, « combat, dit fièrement ce dernier « historien, compté parmi le petit nombre des défaites « du peuple romain »[1]. On peut juger encore comment le consul Flaminius avait une étroite et mauvaise retraite le long du lac, et l'on s'attend presque à voir déboucher et s'élancer des montagnes la cavalerie numide pour la lui couper. Le souvenir superstitieux de ce désastre produisit, pourrait-on dire en parodiant l'historien latin, une des fréquentes déroutes des soldats du pape, battus au même endroit par l'armée de Laurent de Médicis.

L'émissaire qui traverse la montagne *del Lago* et sert à maintenir le niveau des eaux du lac, restauration d'un émissaire étrusque, est un des plus magnifiques ouvrages de la puissance de Braccio.

Les eaux du lac de Pérouse sont azurées et limpides. Dans l'*isola Maggiore* est un couvent d'Observantins, d'où la vue est superbe.

La *città della Pieve*, petite ville à vingt milles de Pérouse, près du lac, a le palais bâti par Galeas Alessi pour le duc della Corgna, palais presque royal.

La *città della Pieve*, patrie du Pérugin, est encore remarquable par sa chapelle appelée la *Chiesarella*, où se voit la fresque de la *Nativité*, un de ses plus délicieux ouvrages. Vis-à-vis de cette chapelle existait encore, en 1828, la maison natale de l'artiste, qu'un bourgeois, M. T******, a fait barbarement démolir l'année suivante pour agrandir quelque peu sa demeure. Sur la route, au couvent des religieuses du village de Panicale, sont d'autres fresques du Pérugin moins remar-

---

[1] *Hæc est nobilis ad Trasimenum pugna atque inter paucas memorata populi romani clades.* Lib. XXII. VII.

quables. Il semble avoir couvert le pays de ses peintures, trop souvent dégradées, méconnues par l'ignorance et la rusticité.

Le couvent des Camaldules de Montecorona, à douze milles au nord de Pérouse, placé sur la cime du mont appelé justement Belvéder pour son admirable vue, et environné d'une superbe forêt de sapins plantée par ces laborieux solitaires au milieu du sauvage désert qu'ils ont défriché, ce splendide monastère est en même temps un des plus religieux et des plus saints. Ces Camaldules réformés de l'ordre de S.-Romuald, vivent à la fois en ermites et en cénobites : chacun a sa petite maison et son jardin qu'il cultive, et ils ne se réunissent et ne mangent ensemble au réfectoire qu'une ou deux fois l'an et le jour de la fête de leur fondateur. Moines compatissans, ils secourent les montagnards leurs voisins, et ils exercent à leur hospice, en bas de la montagne, la plus charitable hospitalité envers les voyageurs. On est quelquefois frappé de rencontrer, sous la grande robe blanche et sous l'humilité de ces anachorètes, le ton, le langage et les manières les plus distingués, car, parmi eux, se trouvent des hommes autrefois importans dans le monde, et même un général prussien très habile militaire. De pareilles vocations ne surprennent point à l'aspect d'un tel lieu, et surtout des âmes si calmes, si pures et si pieuses qui l'habitent.

Todi, petite ville antique près du Tibre, menacée et ruinée constamment par les éboulemens de la colline sur laquelle elle est située, fut autrefois puissante, guerrière et riche, comme l'attestent les nombreuses monnaies qui nous en sont restées. Quoique hors de la route et d'un accès difficile, surtout lorsqu'il pleut, elle mérite d'être visitée pour ses anciennes et fortes murailles de pierres carrées longues, avec des phallus, pour les restes de son singulier édifice, sujet de tant de disputes entre les archéologues, et que l'on croit être une partie du forum et d'un temple de Mars ou d'une basilique du temps des premiers empereurs, ainsi que pour la bonne architecture de la plupart de ses églises, principalement de sa belle église de la Madone, réunion de coupoles habilement groupées, et l'un des chefs-d'œuvre du Bramante.

## CHAPITRE IX.

Cortone. — Murs. — Palais *Pretorio*. — Académie étrusque. — Bibliothèque. — Musée. — *Grotte de Pythagore*. — Cathédrale. — Sarcophage dit de *Flaminius*. — Dernier grand-maître de Malte. — *Gesù*. — *Ste.-Marguerite*. — Conventuels. — *S.-Dominique*. — *S.-Augustin*. — *Ste.-Marie-des-Grâces*. — Chiusi. — Collections.

Cortone, une des plus anciennes cités de l'Italie, sur une haute montagne, comme les autres villes étrusques, est admirablement située. Ses énormes murs cyclopéens, oblongs, carrés, tiennent sans mortier, comme toutes les constructions pareilles. L'enceinte de la ville actuelle est exactement la même que celle de la ville antique, et les portes modernes paraissent à la même place que les anciennes.

Le palais *Pretorio* est le lieu des séances de l'Académie étrusque, fondée en 1726 par l'illustre antiquaire de Cortone Ridolfino Venuti. Son président, appelé *Lucumo*, ancien titre du chef électif et absolu des peuples d'Étrurie, que les historiens latins honorent du titre de roi, peut être choisi parmi les étrangers; mais il doit avoir à Cortone un représentant dit *vice-lucumo*. Cette académie en est restée à ses 10 vol. in-4° de Mémoires, et elle ne paraît point s'être associée au mouvement imprimé de nos jours à la science des antiquités toscanes.

La riche bibliothéque, confiée aux soins de M. Ponbucci, possède le manuscrit mutilé des *Notti Coritane*, en 12 vol. in-fol., recueil précieux d'entretiens archéologiques de seigneurs érudits de Cortone. Un manuscrit du Dante est remarquable par la beauté des lettres et les miniatures.

Le petit musée est principalement curieux par ses antiquités étrusques. La figure la plus importante pour la mythologie et l'histoire de l'art est le bronze regardé par les uns comme une *Victoire*, par les autres comme une *Vénus*, et prise aussi pour la *Lune*.

Un ancien tombeau ou édifice étrusque, remarquable par la construction de sa voûte et ses larges pierres jointes sans ciment, a été bizarrement surnommé la *Grotte de Pythagore*, les habitans de Cortone ayant par vanité transposé l'R de leur ville, malgré le crime des Crotoniates, qui avaient brûlé vif le plus humain des philosophes de l'antiquité, parce qu'il leur prêchait la tolérance.

La cathédrale, du x° ou du xi° siècle, fut restaurée intérieurement au commencement du dernier siècle par l'architecte florentin Galilei. Le beau bas-relief du prétendu sarcophage de Flaminius, représentant le *Combat des Centaures et des Lapithes*, ou un *Triomphe de Bacchus*, paraît appartenir à la période romaine de l'art antique, peut-être à l'époque des Antonins. Les meilleurs tableaux sont de Luc Signorelli; savoir : une *Déposition de Croix* et une gracieuse *Communion des Apôtres*, dont la figure du Christ paraît digne des Carraches pour le coloris. Cette cathédrale recèle le tombeau du dernier grand-maître de Malte, Jean-Baptiste Tommasi, nommé par Pie VII en 1803, et mort en 1805, obscur et vain successeur des l'Isle-Adam et des Lavalette.

Le *Gesù* a une délicieuse *Annonciation* du frère Angélique; une *Nativité*, une *Conception*, un *Père éternel*, de Luc Signorelli : ce dernier tableau, triangulaire, de sa première manière. La *Vierge sur un trône et S. Roch et S. Ubald* est un ouvrage de Jacone, chef de ces grossiers épicuriens florentins peints par Vasari, et que son goût du plaisir et des farces (*baje*) l'empêcha sans doute de terminer.

Ste.-Marguerite et son monastère entouré de cyprès occupent le sommet de la montagne de Cortone. La vue est ravissante. Sur la route sont quelques débris de thermes romains, donnés fréquemment comme un temple de Bacchus. L'église est de Nicolas et Jean de Pise, dont les noms se lisent sur le clocher. Une vieille fresque, pleine d'expression, représente la tendre Marguerite, simple villageoise des environs de Cortone, reconnaissant sous un tas de pierres le cadavre de l'homme qu'elle aimait. Le tombeau de cette aimable sainte, dont la pénitence fut depuis si austère, est du XIIIe siècle. Une couronne d'or ornée de pierreries et le devant d'argent du tombeau furent donnés par Pierre de Cortone, lorsqu'il reçut de sa patrie des lettres de noblesse, et le dernier, dit-on, fut sculpté sur ses dessins. La *Ste. Catherine* est de Baroccio; la *Vierge, S. Blaise, S. Jean-Baptiste, Ste. Élizabeth de Hongrie*, de Jacques Empoli; une *Conception avec S. Louis de Toulouse, S. François, S. Dominique, Ste. Marguerite*, du vieux Vanni.

Le couvent des Conventuels mineurs de S.-François,

de la fin du xiii<sup>e</sup> siècle, a le meilleur tableau de Cortone, le *Miracle de la mule* de S. Antoine qui convertit un hérétique, de Cigoli.

Le couvent de S.-Dominique est antérieur à 1258. Une *Assomption* gracieuse est attribuée à Pierre da Panicale de Pérouse. On croit du frère Angélique le tableau à la manière antique du chœur, avec une inscription à la date de 1440, portant qu'il a été donné par Côme et Laurent de Médicis aux frères de S.-Dominique, afin de prier pour leurs âmes et celles de leurs pères. Une *Vierge entourée de Saints*, très endommagée, est de ce peintre exquis; l'*Assomption avec S. Hyacinthe*, du jeune Palma.

Le couvent des Augustins est un des plus anciens de la ville. A l'église sont: la *Vierge, S. Jean-Baptiste, S. Jacques, S. Étienne et S. François*, ouvrage dans le goût du Titien, l'un des plus vantés, des plus extraordinaires de Pierre de Cortone; la *Vierge, S. Jean-Baptiste et S. Antoine abbé*, d'Empoli.

Dans une vallée au midi, peu éloignée de la ville, est la belle église de Ste.-Marie *delle Grazie*, dite *del Calcinajo* (de la Chaux), à cause d'une antique image peinte à l'angle du mur extérieur d'une tannerie, image vénérée, jadis témoin de divers miracles, et particulièrement de celui de ces bœufs qui, en labourant, s'agenouillaient chaque fois qu'ils passaient devant elle. L'architecture n'est point d'Antoine San-Gallo, comme on l'a cru, mais de François di Giorgio de Sienne. Une *Conception*, une *Annonciation* et une *Adoration des Mages*, ouvrages ignorés de Lanzi, sont de Papacello, habile artiste de Cortone et élève de Jules Romain.

Chiusi mérite une course du voyageur archéologue pour son riche musée et ses diverses ruines étrusques, quoiqu'il n'y ait point réellement de trace du fameux labyrinthe et mausolée de Porsenna dans son ancienne capitale, monument dont la construction des trois corps de bâtimens superposés, donnée par Pline d'après Varron, serait tout-à-fait inexécutable, et qui, de l'avis unanime des savans, est aujourd'hui regardé comme symbolique et imaginaire.

De curieuses collections ont été formées par quelques uns des érudits habitans de Chiusi, principalement par MM. Casuccini et Paolozzi, propriétaires antiquaires, qui semblent moins cultiver leurs champs et leurs jardins que les fouiller. Le Musée Casuccini offre plus de quarante monumens funéraires de marbre fort mutilés, et environ une centaine en terre cuite, dont les gracieuses figures d'hommes et de femmes attestent l'habileté des Étrusques dans la plastique; quarante tombeaux de travertin, intéressans pour leurs formes et leurs figures, et surtout de grands et élégans vases noirs, indépendamment de bronzes, d'ornemens en or, etc. La plupart de ces divers monumens portent des inscriptions qui pourront servir à l'étude de la langue des Étrusques, et qui indiquent une époque civilisée. On remarque sur un des beaux vases noirs un assortiment de jouets d'enfans, qui, dans tous les temps et dans tous les pays, semblent toujours à peu près les mêmes. La collection de M. Paolozzi, riche de vases ornés de peintures, d'urnes étrusques, de médailles de bronze et de pierres taillées, a un bas-relief en pierre d'un style remarquable.

La vieille cathédrale de la moderne Chiusi peut être regardée comme un autre musée étrusque, et les premiers chrétiens de cette ville, aujourd'hui insalubre et déserte, ont, comme ceux de Rome, dépouillé leurs anciens temples et monumens pour construire leurs églises. Les douze inégales colonnes de marbre différent qui soutiennent les arcs des trois nefs proviennent sans doute de ces antiques monumens. La chambre de l'évêque a une belle tête d'Auguste avec le voile sacerdotal, que l'on croit du temps d'Adrien, et son jardin, quelques tombeaux et chapiteaux, des divers ordres, assez dégradés.

Le cippe de l'église S.-François annonce l'existence d'un temple de Diane; et la haute colonne de marbre d'Éthiopie, si bien travaillée, de la Confrérie de la Mort, doit provenir de quelque basilique.

## CHAPITRE X.

*Val de Chiana.* — *Castiglione.* — *Olmo.* — Ste.-Marie-des-Grâces. — AREZZO. — Air. — Hommes illustres. — Amphithéâtre. — *Pieve*.

LE val de Chiana est un des plus splendides monumens de la nature cultivée, une de ces conquêtes qui prouvent l'empire bienfaisant de l'homme, et font sa véritable gloire. La merveilleuse fécondité de ses champs est due principalement aux travaux de Léopold. Cependant il paraît, d'après d'exactes recherches, que du $x^e$ au $xiv^e$ siècle le cours de la Chiana avait été déjà habilement dirigé [1], et que l'Italie, qui a précédé les autres nations de l'Europe dans la plupart des arts, fut encore leur maîtresse dans la science hydraulique.

Castiglione, riche, agréable, bien située, a une belle église paroissiale (*Pieve*) de la fin du $xiv^e$ siècle,

[1] *V.* Les Mémoires historiques hydrauliques sur le Val de Chiana, publiés en 1789 par M. le Cav. Victor Fossombroni, aujourd'hui conseiller et premier ministre du Grand-Duc de Toscane.

qui n'a point perdu son caractère, quoique plusieurs fois restaurée. Une *Notre-Dame et S. Julien*, patron de l'église, et un *S. Michel*, de Barthélemi della Gatta, religieux camaldule du xv° siècle, excellent miniateur, musicien et architecte, sont des ouvrages très vantés par Vasari, mais dont les figures ont trop de longueur. A S.-François, *la Vierge, Ste. Anne, S. Sylvestre et le Saint*, de Vasari, est remarquable de dessin et faible de coloris.

A un demi-mille d'Arezzo est l'*Olmo*, qui tirait son nom d'un orme antique et gigantesque que les traditions populaires faisaient remonter jusqu'à Annibal, dont les racines vigoureuses ébranlaient les habitations voisines, que l'administration française fit en conséquence mutiler et détruire, qui n'offre plus qu'un informe et noir poteau d'une dizaine de pieds, bien différent de l'ancienne majesté de cet arbre superbe que dix hommes pouvaient à peine embrasser, et dont les débris et les vastes rameaux remplirent plus de cent chariots.

Le délicieux portique semi-gothique de Ste.-Marie-des-Grâces rappelle presque, malgré un caractère différent, l'admirable loge des Lanzi de Florence. [1]

Arezzo, antique et historique cité, une des trois principales cités étrusques, selon Tite-Live, est agréablement située. Lorsque l'on considère le grand nombre d'hommes illustres ou fameux qu'a produits Arezzo depuis Pétrarque jusqu'à Redi, la remarque de l'historien Jean Villani sur l'influence de son climat paraît juste [2], et l'on serait tenté de croire à la plaisanterie de Michel-Ange, quand il disait à Vasari que

[1] *V.* liv. ix, chap. iii.
[2] *Il sito e l'aria di Arezzo genera sottilissimi uomini.* Ist. lib. i, cap. xlvii.

c'était à l'air subtil de son pays d'Arezzo que lui Michel-Ange était redevable de ce qu'il avait de bon dans l'esprit [1]. Peut-être aussi que cette vivacité de l'air qui inspirait le génie des hommes supérieurs excitait chez les gens médiocres l'esprit hargneux en politique que le Dante reproche aux habitans d'Arezzo [2]. Diverses inscriptions indiquent les demeures de quelques uns des illustres Arétins, et font des rues de cette petite ville un véritable Panthéon. [3]

[1] *Giorgio, se io ho nulla di buono nell' ingegno, egli è venuto dal nascere nella sottilità dell' aria del vostro paese di Arezzo.* Vit. di Michelangiolo.

[2]
*Botoli trova poi venendo giuso
Ringhiosi più che non chiede lor possa.*
Purgat. XIV, 46.

[3] Indépendamment de Pétrarque, de Redi et de Vasari, on distingue encore parmi les Arétins historiques : Pierre l'infâme, le fléau des princes; Bruni, le chancelier de Florence (*V.* liv. IX, chap. XII); le frère Guyton d'Arezzo, religieux bénédictin du XI° siècle, abbé du monastère de Fonte-Avellana, savant, pour son temps, dans le grec, l'hébreu, l'arabe, le chaldéen, le latin, et surtout inventeur du solfége et restaurateur de la musique en Italie; le poète du XIII° siècle, Guyton d'Arezzo, confondu quelquefois avec le moine, qui a perfectionné le sonnet, mis par le Dante dans le Purgatoire, sans doute pour avoir composé des vers sans inspiration (chant XXIII), et chanté assez durement par Pétrarque dans ses *Trionfi*: *Ecco Cin da Pistoja, Guitton d'Arezzo*; Guillaume degli Ubertini, évêque guerrier, chef du parti gibelin en Toscane; Margaritone, peintre, sculpteur, architecte et mécanicien du XIII° siècle, habile imitateur de Nicolas de Pise et d'Arnolfo di Lapo; Spinello, peintre expressif du XIV° siècle; Albergotti, grand jurisconsulte de la même époque; le seigneur et l'évêque d'Arezzo, Guido Tarlati, dont il sera parlé au chapitre suivant; le jurisconsulte et professeur Marsuppini, l'ennemi de Philelphe (*V.* liv. IX, chap. XII); la famille des Accolti, qui semble une tribu de lettrés, et dont Bernard, surnommé l'*unique* à cause de sa merveilleuse facilité d'improvisation, et son neveu Benoît le cardinal, furent célébrés par l'Arioste (*Orland. cant.* XLVI, *st.* X, XI); le cardinal Bibbiena, l'auteur de la *Calandria*; Jean Tortelli, camérier d'honneur du grand pape Nicolas V, bibliothécaire de la Vaticane naissante; Antoine Roselli, orateur, jurisconsulte du XV° siècle, dit le monarque de la science; André Césalpin, créateur de la

Dans le jardin du monastère des religieux de S.-Bernard, les ruines dites d'un amphithéâtre, dont l'origine et la destination paraissent douteuses, sont pour l'étendue et la solidité un admirable débris antique de construction romaine.

L'église *della Pieve* offre quelques débris d'un ancien temple que l'on a cru consacré à Bacchus. L'époque de sa vraie fondation est incertaine. Les bizarres chapiteaux, colonnes et cariatides, de Marchione, artiste d'Arezzo du XIII<sup>e</sup> siècle, annoncent un génie facile, et pourraient appartenir à une époque plus avancée. Vasari raconte qu'il fut chargé de refaire l'intérieur, travail auquel il s'était livré avec amour, puisque cette église lui rappelait ses souvenirs d'enfance et que ses pères y reposaient [1]; il se vante de l'avoir rendue de la mort à la vie, mais on doit vivement regretter que les peintures des anciens maîtres de l'école de Giotto aient péri dans cette restauration : les tableaux de Vasari et son *S. Georges* même, derrière le maître-autel, quoique fort bons, ne compensent point une telle perte.

La *Fraternità* (lieu d'assemblée de laïcs pour des exercices de piété) a une vieille et remarquable façade

botanique, qui avait pressenti avant Harvey la circulation du sang; Vezzosi son élève, le médecin des femmes, poète, philosophe, ami du Tasse; le colonel Ottaviani, bon militaire, mort en 1609, qui avait fait la guerre dans toute l'Europe, et portait le prénom de Mécènes, dont il prétendait descendre, car l'ami d'Auguste et d'Horace était d'Arezzo; le maréchal d'Ancre, tué sur le pont du Louvre, déterré, mis en pièces, et dont le cœur fut cuit et mangé par la populace de Paris; François Rossi, préteur à Cortone, Prato, Volterre, auditeur *del Magistrato supremo* sous Léopold, et grand antiquaire; François de' Giudici, critique et érudit du dernier siècle; Jérôme Perelli, de la même famille, annaliste des Lettrés d'Arezzo, qui en indique plus de 550 depuis le frère Guyton jusqu'à la fin du XVIII<sup>e</sup> siècle; Pignotti, dont il a été parlé liv. x, chap. xi.

[1] Il voulut y être enterré dans la chapelle vis-à-vis le maître-autel, appartenant à sa famille, éteinte de nos jours.

gothique. La Bibliothéque, qui compte 10,000 volumes et offre quelques antiquités et vases étrusques, s'y trouve.

Sur la grande place, probablement l'ancien *forum* d'Arezzo, les portiques des marchands (*loggie*), par Vasari, sont un très élégant ouvrage d'architecture et le chef-d'œuvre de l'auteur.

## CHAPITRE XI.

Maison de Pétrarque. — Puits de Tofano, de la Nouvelle de Boccace.

Parmi les illustres maisons d'Arezzo, la première est la maison où naquit Pétrarque, le lundi 20 juillet 1304, dans le *Borgo dell' Orto*, petite rue voisine de la cathédrale, ainsi que l'indique la longue inscription mise en 1810 en dehors de cette maison. Le père du poète, Ser Petracco, Pierre (car il paraît qu'il n'avait point encore de nom, ce qui alors n'était point rare parmi les plébéiens), notaire des réformations de Florence, ou archiviste des délibérations de la Seigneurie, avait été banni en 1302 avec le Dante, comme du parti des Blancs, et sa mère Electa de' Canigiani, femme courageuse, partageait l'exil et les traverses de la vie de son époux. Pétrarque à son retour de Rome fut si bien accueilli à Arezzo, qu'il dit que cette ville avait plus fait pour lui, étranger, que Florence pour son concitoyen. Une des attentions qui le flattèrent le plus fut d'être conduit, sans s'en douter, par les magistrats à cette maison, et d'apprendre que le propriétaire ayant voulu plusieurs fois y faire des changemens, la ville s'y était toujours opposée, et avait exigé que l'on conservât dans le même état le lieu consacré par sa naissance. La chambre au rez-de-chaussée que l'on me montra comme celle où Pétrarque avait vu le jour, était une grande salle ordinaire, dans laquelle il ne restait aucune trace du temps.

En face de cette maison est le puits près duquel Boccace a placé la scène du pauvre Tofano et de Monna Ghita sa femme, qui, surprise dehors la nuit, comme l'Angélique de Georges Dandin, feignit de s'y précipiter en y jetant une grosse pierre, et dont le stratagême eut le même succès; scène admirable du génie comique, dans laquelle Tofano paraît inférieur à Georges Dandin confondu par les Sotenville, mais où Monna Ghita s'écriant de sa fenêtre *Alla croce di Dio, etc.*, est très supérieure à Angélique s'exprimant toujours en demoiselle de qualité.[1]

## CHAPITRE XII.

Cathédrale. — Vitraux. — Autel, de Jean de Pise. — Mausolée de Guido Tarlati, d'Augustin et Ange de Sienne; — de Grégoire X, de Margaritone. — Chapelle de la Vierge. — Redi. — Archive.

La majestueuse et gothique cathédrale, du XIII<sup>e</sup> siècle, est singulièrement vénérable. Il semble que ses sombres voûtes retentissent encore de la parole de cet archidiacre Hildébrand, devenu Grégoire VII, lorsqu'il annonçait en chaire les châtimens des spoliateurs de

[1] V. *Giorn.* VII, *nov.* IV, et les dernières scènes de Georges Dandin.

l'Église, et fournissait peut-être au Dante l'idée, l'inspiration de quelques-uns des supplices de son Enfer[1]. Au-dessus de l'une des portes latérales sont suspendues d'énormes défenses d'éléphans, probablement fossiles, que l'amour-propre municipal des Arétins veut faire provenir des éléphans d'Annibal, glorieux capitaine, dont la trace incertaine se retrouve à chaque pas sur cette route. Quatre des compartimens de la voûte de la nef, ornés d'étoiles d'or sur un fond d'azur, remontent à l'année 1341, et sont l'ouvrage des peintres André et Balduccio. Les compartimens de la nef du milieu furent exécutés en 1500 et 1520 par le florentin Nofelli et par Guillaume de Marseille, peintre et dominicain français, depuis prêtre séculier et prieur à Arezzo, imitateur adroit des grandes figures de la Sixtine, et qui a fait aussi les éclatans vitraux dont une *Vocation de S. Mathieu* excitait l'hyperbolique enthousiasme de Vasari[2]. Le *Crucifix* du vieux peintre d'Arezzo, Spinello, est une composition expressive, malgré la bizarrerie des petits anges recueillant dans des calices le sang qui jaillit des blessures du Sauveur. A la chapelle S.-Mathieu, peinte à merveille par Franciabiagio, un Allemand semble vivant. Une habile *Ste. Marie Madeleine* est de Pierre della Francesca, grand artiste florentin du xv° siècle, privé de la vue à 34 ans; le *S. Ignace,* la *Madone accueillant le peuple d'Arezzo,* recommandé par ses protecteurs, sont de deux bons peintres du pays : le premier, abbé; le second, gentilhomme et son élève. Les bas-reliefs et les petites sta-

[1] *V.* le *Cours de Littérature française* pour 1830, de M. Villemain, t. I*er*, p. 33 et suiv.

[2] On y trouve, dit-il, *i tempj di prospettiva, le scale e le figure talmente composte, e i paesi sì propri fatti, che mai non si penserà che siano vetri, ma cosa piovuta dal cielo a consolazione degli uomini.*

tues de l'autel, par Jean de Pise, malgré la monotonie ordinaire et le choix malheureux de ses formes, peut être regardé comme un des meilleurs ouvrages du temps et de l'auteur. Le compartiment du milieu représente la *Madone* et d'un côté *S. Grégoire*, portrait du pape Honorius IV, et de l'autre *S. Donat*, le protecteur d'Arezzo. Le bas-relief de la *Mort de la Vierge* est très touchant; mais le S. Jean soufflant dans l'encensoir paraît, au milieu d'une scène aussi triste, occupé d'un soin bien vulgaire, qui, d'ailleurs, bouffit ses traits et leur ôte l'expression de douleur qu'ils devraient avoir.

Le mausolée de Guido Tarlati, seigneur et évêque d'Arezzo, exécuté, de 1327 à 1330, par Ange et Augustin de Sienne, était peut-être le plus remarquable monument qui eût encore été élevé depuis les premiers jours de la renaissance, et il s'écoula bien des années avant qu'il en parût d'approchant. Giotto, ami et admirateur des deux artistes, qui les a probablement aidés de ses conseils, quoiqu'il n'ait point fait le dessin, comme on l'a dit, puisque l'âge et la réputation d'Ange et d'Augustin ne leur permettaient guère d'exécuter le plan d'un autre, les avait recommandés à Pierre Saccone di Pietra-Mala, le frère de Guido. Il faut convenir aussi que l'histoire de l'ambitieux et belliqueux prélat, prince, chef du parti gibelin, interdit et excommunié par le pape, un des grands hommes de l'Italie, était singulièrement variée, dramatique. Les différens sujets de cette histoire, tels que le *Couronnement de l'empereur Louis de Bavière à Milan*, la prise de villes et de châteaux, se voient en seize compartimens, dont les petites figures, distinctes, naturelles, élégantes, sont dignes des meilleurs temps, et dont plusieurs, comme celles du compartiment intitulé *Morte di Messere*, sont nobles et très pathétiques.

Le tombeau de Grégoire X, exécuté vers 1277 par Margaritone, est remarquable par la simplicité de l'ensemble et le goût des draperies. Ce pape Grégoire, quoiqu'il n'ait point été canonisé dans les formes, est honoré comme un saint à Arezzo. Il y mourut après avoir été forcé, par un débordement de l'Arno, de passer sur un pont de Florence ; et comme il avait précédemment interdit la ville, il crut devoir la bénir alors provisoirement, afin qu'il ne fût pas dit qu'un pape avait traversé une cité maudite, mais il l'interdit de nouveau quand il en fut sorti.

Le vieux baptistère offre sur le mur une fresque de *S. Jérôme dans le désert*, expressive, mais sèche, attribuée, soit à Giotto, soit à Spinello, et très bien conservée. A un autel voisin est le *Martyre de S. Donat*, composition énergique, dont le triple effet de lumière est bien rendu, et qui a commencé la réputation de M. Benvenuti.

Une nouvelle chapelle, consacrée à l'image miraculeuse de la Vierge, construite par l'architecte florentin del Rosso, est décorée de récentes peintures, parmi lesquelles une *Judith*, de M. Benvenuti, et vis-à-vis, l'*Abigaïl allant à la rencontre de David*, de M. Sabatelli, fait en rivalité de celle-ci, qui ne lui est point inférieure pour le dessin, et l'emporte pour le coloris.

Le mausolée de Redi, autrefois à l'église des Mineurs conventuels, a été, depuis la suppression de celle-ci, transféré à la cathédrale. Redi, physicien observateur, médecin réformateur et bon poète, est, avec les Arabes, Fracastor et Haller, un nouvel exemple des rapports qui existent entre l'art des vers et la science de la médecine. Cet exemple prouve que le *coup d'œil* du médecin tient assez de l'inspiration du poète, et que peut-être ce n'était pas sans raison que les anciens, si instructifs jusque dans leurs fables, avaient fait Apollon dieu des vers et inventeur de la médecine.

L'archive de la cathédrale, que Mabillon ne put voir sous le prétexte de la semaine sainte, mais réellement parce qu'alors il n'était pas présentable, a depuis été mis en ordre et rangé chronologiquement. Il contient environ deux mille pièces, parmi lesquelles des diplômes de presque tous les empereurs, depuis Charlemagne jusqu'à Frédéric II, en faveur de l'église et des évêques d'Arezzo, précieux monumens de diplomatique.

## CHAPITRE XIII.

Palais public. — Maison de Vasari. — *Badia*. — Musée Bacci.

Le palais public, bâti en 1332, autrefois gothique, mais barbarement modernisé dans le dernier siècle, avait précédé le palais vieux de Florence, qui tenait encore alors ses assemblées publiques dans les églises. Il offre quelques peintures d'artistes d'Arezzo, dont la meilleure est le *Gonfalone de S.-Roch* (bannière de cette confrérie), qui représente divers traits de la vie du Saint.

La maison de Vasari (*Strada S. Vito*), aujourd'hui des comtes de' Montauti, existe encore en très grande partie dans son ancien état, et offre plusieurs de ses meilleures peintures d'ornement.

L'ancienne église des Olivetains, appelée *la Badia*, a un beau *Christ entouré d'anges*, de Giotto, et l'une de ces coupoles, de peinture architecturale, extraordinaires pour la perspective, du fameux P. Pozzi. A l'ancien réfectoire du cloître, le *Festin d'Assuérus*, vaste composition de Vasari, donnée par lui à sa ville natale, et où il s'est représenté au milieu sous les traits d'un vieillard à longue barbe, est du petit nombre des ouvrages qui auraient fait vivre le nom de l'artiste s'il avait su moins produire.

Le musée de M. le chevalier Bacci, qui possède aussi la riche collection Rossi, a une juste célébrité parmi les antiquaires. On distingue un grand vase étrusque trouvé près d'Arezzo, et représentant le *Combat des Amazones*; une collection de vases rouges, dont la fabrique paraît avoir existé à Arezzo, et dont quelques moules mêmes ont été retrouvés; un *secespita*, ou couteau qui servait dans les sacrifices, et une grosse pièce de monnaie étrusque du poids de plus de deux livres. M. Bacci, dont un ancêtre, Louis Bacci, passe pour avoir été le père naturel de Pierre Aretin, descend de ce Gualtier de' Bacci, ami intime de Léon X et son capitaine des gardes, charge qu'ambitionna l'Arioste, qu'il se plaignit de n'avoir point obtenue, et qu'il semblait digne vraiment de remplir auprès d'un tel pape. [1]

A un mille avant d'arriver à Florence est l'antique monastère de S.-Salvi, dont le réfectoire offre un *Cenacle*, admirable fresque, chef-d'œuvre d'André del Sarto. C'est là qu'était campé, en 1312, l'empereur Henri VII, le héros, l'allié du Dante, lorsque, excité par cet émigré de génie, il assiégeait la patrie du poète, qui, sans pitié, sans clémence, devait le bannir à jamais de son sein.

---

[1] *V.* sa IIIe satire, adressée à son parent Annibal Malaguzzo :

*Cugin, con quest' esempio vo' che spacci*
*Quei che credon che 'l papa porre innanti*
*Mi debba a Neri, a Vanni, a Lotti, e a Bacci.*

FIN DU TOME QUATRIÈME.

# TABLE DES MATIÈRES

CONTENUES

DANS LE QUATRIÈME VOLUME.

## LIVRE QUATORZIÈME.

### ROME.

Chap. I<sup>er</sup>. Impression. — *S.-Pierre.* — Place. — Colonnade. — Obélisque. — Fontaine. — Façade. — *Navicella.* — Porte. — Intérieur. — Dépense de la basilique. — Baldaquin. — Coupole. — Chaire. — Tombeaux de Paul III ; — d'Urbain VIII. — Bas-relief d'*Attila.* — Tombeaux d'Alexandre VII ; — de Pie VII. — Léon XI. — Tombeau d'Innocent VIII. — Monument des Stuarts. — *Piété* de Michel-Ange. — Christine et la comtesse Mathilde. — Monument Rezzonico. — Mosaïque de *Ste.-Pétronille.* — Grottes vaticanes. — Sacristie. — Partie supérieure de S.-Pierre. — Boule.. *page*  1

Chap. II. *Vatican.* — Dépense du pape. — Escalier. — *Sala regia.* — Sixtine. — *Jugement dernier.* — Plafond. — Office. — Musique. — Chapelle *Paolina*....  14

Chap. III. *Loges* de Raphaël. — Appartement Borgia. — *Noces Aldobrandines.* — Corridor des inscriptions. — Chambres de Raphaël. — *Incendie de Borgo.* — *Dispute du S.-Sacrement.* — *L'École d'Athènes.* — *L'Héliodore.* — *Miracle de Bolsène.* — *Prison de S. Pierre.* — *Bataille de Constantin.* — Des encouragemens d'art excessifs. — Chapelle de Nicolas V.................  19

Chap. IV. Bibliothéque vaticane. — Nicolas V. — Excommunication. — *Virgile.* — *Térence.* — *Pétrarque.* — *Dante.* — *Bible* des ducs d'Urbin. — *Bréviaire* de Mathias Corvin. — Manuscrit du moine des îles d'Or. — Lettres de Henri VIII. — Ébauche des premiers chants de la *Jérusalem.* — Autres autographes du Tasse. — Imprimés............................  27

Chap. V. *Musée.* — *Musée Chiaramonti.* — *Minerve Medica.* — *Nil.* — Musée *Pio-Clementino.* — *Torse.* — *Méléagre.* — *Persée; Lutteurs,* de Canova. — *Mercure.* — *Laocoon.* — *L'Apollon.* — Salle des animaux. — *Ariane.* — *Jupiter.* — Cartes géographiques. — *Arazzi*............................... page  36

Chap. VI. Galerie. — *Transfiguration.* — *Communion de S. Jérôme.* — *S. Romuald.* — *La Vierge au Donataire.* — Autres tableaux. — Portrait de George IV. — De l'épuration des galeries et musées................. 46

Chap. VII. Atelier de mosaïque. — Jardin. — Villa *Pia.* 50

Chap. VIII. Colysée. — Impression des ruines. — Clair de lune............................................. 51

Chap. IX. *Forum.* — *Tabularium.* — Temple de la Fortune; — de la Concorde. — Arc de Septime-Sévère. — Colonne de Phocas. — Colonnes dites du temple de Jupiter *Stator.* — Curie. — *Via Sacra.* — Temple d'Antonin et Faustine. — Basilique de Constantin. — Temple de Vénus et Rome. — Arc de Titus. — Palatin. — Palais des Césars. — Jardins Farnèse. — *Vigna Palatina*............................................ 54

Chap. X. *Capitole.* — Lions. — Statues de *Castor et Pollux.* — Trophées dits *de Marius.* — Statue de Marc-Aurèle. — Palais du Sénateur. — Académie des *Lyncei.* — Tour. — Vue de Rome...................... 60

Chap. XI. Musée. — Colosse dit de *Marforio.* — Plan de Rome. — Table iliaque. — Mosaïque des *Colombes.* — Chambre des Empereurs, — des Philosophes. — *Faune.* — *Gladiateur.* — *Antinoüs.* — *Vénus*............. 63

Chap. XII. Palais des Conservateurs. — *Protomoteca.* — Académie des Arcades. — *Louve.* — Buste de *Brutus.* — Fastes capitolins. — Tête de *Michel-Ange.* — Statues dites de *Virgile* et de *Cicéron*................ 67

Chap. XIII. Galerie. — *Sibylle,* du Guerchin. — *Romulus et Rémus,* de Rubens. — *Ste. Pétronille,* du Guerchin............................................. 70

Chap. XIV. Porte; — Place du Peuple. — Obélisque. — Ste.-Marie du *peuple.* — Mausolées des cardinaux Sforce et Recanati. — Chapelle *Ghigi.* — *Jonas.* — *S. Char-*

## TABLE DES MATIÈRES. 353

les. — Le comte Al. Verri. — *S. Laurent in Lucina.*
— Monument au Poussin.................... page  72
Chap. XV. *S.-Ignace.* — Collége romain. — Jésuites. —
Bibliothéque. — Musée Kircher. — *S.-Marcel.*—Pierre
Gilles. — Le cardinal Consalvi. — *Gesù.* — Bellarmin.  75
Chap. XVI. *Araceli.* — Colonne de l'appartement des Empereurs. — Mausolée des *Savelli.* — *Santissimo Bambino.* — Prison Mamertine. — *S. Luc.* — Académie
de S. Luc. — *Vierge;* — Crâne de Raphaël. — Alvarez.  80
Chap. XVII. *S.-Théodore.* — *S.-Grégoire.* — Fresques du
Dominiquin et du Guide. — Imperia. — *Navicella.* —
*S.-Étienne-le-Rond.* — *S.-Clément*................  83
Chap. XVIII. *S.-Jean-de-Latran.* — Place. — Obélisque.
— Baptistère. — *Scala santa.* — *Sancta Sanctorum.* —
Façade. — Apôtres. — Chapelle Corsini. — Urne dite
d'*Agrippa.* — Martin V. — Chefs de S. Pierre et de
S. Paul. — Mosaïques. — Peinture de Giotto. — L'abbé
Cancellieri. — De la culture des lettres en Italie. —
Hôpital. — Porte. — *Sainte-Croix-en-Jérusalem.* —
Bibliothéque du couvent. — Porte majeure. — Basilique
S.-Laurent. — Ste.-Bibiane. — Statue du Bernin. —
S.-Eusèbe............................................  88
Chap. XIX. *Ste.-Marie-Majeure.* — Chapelle de Sixte-Quint. — Mosaïques. — Chapelle *Borghèse.* — Obélisque. — *Ste.-Praxède.* — *S.-Martin.* — Paysages....  97
Chap. XX. *S.-Pierre-in-Vincoli.* — Moïse, de Michel-Ange. — *Ste.-Marie-de-Lorette.* — Restaurations. —
*Sts. Apôtres.* — Mausolée de Clément XIV..........  100
Chap. XXI. *S.-Sylvestre.* — Dominicaines. — *S.-Charles-aux-quatre-Fontaines.* — *S.-André.* — *Sepolte viventi.*
— *Ste.-Marie-de-la-Victoire.* — Groupe de Ste.-Thérèse..................................................  105
Chap. XXII. *Ste.-Marie-des-Anges.* — Colonnes. — Méridienne. — Cloître. — *Porta Pia.*— *Ste.-Agnès.* — *Ste.-Constance.* — *Capucins.* — *Trinité du Mont.* — Escalier. — Obélisque. — *Descente de Croix*..........  109
Chap. XXIII. *Panthéon.* — *Minerve.* — Obélisque. —
Inscription. — *Christ*, de Michel-Ange. — Tombeaux
de Léon X; — de Bembo. — Paganisme de mœurs de
la renaissance. — Tombeaux du frère Angélique; —

de Paul Manuce. — Bibliothéque *Casanatense.* — Index. — *Pontifical*.................................. page 115

Chap. XXIV. Eglise *S.-Louis-des-Français.* — Fresques du Dominiquin. — D'Ossat. — Tombeaux. — Fête du Roi. — *S.-Augustin.* — *Isaïe*, de Raphaël. — Goritz. — Bibliothéque *Angelica*........................ 120

Chap. XXV. *Sta.-Maria in Vallicella.* — S. Philippe de Néri. — Bibliothéque. — *Ste.-Marie della Pace.* — *Sibylles*, de Raphaël. — *Ste.-Marie dell'Anima.* — *Ste.-Agnès.* — *S.-André della Valle.* — Coupole..... 125

Chap. XXVI. *S.-Nérée et Achille.* — *S.-Sébastien.* — Catacombes. — *S.-Paul-hors-des-murs;* — de sa reconstruction. — *S.-Paul-aux-trois-Fontaines.* — *S.-Vincent et S.-Anastase.* — *Sta.-Maria-scala-Dei.* — *Ste.-Sabine.* — *Bocca della Verità*.................... 129

Chap. XXVII. *Ste.-Cécile.* — Statue de la sainte. — Hospice S.-Michel. — *Ste.-Marie in Trastevere.* — Transteverins. — Monastère de *S.-Calixte.* — Bible de S. Paul........................................ 132

Chap. XXVIII. *S.-Chrysogon.* — *S.-Pierre in Montorio.* — Petit temple du Bramante. — *Palazzina.* — *S.-Onuphre.* — Tombeau du Tasse. — Guidi. — Porte de *San-Spirito.* — *Trinité des Pélerins.* — *S.-Charles a' Catinari.* — Pendentifs du Dominiquin. — Annibal Caro. — *S.-Jean-des-Florentins.* — Zabaglia....... 137

Chap. XXIX. Palais. — Du Palais Romain. — *Corso.* — Pavé. — Palais *Ruspoli.* — Escalier. — Cafés de Rome. — Épée de François I$^{er}$........................... 141

Chap. XXX. Palais *Ghigi.* — Bibliothéque. — Ancienne musique française. — L'Antiquaire romain. — Place Colonne. — Colonne Antonine. — Obélisque, palais de *Monte-Citorio.* — Loterie. — Douane............... 146

Chap. XXXI. Palais *Sciarra.* — Porte. — *La Modestie et la Vanité*, de Léonard de Vinci. — Palais *Doria.* — Galerie. — Palais *Torlonia.* — Groupe *d'Hercule et de Lychas*, de Canova. — Bal. — Société. — Palais de Venise. — Villa *Mattei*........................... 151

Chap. XXXII. Palais Colonne. — Galerie. — Place de Monte-Cavallo. — Colosses. — Palais *Rospigliosi.* — *Aurore*, du Guide. — Fontaine *de' Termini.* — Lions.

## TABLE DES MATIÈRES. 355

— Maison de travail. — Villa *Ludovisi*. — *Aurore*, du Guerchin.................................... *page* 154

Chap. XXXIII. Fontaine *du Triton*. — Palais *Barberini*. — Bibliothéque. — Atelier de Thorwaldsen. — *Le Christ et les Apôtres*. — Fontaine Trevi. — Place d'Espagne. — Étrangers. — Villa *Medici*. — Académie de France. — *Monte-Pincio*.................................. 158

Chap XXXIV. Port de Ripetta. — Palais *Borghèse*. — Galerie. — Palais *Madama*. — Maison de Raphaël. — Place *Navone*. — Fontaine. — Inondation. — Palais *Pamfili*. — Dona Olimpia. — M. d'Italinski. — Palais *Braschi*. — *Pasquino*. — Palais *Massimi*. — Imprimerie à Rome. — Palais *Mattei*. — Fontaine *delle Tartarughe*. — Palais *Costaguti*............................... 167

Chap. XXXV. *Monte Testaccio*. — Fête. — Peuple de Rome. — *Minenti*. — Vue...................... 175

Chap. XXXVI. *Ghetto*. — Pont des *Quattro Capi*. — Le Tibre. — Fontaine *Paolina*...................... 177

Chap. XXXVII. Palais *Corsini*. — Christine. — *Ecce Homo*, du Guerchin. — Bibliothéque. — La *Farnésine*. — *Histoire de Psyché*. — *Galatée*. — *Tête*, de Michel-Ange. — *Villa Lante*........................... 179

Chap. XXXVIII. Palais de la *Chancellerie*. — Palais *Farnèse*. — Cour. — Galerie. — Palais *Spada*. — *Didon*, du Guerchin. — Bas-reliefs. — Statue de *Pompée*. — Palais *Falconieri*. — Pont S.-Ange. — Château...... 183

Chap. XXXIX. Université. — Professeurs. — Enseignement primaire................................... 188

Chap. XL. Théâtre *Valle*. — Censure dramatique. — *Burattini*........................................ 191

Chap. XLI. Temple de la Fortune des Femmes. — Amphithéâtre *Castrense*. — *Minerva Medica*. — Arc de Gallien. — Thermes de Titus. — Esquilin. — Forum, temple de Nerva. — Forum de Trajan. — Colonne. — Camp des Prétoriens. — Mont Sacré. — *Serpentara*. — Pont *Salario*. — Topographie de Tite-Live. — Jardins de Salluste. 193

Chap. XLII. Portique d'Octavie. — Théâtre de Marcellus. — *Velabrum*. — Arc de Janus; — de Septime Sévère. — *Cloaca Maxima*. — Le grand Cirque. — Vallée d'Égérie. — Temple *del Dio Redicolo*. — Thermes de Ca-

racalla. — Tombeau des Scipions. — Arc de Drusus. —
Temple. — Cirque de Romulus. — Tombeau de Cecilia
Metella. — Temple de Bacchus. — Pyramide de Cestius.
— Pont *Sublicio*. — Des histoires de ponts. — Aventin.
— Sol volcanique de Rome. — Temple de Vesta. —
Temple de la Fortune virile. — Maison de Rienzi. —
*Ponte-Rotto*............................... page 200

## LIVRE QUINZIÈME.

### ENVIRONS DE ROME.

CHAP. I<sup>er</sup>. Des Villa. — Villa *Pamfili*. — Pins. — Stues.
— Mont *Mario*. — Villa *Madama*. — *Loggia*. — Casin
du pape Jules. — Villa *Borghèse*. — Nouveau Musée. —
Casin de Raphaël. — Villa *Albani*. — L'*Antinoüs*. . . . 211

CHAP. II. Route de Tivoli. — Pont *Mammolo*. — Lac de'
*Tartari*. — Tombeau de la famille Plautia. — Villa
*Adriana*. — Fleur. — Théâtre. — Pœcile. — Biblio-
thèque. — Palais. — Quartier des Prétoriens. — Ther-
mes. — Canope. — *Tivoli*. — Filles. — Temple de
Vesta; — de la Sibylle. — Cascatelles. — Grotte de Nep-
tune; — des Sirènes. — Maison d'Horace. — Villa de
Mécènes. — Temple *de la Toux*. — Villa d'*Este*. —
Fontaine *dell' Ovato*............................. 218

CHAP. III. *Torre Pignatara*; — *Nuova*. — *Colonna*. —
Lac Regille. — *Palestrine*. — Murs. — Temple de la
Fortune. — Mosaïque. — *La Rocca*. — Vue......... 226

CHAP. IV. *Subiaco*. — Villa de Néron. — Paysage. —
Église. — Monastère. — Imprimerie. — *S. Speco*. . . 228

CHAP. V. *Frascati*. — Villa *Aldobrandini*; — *Taverna*;
— *Mondragone*; — *Rufina*; — *Bracciano*; — *Rufinella*.
— *Tusculum*. — Maison, Académie de Cicéron. — Théâtre. — Murs. — Citadelle. — *Grotta-Ferrata*. — *Chapelle S.-Nil*. — *Marino*. — Vallée *Ferentina*....... 231

CHAP. VI. *Ostie*. — Route. — Bois. — Ville nouvelle. —
Population. — *S.-Aurea*. — Ville ancienne. — Théâtre.
— Temple. — Embouchure du Tibre. — Port. — *Castel-
Fusano*. — Villa de Pline. — *Isola Sacra*. — Buffles.. 236

# LIVRE SEIZIÈME.

### PREMIÈRE ROUTE DE FLORENCE. — VITERBE. — ORVIETTO. — SIENNE. — VOLTERRE.

Chap. I<sup>er</sup>. *S.-André.* — *Ponte-Molle.* — Tombeau dit de Néron. — Emplacement de Veies. — *Baccano*... page 243

Chap. II. *Sutri.* — Amphithéâtre. — *Caprarola.* — Escalier. — Peintures des Zuccari. — De la protection littéraire des cours italiennes aux xv<sup>e</sup> et xvi<sup>e</sup> siècles. — *Palazzuolo.* — *Soracte.* . . . . . . . . . . . . . . . . . . . . . . . . . . . 245

Chap. III. Viterbe. — *Gradi.* — Annius de Viterbe. — *Fontana grande.* — Palais communal. — *Ardenti.* — Tombeaux. — La belle Galiana. — Cathédrale. — Conclave à l'air. — Ste.-Rose. — *S.-François.* — *Sposalizio*, de Laurent de Viterbe. — Bas-reliefs, de la Quercia. — *Villa Lante.* — *S.-Martin.* — Monumens de *Norchia* et de *Castel d'Asso.* — *Bulicame.* — *Canino*... 248

Chap. IV. Voie *Cassia.* — *Montefiascone.* — Cathédrale. — *S.-Flavien.* — Fuger. . . . . . . . . . . . . . . . . . . . . . . 255

Chap. V. Orvietto. — Dôme. — *Enfer.* — Stalles. — Chapelle de la Madone *S.-Brizio.* — Reliquaire du Corporal. — Puits. . . . . . . . . . . . . . . . . . . . . . . . . . . . . . . . 257

Chap. VI. Forêt. — *Bolsène.* — Bords du Lac. — *S.-Laurent-Neuf.* — *Acquapendente.* — Contraste. — *Radicofani.* — *Montepulciano.* — *Madonna di S. Biagio.* — *Buonconvento.* . . . . . . . . . . . . . . . . . . . . . . . . . . . . 261

Chap. VII. Sienne. — Cathédrale. — Vitraux. — Pavé. — Chapelle *del Voto.* — Tableau de Duccio della Buoninsegna. — Tabernacle, de Balthazar Peruzzi. — Chapelle *S.-Jean-Baptiste.* — Salle dite la *Bibliothéque.* — Fresques. — Groupe des *trois Grâces.* — Livres de chœur. — Bénitiers. — Coupole. — Antennes de *Carroccio.* — Chaire. . . . . . . . . . . . . . . . . . . . . . . . . 265

Chap. VIII. Hôpital *della Scala.* — Fresques de l'infirmerie. — *S.-Jean-Baptiste.* — Carmine. — *S.-Augustin.* — Clocher. — Collége Tolomei. — *Innominati.* — *S.-Pierre.* — *S.-Martin.* — Conception. — Trinité. — *S.-Spirito.* — Gori-Gandellini. — *Sta.-Maria di Provenzano.* — *S.-François.* — Porte. — *Christ à la colonne*, du Sodome. — *S.-Bernardin.* — Ste.-Catherine de

Sienne. — *S.-Dominique.* — Le plus ancien tableau italien. — *Fonte-Giusta.* — *Sibylle*, de Peruzzi... page 273

Chap. IX. Place *del Campo.* — Fêtes. — Portique. — *Fonte-Gaja.* — Palais *del Pubblico.* — Tour. — Salle *delle Balestre.* — Lorenzetti. — Galerie républicaine. — Salle du Consistoire. — Archives................ 283

Chap. X. Palais *Petrucci;* — *Saracini;* — *Piccolomini.* — Louve. — Palais *Piccolomini-Bellanti;* — *Buonsignori.* Porte romaine; — *S.-Viene.* — *Fonte-Nuova;* — *Branda.* — *Lizza.*................. 287

Chap. XI. Université. — Mausolée d'Arringhieri........ 292

Chap. XII. Institut des Beaux-Arts. — École siennoise. — Peinture, expression de société. — Peintres, corps civil et fonctionnaires. — Anciens tableaux.............. 293

Chap. XIII. Bibliothèque. — *Intronati.* — *Évangéliaire.* — Lettres de Ste. Catherine de Sienne; de Socin. — Miniatures.................................. 295

Chap. XIV. Maremmes........................... 297

Chap. XV. *Colle.* — Invention du papier. — Volterre. — Murs. — Porte de l'*Arco.* — Cathédrale. — *S.-Jean.* — Palais *del Pubblico.* — Bibliothèque. — Musée. — Tour *del Mastiv.* — Thermes.................... 298

## LIVRE DIX-SEPTIÈME.

### DEUXIÈME ROUTE DE FLORENCE. — PÉROUSE. — CORTONE. — AREZZO.

Chap. I<sup>er</sup>. *Nepi.* — *Civita-Castellane.* — Exploit français. — *Otricoli.* — *Narni.* — Pont d'Auguste. — *Terni.* — Cascade. — *Papigno.* — Vallée de la Nera — *Fuga.* — *Grotta.* — Lac de *Piè-di-Luco.* — Echo............ 305

Chap. II. *Somma.* — Aquéduc. — *Monte-Luco.* — Ermitages. — Chêne. — Spolette. — Porte d'Annibal. — Cathédrale. — Lippi. — Héroïsme maternel. — Temple du Clitumne. — Foligno. — Tremblement de terre. — *Spello.* — Roland. — Collége................ 308

Chap. III. *Ste.-Marie-des-Anges.* — *Assise.* — *Minerva.* — — Antiquités. — Cathédrale. — *Ste.-Claire.* — *Chiesa Nuova.* — Couvent. — Rapide exécution des monumens religieux du moyen âge. — Église inférieure. — Mausolée d'Hécube de Lusignan. — Fresques de Giotto. — De la véritable époque de la renaissance. — *Sibylles* et *Prophètes*, de l'*Ingegno*. — *Portrait de S. François.* — Église supérieure. — Fresque de Cimabué. — Tombeau de S. François. — S. François. — *Frati.* — Couvent. — S. Damien. — *Carceri*.................... page 314

CHAP. IV. PÉROUSE. — Fortifications. — Églises. — Saint-Pierre. — Ciselures du chœur. — Cathédrale. — *Déposition de Croix*, de Baroccio. — Chapelle du couvent de S.-Sever. — S.-Ange. — *S.-François.* — *Gonfalone.* — Braccio Fortebracci......................... 322

CHAP. V. *Corso.* — Substructions. — Palais public. — Luxe de la toilette des femmes au XIV° siècle. — *Cambio.* — Fontaine. — Statue de Jules III. — Arc dit *d'Auguste.* 326

CHAP. VI. — Université. — Professeurs. — Cabinet archéologique. — Inscription étrusque. — Quadrige. — Médailler. — Inscriptions latines. — Académies des Beaux-Arts. — Galerie. — Collége *Pio*.................... 328

CHAP. VII. Bibliothèque. — Manuscrit d'Étienne de Bysance. — Maison de fous. — Cabinet littéraire............. 331

CHAP. VIII. Tour de *S.-Manno.* — Bords du lac. — Émissaire. — Ile. — *Pieve.* — Palais. — Fresques du Pérugin. — *Montecorona.* — *Todi*....................... 332

CHAP. IX. CORTONE. — Murs. — Palais *Pretorio.* — Académie étrusque. — Bibliothèque. — *Grotte de Pythagore.* — Cathédrale. — Sarcophage dit de *Flaminius.*— Dernier grand-maître de Malte. — *Gesù.* — *Ste.-Marguerite.* — Conventuels. — *S.-Dominique.* — *S.-Augustin.* — *Ste-Marie-des-Grâces.* — CHIUSI. — Collections.... 335

CHAP. X. *Val de Chiana.*— *Castiglione.*—*Olmo.*—Sainte-Marie-des-Grâces. — AREZZO. — Air. — Hommes illustres. — Amphithéâtre. — *Pieve*.................... 340

CHAP. XI. — Maison de Pétrarque. — Puits de Tofano, de la Nouvelle de Boccace......................... 344

CHAP. XII. Cathédrale. — Vitraux. — Autel, de Jean de Pise. — Mausolée de Guido Tarlati, d'Augustin et Ange de Sienne; — de Grégoire X, de Margaritone. — Chapelle de la Vierge. — Redi. — Archive............. 345

CHAP. XIII. Palais public. — Maison de Vasari. — *Badia.* — Musée Bacci.............................. 349

FIN DE LA TABLE DES MATIÈRES DU QUATRIÈME VOLUME.

www.ingramcontent.com/pod-product-compliance
Lightning Source LLC
Chambersburg PA
CBHW070859170426
43202CB00012B/2116